Roger Vergé

Feinschmeckermenus aus Frankreich

CRÈME
CASSIS
DE BOURGOGNE
TRÉNEL FILS
CHARNAY-LES-MACON
(S.-&-L.)

Roger Vergé

Feinschmeckermenus aus Frankreich

»Feste in meiner Mühle«

Fotografien von Pierre Hussenot

DUMONT

Der Geschmack des Kochs drückt sich auch in den Produkten aus, die er auswählt: Öle, Senfsorten, Konfitüren, Honigsorten, Gewürze . . .

Legenden zu den vorhergehenden Seiten:

Seite 1: Ein Mittagessen, serviert im Schatten der Pergola.

Seiten 2 und 3: Dieses Buch, das Ihnen Menus zu allen Jahreszeiten vorstellt, beginnt mit den Menus für den Sommer, der großartigsten Jahreszeit in der Provence.

Seite 4: Ein Kir, ein sehr erfrischender, süffiger Aperitif.

Für Denise, meine Frau,
und für meine kleine Cordélia,
die jedes gemeinsame Essen zu einem Fest machen

Die Deutsche Bibliothek - CIP-Einheitsaufnahme

Feinschmeckermenus aus Frankreich: „Feste in meiner Mühle"/ Roger Vergé.
Fotogr. von Pierre Hussenot. [Aus dem Franz. von Annette Roellenbleck]. -
Sonderausg. - Köln: DuMont, 1997
Einheitssacht.: Les fêtes de mon moulin <dt.>
Früher u.d.T.: Vergé, Roger: „Feste in meiner Mühle",
Feinschmecker-Menus aus Frankreich
ISBN 3-7701-4156-3

Originaltitel: Les fêtes de mon moulin

Aus dem Französischen von Annette Roellenbleck

Satz der deutschen Ausgabe: Fotosatz Froitzheim, Bonn
Druck und buchbinderische Verarbeitung: Pizzi, Mailand

Printed in Italy by G. Canale & C. S.p.A. - Borgaro T.se - Turin
ISBN 3-7701-4156-3

Inhalt

Einführung

»Feste in meiner Mühle«

Warum dieser Titel, der an die Provence erinnert und an Alphonse Daudets »Lettres de mon moulin«, die Briefe, die er aus seiner Mühle schrieb? Zunächst einmal wegen der Geschichten über meine alte Mühle in Mougins, die meine Freunde mir in ihrem wundervollen, singenden Tonfall erzählen, so daß ich meine, Daudet reden zu hören, und zum anderen wegen der Schönheit der provenzalischen Landschaft mit ihren weißen und roten Felsen, ihrer lebenspendenden Sonne und ihren intensiven Düften.

Die »Moulin de Mougins«, die alte Mühle in der Nähe von Cannes, aus der ich ein Feinschmecker-Restaurant gemacht habe, hat mich über die Grenzen Frankreichs hinaus bekannt gemacht. Aber gibt es überhaupt Grenzen für Feinschmecker?

In diesem Buch werden Sie nicht unbedingt die Rezepte der »Moulin« finden, sondern eher Gerichte, die ich meinen Freunden gerne vorsetze und die innig mit meinen Kindheitserinnerungen verbunden sind und mit meiner Lehrzeit bei Tante Célestine. Ich würde mich freuen, wenn diese Rezepte auch die Ihren würden.

Einige dieser Menus werden Ihnen vielleicht etwas üppig erscheinen, aber sie sind nach dem Maß meines Appetits entworfen, und der ist nicht klein. Außerdem kann ich mir ein Fest ohne Großzügigkeit nicht vorstellen.

Alle Menuvorschläge werden komplettiert durch die passenden Aperitifs und Weine. Auch wird alles berücksichtigt, was zur Atmosphäre eines Festessens gehört: Die Wahl der Tischwäsche, des Geschirrs, des Silbers, der Gläser, des Blumenschmucks. Darüber hinaus werde ich Ihnen eine Fülle von kleinen Ratschlägen geben, wie Sie Ihre Gäste gut gerüstet empfangen können.

Vielleicht erscheinen Ihnen manche Rezepte etwas zu ausführlich; ich habe sie sehr genau gehalten, um das Nachkochen zu erleichtern. Einige Rezepte habe ich von mehreren meiner Freunde testen lassen, was mich oft bewogen hat, sie daraufhin leicht zu verändern. So hatte ich für den Fasan in Chartreuse zunächst angegeben, man solle ihn mit zwei *petits suisses* (einer Art Frischkäse) füllen. Mein Freund Denis, dem ich das Rezept gegeben hatte, rief mich etwas ratlos an und fragte: »Kannst du mir sagen, wo du deine *petits suisses* kaufst? Denn von denen, die ich habe, brauchte ich mindestens ein gutes Dutzend, um meinen Fasan zu füllen!« Natürlich hatte er das Wort ›füllen‹ wörtlich genommen, während ich nur sagen wollte, das Innere solle mit dem Käse ausgestrichen werden.

Mein Freund Jean-Marie Dubois hingegen, der große Küchenchef aus der Champagne, fragte mich, ob er die Zwiebeln und den Lauch in der *Croûte de volaille de grand-mère Catherine* nicht einfach durch frische Trüffeln ersetzen könne. Ich gab meine Zustimmung und bat ihn nur mir zu sagen, wie viele Trüffeln er dafür brauchen würde. Am nächsten Tag rief er mich an und erklärte: »Deine Version habe ich letzte Woche gemacht, und sie war ausgezeichnet. Aber sie hatte mit der meinen nichts zu tun, und die ist einfach himmlisch.« Als ich ihn fragte, wie viele Trüffeln er denn gebraucht habe, antwortete er mir: »Nur ungefähr 500 Gramm.«

Sie verstehen sicher, daß ich lieber bei meinem Rezept geblieben bin ... Sie können auch Jean-Maries Version ausprobieren, aber Sie müssen bedenken, daß man Trüffeln nicht auf Kredit bekommt.

Trotzdem sollten Sie aber nicht zögern, meine Rezepte nach Ihrem Geschmack zu variieren. Ich habe alle Rezepte zu Menus zusammengestellt, denn *ein* gelungener Gang macht noch kein gutes Essen; und man muß auch ein Konzept haben, nach dem man die einzelnen Gerichte harmonisch miteinander verbindet. Ein scharf gewürztes Gericht gehört nicht vor zartes Geflügel in Cremesauce. Selbstverständlich können Sie die Menus nach Wunsch verändern und auch ein einziges Gericht auswählen. Denken Sie vor allem daran, daß das einfachste Essen Freude machen soll und daß Kochen auch mit Großzügigkeit gehandhabt werden muß. Sie müssen es ja nicht gleich wie mein Freund Paul Bocuse machen, der oft etwas übertreibt. So kommt es schon einmal vor, daß wir uns eine einfache Gemüsebrühe machen (natürlich nur selten, aber nach zwei oder drei üppigen Tagen ...). In dieser einfachen Brühe fehlt selbstverständlich keine Gemüsesorte, aber Paul bringt es fertig, ein Stück geräucherte Rippchen, einen oder zwei Schweineschwänze und Geflügel hinzuzufügen. »Weißt du«, sagt er, »Geflügel ist mager, es ist ja das Fleisch mit den wenigsten Kalorien. Und dann, meine Güte, alles, worauf du Lust hast, kann dir nicht schaden.« Und um dieser Brühe ihren wahrhaft ›diätetischen‹ Charakter zu geben, fügt er im letzten Moment noch eine feingeschnittene Trüffel hinzu. »Du siehst, wie wenig man im Grunde braucht, um gut und ordentlich zu kochen.«

Also gut, ich glaube, ich habe genug gesagt, um Ihnen Lust zu machen auf ein festliches, heiteres Essen im Kreis Ihrer Freunde. Aber vergessen Sie nie: Es ist *Ihr* Fest!

Die frischesten Gemüse vom Markt in Cannes.

Vor dem Fest

Auf dem Markt

Wenn Sie ein exquisites Menu zubereiten wollen, sind Sie auf einen guten Markt angewiesen – es sei denn, Sie sind glücklicher Besitzer eines Gartens. Nichts kann das Aroma frisch geernteter Gemüse, Früchte oder Kräuter aufwiegen. Mein Gärtner bringt mir z. B. frische Feigen für ein Geflügelfrikassee, aber er hat auch Verwendungsmöglichkeiten für die Blätter entdeckt. Der Kräutergarten hinter dem Restaurant liefert in Fülle Kräuter wie Thymian, Schnittlauch, Kerbel, usw.

Wenn man keinen Garten besitzt, muß man es verstehen gut einzukaufen. Ich hatte das große Glück, diese Kunst schon in meiner frühen Kindheit zu erlernen. Und ihr verdanke ich ohne Zweifel, daß ich Koch geworden bin. Jeden Freitag ging ich mit meiner Tante Célestine auf den Markt. Das war die faszinierendste und malerischste Schule, die ich jemals besucht habe (und auch die einzige, in der ich jemals einen gewissen Erfolg hatte).

Wir begannen immer mit einem Rundgang, bei dem meine Tante jeweils nur einen scheinbar gleichgültigen Blick über die verschiedenen Körbe der Bauern schweifen ließ. Aber wenn der Rundgang beendet war, hatte sie praktisch ihre Wahl schon getroffen. Dann blieb sie mit einem Gesichtsausdruck, der ihr Interesse nur sehr vage andeutete, vor dem auserwählten Stand stehen, untersuchte ein Paar Hähnchen (sie wurden damals nur paarweise verkauft), überprüfte, ob der Kamm schön rot war, ob die Füße weiß und glatt waren und die Augen glänzten... Dann pustete sie die Federn des Halses auseinander, um so mit dem Daumen prüfen zu können, ob die Haut zart und glänzend war und keinen weißlichen Belag aufwies. Sie schaute nach, ob der Magen nicht mit Körnern vollgestopft war, wodurch sich das Gewicht unnötigerweise erhöht hätte. Dann überprüfte sie, ob das zweite Hähnchen die gleichen Qualitäten hatte.

Am Ende dieser sorgfältigen Untersuchungen drückte das Gesicht meiner Tante schmerzliche Skepsis aus, und die Bauersfrau, die sie aus dem Augenwinkel beobachtete, merkte allmählich, daß sie eine schwierige Kundin vor sich hatte.

»Kleine Frau«, protestierte sie (meine Tante Célestine war immerhin eine ›kleine Frau‹ von mehr als 100 kg), »diese Hähnchen haben immer nur Körner gefressen. Seit mehr als einer Woche laufen sie nicht mehr frei herum, und ich hatte sie in die *épinette* gesperrt (die *épinette* ist ein Käfig aus Weidenholz, in den man die Hähnchen einsperrte, um sie zu mästen).«

»Ach, meine Liebe«, antwortete meine Tante mit einem Ausdruck tiefsten Bedauerns und ebensolcher Unaufrichtigkeit, »ihre Hähnchen sollten besser noch eine oder zwei Wochen in einer *épinette* bleiben. Ich kann doch schließlich nicht solche armen Tiere auf meinen Tisch bringen, die nur die Haut auf den Knochen haben.« Daraufhin deutete sie einen Abgang an, wußte aber genau, daß die Bauersfrau sie sofort zurückholen würde. Das alles gehörte zu einem festen Ritual, ohne das dieses Geschäft keinerlei Reiz gehabt hätte.

Meine Tante nannte dann einen endgültigen Preis, über den sie um nichts in der Welt hinausgegangen wäre. Das war eine Frage der Selbstachtung. Ihr Preis war übrigens vollkommen angemessen, was die Bäuerin nicht daran hinderte, um des

Selbst im Winter kann ich Torten mit Obst aus meinem Garten belegen.

Prinzips willen die tiefste Bestürzung zu zeigen. Großzügig nahm meine Tante zum selben Preis noch zwei oder drei weitere Paar Hähnchen, und die Bäuerin rief schließlich aus – um das letzte Wort zu haben: »Also gut! Nur weil Sie es sind... Ich verliere nur dabei!« Kein Mensch fiel darauf herein, aber so endete jedes Geschäft.

Von den Hähnchen gingen wir weiter zu den Eiern; Tante Célestine duldete nur Eier mit brauner Schale, weil ihre Dotter, wie sie sagte, eine kräftigere Farbe hätten.

Dann kamen die Käse an die Reihe, deren Festigkeit und Körnung uns verrieten, ob die Milch etwa erhitzt oder gar die Sahne abgeschöpft worden war.

Was die Butter anging, so durfte sie nicht zu gelb sein, denn das hätte bedeutet, daß die Kühe auf Weiden mit allzu vielen Butterblumen gegrast hätten (»das sieht schön aus, macht aber den Geschmack weniger fein«) oder daß die Butter mit Karottensaft gewaschen worden wäre. Ein winziges Stückchen, mit dem Fingernagel entnommen, genügte, ihr zu verraten, ob die Butter mit Brunnenwasser gewaschen war, ob sie schlecht gepreßt war oder Buttermilch enthielt.

Diese endlosen Untersuchungen und dieses Feilschen faszinierten mich um so mehr, als diese Vergeudung von Zeit und Energie regelmäßig auf nicht mehr hinauslief als auf einen jämmerlichen Nachlaß von ein paar Pfennigen, und das auf Waren, die meine Tante bereits auf den ersten Blick zu kaufen beschlossen hatte. Aber wo wäre ohne Handeln das Vergnügen geblieben?

Während meine Tante feilschte, kümmerte sich mein Onkel um seinen Gemüsegarten und befolgte dabei seinerseits ein gleichfalls völlig unveränderliches, geheiligtes Ritual, das ihm zum Beispiel streng verbot, einen Salat zu ernten, der nicht vorher gebleicht worden wäre (eine Woche vor dem Pflücken band er die Blätter mit einem Bastfaden zusammen, damit das Herz weiß blieb), eine Karotte jenseits einer bestimmten Größe, grüne Bohnen oder Erbsen nach der dritten Pflückung – es sei denn, um sie den Kaninchen zu geben. In jedem Fall konnten Blumen, Obst oder Gemüse unter keinen Umständen geerntet werden, wenn die Sonne erst einmal hoch am Himmel stand.

Ja sicher, werden Sie sagen, das sind Geschichten aus der guten alten Zeit, und weder die Zeiten noch die Märkte sind mehr, was sie einmal waren. Indes, ich versichere Ihnen, daß man immer noch sehr gute Waren findet, wenn man sie nur sucht.

Mit alledem will ich Sie nicht dazu bringen, den berühmten Vatel nachzuahmen und sich ein Messer in den Leib zu rennen, weil Sie bei Ihrem Fischhändler keine am selben Morgen gefangene Königsdaurade bekommen. Dennoch lautet die erste Regel: Achten Sie auf die tadellose Frische des Fischs. Nehmen Sie an Stelle eines zweifelhaften Steinbutts lieber einen ganz frischen Kabeljau.

Ich gehe sogar noch weiter, auf die Gefahr hin, mir den Grimm der Puristen zuzuziehen: Natürlich sind Konserven und Tiefkühlprodukte längst nicht so gut wie frische Ware, aber mit einem frischen Kräuterzweig, einer schönen Tomate u. ä. und etwas Phantasie kann man auch daraus ein rundum befriedigendes Mahl machen. Konserven und Tiefkühlwaren sind außerhalb der Saison für manche Gemüse wie Spargel oder Erbsen sehr praktisch, ebenso für gewisse Obstsorten. Tiefgefrorene Fische und Schalentiere verlieren einen großen Teil ihres Geschmacks und ihrer Festigkeit. Man kann sie trotzdem verwenden, darf aber nicht die gleichen Resultate erwarten wie von frischer Ware.

Hier schließlich einige Ratschläge, wie Sie Ihre Einkäufe aufbewahren sollten.

Fleisch, Geflügel, Wild, die Sie am Tag vor der Zubereitung gekauft haben, müssen in Klarsichtfolie gepackt werden, damit sie nicht den Geruch anderer Lebensmittel im Kühlschrank annehmen. Bewahren Sie Fleisch oder Geflügel nicht mehr als 48 Stunden auf, es könnte sonst schlecht werden.

Fische, vor allem vom Fischhändler vorbereitete Filets, müssen liegend aufbewahrt werden, damit sie nicht brechen. Wickeln Sie Fisch wie Fleisch in Klarsichtfolie und legen Sie ihn in den unteren Teil des Kühlschranks (aber nicht länger als 24 Stunden).

Schalentiere und Muscheln sollte man lebend kaufen. Austern kann man mehrere Tage lang im unteren Teil des Kühlschranks aufbewahren (nicht unter 10°), vorausgesetzt, man hält sie mit einem Gewicht geschlossen. Auch eine Languste können Sie zwei Tage unten im Kühlschrank aufbewahren, wenn Sie sie fest in Zeitungspapier einwickeln.

Obst und Gemüse müssen unter allen Umständen in dem für diesen Zweck vorgesehenen Fach im Kühlschrank gelagert werden. Sie brauchen nicht viel Kälte, um sich zu halten, und dürfen keinem Zug ausgesetzt werden, weil sie sonst welk werden. Wichtig ist dabei, nur sauber geputzte Gemüse in den Kühlschrank zu legen und sie nicht länger als zwei oder drei Tage dort liegenzulassen.

Käse. Kaufen Sie ihn nicht allzu lange vorher. Wenn sie zu einem Käsehändler gehen, der Bescheid weiß, bitten Sie ihn, Ihnen ausgereifte Käse zu geben, die gleich verzehrt werden können. Lassen Sie die Käse in ihrem ursprünglichen Einwickelpapier, oder packen Sie jeden für sich in Klarsichtfolie in den Kühlschrank. Holen Sie den Käse eine Stunde vor dem Anrichten heraus, ohne ihn auszuwickeln. Sie können Ihren Käseteller auch vorher vorbereiten; decken sie ihn dann aber mit Klarsichtfolie oder mit einem leicht feuchten Küchentuch ab.

Georges Bruger,
der ›Rindfleisch-König‹, in Cannes.

Um zu verhindern, daß Käse zu laufen beginnt, wie das beim Camembert, beim Brie usw. vorkommt, schneiden Sie kleine Scheibchen aus Holz oder Karton von 3 bis 4 cm Höhe aus und legen sie auf die Schnittseite der Käse.

Milchprodukte (Butter, Milch, Sahne) nehmen sehr leicht die Gerüche anderer Lebensmittel an. Sie müssen also gut eingepackt oder zugedeckt werden.

Weine müssen wenigstens zwei Tage (ältere sogar eine Woche) ruhen, wenn Sie transportiert worden sind. Warten Sie also nicht bis zur letzten Minute mit dem Einkauf. Was die passenden Weine betrifft, vgl. das Kapitel »Wein« auf S. 15.

Und schließlich, vergessen Sie beim Einkaufen nicht die vielen Kleinigkeiten, die den Zauber eines Mahls ausmachen: Kerzen, Blumen, Kaffee, Likör, Zigarren, Menukarten und, zu den entsprechenden Anlässen, Geschenke.

Oh Gott, bei alledem hätte ich fast das Brot vergessen! Kaufen Sie es am selben Tag. Bedenken Sie indes, daß sich gröberes Landbrot und Vollkornbrote sehr gut einfrieren lassen. Nehmen Sie eingefrorenes Brot eine gute Stunde vorher aus dem Gefrierschrank. Wenn Sie das vergessen haben, können Sie das Brot für 10 Minuten in den mittelheißen Herd geben oder noch besser in den Mikrowellenherd. Seien Sie in letzterem Fall aber vorsichtig, denn das Brot erwärmt sich von innen nach außen, und 2 oder 3 Minuten müßten für ein mittelgroßes Landbrot reichen.

In der Küche

Ein guter Topf macht noch keinen guten Koch, aber gute Geräte und eine gute Einrichtung können Ihnen die Arbeit in der Küche erleichtern.

Jeder träumt natürlich davon, eine große Küche mit aller Bewegungsfreiheit und mit vielen Schränken zu besitzen. Aber es ist nicht unbedingt nötig, eine große Küche zu haben, um großartig zu kochen.

Wenn Ihr Herd ein Wärmefach besitzt, können Sie dort Ihre Teller vorwärmen und Ihre Gerichte warmhalten. Ein Mikrowellenherd kann sehr nützlich sein. Wir selbst erzielen darauf beste Resultate, aber ich kann Ihnen kaum Ratschläge für seine Benutzung geben, da alle Fabrikate unterschiedliche Eigenschaften aufweisen und in Gebrauch und Kochzeiten variieren.

Der Herd. Es macht keinen großen Unterschied, ob Sie auf einem Gas- oder Elektroherd kochen. Die besten Backergebnisse erzielen Sie in einem Heißluftherd. Er erlaubt eine genaue Temperatureinstellung und eine gleichmäßige Hitze. Versteifen Sie sich nicht auf selbstreinigende Herde; es genügt, den gewöhnlichen Herd auf die höchste Temperatur zu stellen, um das Spritzfett zu verbrennen.

Vorzüge hat auch ein Herd mit Grilleinrichtung. Sie brauchen den Grill zum Gratinieren, für Toasts, um Ihrem Braten die richtige Farbe zu geben ... Wenn Sie aber ein Liebhaber von gegrilltem Fleisch oder Fisch sind, müssen Sie sich darüber klar sein, daß der Geschmack über Holzfeuer am besten wird.

Die Arbeitsfläche. Es gibt zahlreiche Arten des Überzugs. Kacheln und andere harte Materialien sind hübsch anzusehen und leicht zu pflegen, aber sie fangen keine Stöße auf, und man zerbricht leicht Gläser und Geschirr auf ihnen. Auch ist es nicht sehr angenehm, auf einem Brett zu schneiden oder vor allem zu hacken, das auf einer festen Unterlage liegt, die nicht nachgibt. Für mich bleibt das Ideal eine Arbeitsplatte aus Holz und dazu eine Marmorplatte für die Teigbearbeitung.

Das Kühlen. Ein großer Kühlschrank ist unentbehrlich. Ideal ist es, sogar zwei zu besitzen; man muß die Waren nicht übereinanderschichten, und die Gerüche vermischen sich nicht.

Die Küchengeräte

Küchenmaschinen. Sie sollten möglichst eine Küchenmaschine zum Rühren, Hakken, Pürieren, Kneten haben, an die sich noch Vorsatzgeräte anbringen lassen, wie Gemüsehobel und Obstpresse; ferner ein elektrisches Handrührgerät, das sie unbedingt zum Schlagen von Sahne und schaumigen Cremes brauchen. ... Nehmen Sie Geräte mit starkem Motor und regulierbarer Geschwindigkeit.

Die Töpfe. Für elektrische Kochplatten nehmen Sie nur die Spezialtöpfe mit ganz flachem und sehr dickem Boden. Für Gas können Sie Töpfe aller Art nehmen. Emaillierte Töpfe müssen schwer und dick sein, aber seien Sie immer vorsichtig – Emaille ist leicht zu beschädigen. Meiden Sie grundsätzlich Aluminium; es bekommt leicht Beulen und verleiht vor allem bei der geringsten Reibung bei Benutzung eines anderen Gerätes aus Metall Ihren Speisen eine graue Farbe.

Als Pfannen empfehle ich Ihnen zwei oder drei aus schwerem Eisen. Man kann ihnen sehr einfach eine nichthaftende Oberfläche verleihen, und zwar auf die folgende Weise: Nach dem Kauf ölen Sie die Pfanne ein, erhitzen sie stark und wischen sie mit Zeitungspapier aus. Danach sollten Sie immer ein mit Öl getränktes Tuch zur Hand haben, mit dem Sie die Pfanne vor Gebrauch ausreiben sowie nach Benutzung reinigen. Das genügt, um sie sauber zu halten und zu verhindern, daß die Speisen anhaften. Sie können auch eine oder zwei beschichtete Pfannen für Omelettes, Crêpes, Eier kaufen... Eine solche Beschichtung ist auch für Torten- und Kuchenformen nützlich, da sie das Herausnehmen des Backguts erleichtert.

Für die Bratentöpfe und Auflaufformen empfehle ich Ihnen emailliertes Gußeisen. Steingut gibt gleichfalls gute Resultate, ist aber zerbrechlich.

Messer. Messer aus rostfreiem Stahl sind leichter zu reinigen, verlieren aber rasch ihre Schärfe. Benutzen Sie diese vor allem zum Schneiden von Obst, Gemüse und Eiern. Die Messer, die man ständig braucht, sollten in Reichweite untergebracht sein. Ordnen Sie diese aber gut, damit Sie sich nicht in den Finger schneiden, wenn Sie eins benötigen.

Sie können Ihre Messer schärfen, indem Sie die Schneide flach auf den Rändern eines Steinguttopfes reiben.

Der Wein

Keine Angst, ich will Ihnen keinen Vortrag in ›Weinkunde für Kenner‹ halten. Die Sprache dieser Leute ist für Uneingeweihte allzu oft unverständlich. Was würden Sie denn von einem Wein halten, der »einen Duft von Schwarzkirsche« hat, »einen wilden Duft«, einen »eingesperrten Duft«, einen »Duft von Unterholz«? Was würden Sie von einem Bordeaux sagen, der »kräftige Beine von gesunder Farbe« hat, »einen guten Biß, ein bißchen wie Blätter von schwarzer Johannisbeere, ziemlich dick, ehrlich, der einen anspringt«?

Alle diese Wendungen kommen einem jedoch noch armselig vor, wenn man, wie ich, das große Glück gehabt hat, Jean-Baptiste Troisgros zu kennen, den Vater der berühmten Brüder Troisgros aus Roanne. Das war ein wunderbarer Mann, der mit einer ganz ungewöhnlich reichen Ausdrucksweise von Wein sprach, mit Ausdrücken, die im allgemeinen der weiblichen Anatomie entnommen waren. In der Gegenwart von Damen veranlaßte ihn seine gute Erziehung freilich, die Tonart zu wechseln, und mit dem gleichen poetischen Schwung holte er seine Begriffe dann von den Rennpferden oder den Zugpferden. In beiden Fällen war das Vergnügen, ihn über Wein sprechen zu hören, fast ebenso groß wie das ihn zu trinken.

Um zu wissen, wie man einen Wein auswählt, der genau zu einem bestimmten Essen paßt, müssen Sie nicht unbedingt wie ich einen Kellermeister haben, der Ihnen dabei hilft. Mein Kellermeister hieß Patrice, bevor ich ihn Pedro nannte, denn es gab damals zwei Patrices im »Moulin«. Das war vor 14 Jahren, und er war zweiter Oberkellner. Aber er interessierte sich sehr für Weine und wollte Kellermeister werden. Ich habe ihm also die Anfangsgründe dieser schönen Wissenschaft beigebracht, und er hat sie sich so gut angeeignet, daß der Schüler bald kundiger als der Lehrer war. Mit ihm zusammen habe ich die folgenden einfachen Ratschläge zusammengestellt.

Bei den einzelnen Menus finden Sie Empfehlungen für die zu den verschiedenen Gerichten passenden Weine. In diesem Kapitel will ich Ihnen nur allgemeine Ratschläge zum Einkauf des Weines geben.

VIGNERONS DE PÈRE EN FILS DEPUIS 1481
1982
PRODUCE OF FRANCE
A BON TAING BON VIN
Hermitage
Mise en bouteille à la Propriété
JEAN-LOUIS CHAVE

Wie man das Etikett liest

Das Etikett eines guten Weins muß bescheiden und genau sein. Hüten Sie sich vor solchen, die undeutlich oder unbescheiden sind.

Ein gutes Etikett macht auf jeden Fall drei grundsätzliche Angaben:

1. **Die Appellation.** Die Qualitätsweine werden mit AOC *(Appellation d'origine contrôlée,* aus bezeichnetem Anbaugebiet) oder mit VDQS *(Vin de qualité supérieure,* Wein von großer Qualität) bezeichnet.
2. **Der Jahrgang.** Flaschen mit AOC- und VDQS-Weinen tragen im allgemeinen eine Jahrgangsangabe. Sollte eine solche fehlen, so handelt es sich um ein nicht so gutes Jahr (der Wein kann trotzdem recht gut sein.)

Der Champagner ist ein Sonderfall, da nur die außergewöhnlich guten Jahrgänge auf der Flasche angegeben werden.

3. **Der Name des Eigentümers.** Dieser Name oder mindestens der des Händlers muß immer auf dem Etikett genannt sein. Mit dem Einsatz seines guten Namens garantiert der Eigentümer für die Qualität seines Weines.

Anmerkungen: Die AOC- und VDQS-Etiketten tragen niemals eine Angabe über den Alkoholgehalt, außer bei Ware, die für den Export bestimmt ist. Wenn ein Etikett als Herkunftsangabe ein Gebiet nennt, ohne eine nähere Angabe zu machen (z. B. *Bordeaux, appellation Bordeaux contrôlée*), dann handelt es sich um einen Verschnitt aus verschiedenen Gewächsen dieses Gebiets (Verschnitte im allgemeinen von guter Qualität).

Die Bezeichnung *Bourgogne* oder *Bordeaux* findet sich selten auf Etiketten großer Weine. Diese tragen vielmehr immer den Namen ihrer Lage: bei den Bordeaux-Weinen etwa Saint-Estèphe, Saint-Emilion, Margaux, Pommerol, Pauillac . . ., und bei den Burgundern Côtes-de-Nuits, Pommard, Côtes-de-Beaune, Mercurey, Chablis . . .

Es sind also das Gebiet und die Lage der *côteaux,* die die *appellation* und die Eigenschaften des Weins ausmachen, und die Namen der *châteaux* oder der *domaines,* die ihre Klassifikation ausmachen.

Bei ein und derselben *appellation* sind es nämlich die Lage und die Qualität des Winzers, auf denen der Unterschied zu den Nachbarweinbergen beruht.

Im übrigen bieten Weine von Weinhändlern, die die Angabe eines *domaine* oder eines *château* tragen, jede Qualitätsgarantie.

Früher gab es die Tradition, daß die Bezeichnung nach *châteaux* den Bordeaux-Weinen vorbehalten bleib. Inzwischen findet sich diese Angabe immer mehr auch auf Etiketten anderer Lagen.

Die guten Jahrgänge

Nicht alle Weine altern in gleicher Weise, und ein und dieselbe Lage altert verschieden, je nach dem Jahrgang, den Lagerungsbedingungen usw.

Die eine fünfzig Jahre alte Flasche kann wundervoll sein, die andere völlig ohne Geschmack. Derselbe Jahrgang kann bei der einen Lage vortrefflich, bei der anderen, die nur 10 km von ihr entfernt liegt, mittelmäßig sein. Es ist also ganz unmöglich, feste, überall gültige Regeln aufzustellen. Die auf Seite 18 gemachten Angaben bezeichnen also nur allgemeine Tendenzen und haben viele Ausnahmen.

Die Aufbewahrung des Weins

Griechen und Römer bewahrten ihren Wein früher in Schläuchen auf, die nach Ziege rochen, oder in Krügen, die geölt wurden, um sie weniger durchlässig zu machen, und die man mit Stopfen aus geteertem Stoff verschloß. In beiden Fällen alterte der Wein schlecht und nahm einen eigenartigen Geschmack an, den man schlecht und recht mit Honig, Gewürzen oder Harz (daher der geharzte

Selbst wenn sie nicht aus derselben Gegend stammen:
ein Hermitage und Roquefort passen gut zusammen.

Die guten Jahrgänge

*Gute Jahrgänge: **
*Ausgezeichnete: ***
*Außergewöhnliche: ****

ANBAUGEBIETE	JAHRGÄNGE
ELSASS	45***, 47***, 49***, 59***, 61***, 64***, 71***, 73**, 74**, 75**, 76***, 77*, 78**, 79**, 81**, 82**, 83***, 84**, 85***, 86*, 87**, 88***, 89***, 90***, 91* 92**, 93**, 94*, 95*
BEAUJOLAIS	
Villages und Nouveau	Werden nur in den Monaten nach der Ernte getrunken.
Juliènas, Chenas, Chiroubles, Saint-Amour, Morgon, Fleurie, Brouilly, Côtes-de-Brouilly, Moulin-à-Vent, Régniè	83**, 85***, 86*, 88**, 89***, 90**, 91***, 92*, 93*, 94*, 95**
BORDEAUX	
Trockene Weiße	70***, 71***, 75***, 76**, 78***, 79**, 80**, 81***, 82**, 83**, 84*, 85**, 86**, 87**, 88***, 89***, 90***, 91*, 92**, 93**, 94***, 95***
Süße Weiße	45***, 47***, 53**, 55**, 59**, 61***, 62**, 64*, 66**, 67***, 69*, 70***, 71***, 75***, 76***, 78***, 79**, 80***, 81**, 82**, 83***, 84*, 85**, 86***, 87*, 88***, 89***, 90***, 91**, 92*, 93**, 94***, 95***
Rote	45***, 47***, 49***, 53***, 55**, 59***, 61***, 62**, 64**, 66***, 69*, 70***, 71**, 75***, 76**, 78***, 79***, 80*, 81**, 82***, 83***, 84*, 85***, 86***, 87**, 88***, 89***, 90***, 91*, 92*, 93*, 94**, 95***
BURGUND	
Weiße	47**, 49**, 53**, 55**, 59**, 61**, 62**, 64**, 66**, 69**, 70**, 71***, 73**, 76**, 78***, 79**, 80*, 81**, 82**, 83***, 84**, 85***, 86**, 87*, 88**, 89***, 90***, 91**, 92**, 93**, 94**, 95**
Rote	45***, 47***, 49***, 53***, 55**, 59**, 61***, 64**, 66**, 69***, 70*, 71***, 76**, 78***, 79**, 80*, 81*, 82**, 83***, 84*, 85***, 86*, 87*, 88***, 89***, 90***, 91**, 92**, 93**, 94**, 95**
CHAMPAGNE	45***, 47***, 60***, 61***, 71**, 73***, 75***, 76**, 78**, 79**, 81**, 82**, 83**, 85***, 86*, 87*, 88**, 89**, 90***, 91*, 92*, 93* 94*, 95**
CÔTES-DU-RHÔNE	
Rosés	Halten sich im allgemeinen nur 2 bis 3 Jahre.
Weiße	78***, 79**, 81*, 82*, 83**, 85**, 86*, 87**, 88**, 89**, 90***, 91**, 92**, 93*,94**, 95**
Rote	45**, 46**, 47**, 49**, 50**, 53*, 55**, 61**, 62**, 64**, 66**, 67**, 69**, 70**, 71**, 76**, 78***, 79**, 80**, 81**, 82*, 83**, 84*, 85**, 86**, 87*, 88***, 89**, 90***, 91**, 92*, 93*, 94**, 95***
PAYS DE LOIRE	
Trockene Weiße	Halten sich im allgemeinen nur 2 bis 3 Jahre, aber die Ausnahmen sind einen Abstecher wert. 88***, 89***, 90***, 91*, 92*, 93*, 94**, 95***
Liebliche Weiße	70**, 71**, 75**, 76***, 78**, 79**, 81**, 82***, 83***, 85***, 86***, 87**, 88***, 89***, 90***, 91*, 92*, 93*, 94**, 95***
Rote	47***, 59***, 78***, 79**, 80*, 81**, 82***, 83***, 84*, 85***, 86**, 87*, 88***, 89***, 90***, 91*, 92*, 93**, 94**, 95***
LANGUEDOC-ROUSSILLON	86**, 88***, 89***, 90***, 91**, 92*, 93*, 94**, 95***
SÜD-WEST	70***, 71***, 75***, 76**, 78***, 79**, 82***, 83***, 84*, 85***, 86**, 87**, 88***, 89***, 90***, 92*, 93*, 94**, 95**
PROVENCE	82***, 83**, 85***, 86**, 87**, 88***, 89**, 90***, 91*, 92*, 93*, 94**, 95***

Die Trauben sind recht schwer für diesen kleinen Weinleser.

Wein) verdeckte. Das bedeutet, daß die Weine des Altertums für uns ohne Zweifel untrinkbar gewesen wären. Die Erfindung des Fasses durch die Gallier brachte für den Geschmack eine vollkommene Änderung, für den Alterungsprozeß aber nur wenig.

Erst als Ende des 18. Jahrhunderts die industrielle Fertigung der Flasche erfunden wurde, war es möglich, die Größe der Flaschenöffnung und damit der Korkstopfen zu standardisieren ... Dank dem Korken, der den Wein atmen läßt, ohne daß er allzu schnell oxydiert, war es endlich möglich, den Wein viele Jahre lang aufzubewahren.

Das Faß. Wenn Sie Ihren Wein im Faß kaufen, können Sie ihn nicht sehr lange darin aufbewahren. Er muß schnell auf Flaschen gezogen werden. Indes, Vorsicht! Das Abfüllen ist eine heikle Angelegenheit, und wenn Sie kein Experte sind, sollten Sie sich bei guten Weinen lieber dem Winzer anvertrauen.

Die Flasche. Man unterscheidet fünf klassische Formen: für Bordeaux, Burgund, Champagne, Elsaß, Jura. Das Fassungsvermögen der Flaschen muß unter allen Umständen auf dem Etikett angegeben sein. Am gebräuchlichsten sind die Flasche von 0,75 l und die Magnumflasche von 1,5 l. Es gibt indes auch halbe Flaschen und Flaschen von noch größerem Fassungsvermögen. Welches auch die Größe der Flasche sein mag, das Format des Korkens ist immer dasselbe. Nun ist aber der Korken die Lunge des Weins, denn er muß atmen, gerade richtig, aber nicht zu viel ... Das heißt, daß der Wein in einer halben Flasche viel atmet und schneller altert, während er in einer großen Flasche weniger atmet und mehr Jahre zum Altern braucht.

Versiegelte Stopfen oder solche aus Plastik hindern den Wein am Atmen und ›ersticken‹ ihn. Umgekehrt führt ein poröser Korken zu einem allzu schnellen Altern. Deshalb muß eine Flasche immer liegend aufbewahrt werden, damit der Wein in Kontakt mit dem Korken bleibt und dessen Austrocknen verhindert.

Der Keller. Seine wichtigste Eigenschaft ist eine konstante, nicht aber unbedingt sehr tiefe Temperatur (12° bis 13°). Er darf weder zu feucht noch zu trocken sein. Er muß dunkel sein (vermeiden Sie Neonlicht oder allzu starkes Licht). Es sollten keine Heizungsrohre durch ihn hindurchlaufen. Auch sollte er keinen Erschütterungen ausgesetzt sein (Nähe einer Straße, einer Garage, eines Motors.) Halten Sie alles von ihm fern, was stark riecht, wie Käse, Melonen, Pilze, Obst ...

Die kühlste Ecke (also der tiefste Platz) ist für die Weißweine reserviert, weil sie empfindlicher sind. Die Flaschen müssen liegen, aber so, daß man die Etiketten lesen kann, ohne die Flasche bewegen zu müssen. Wenn Ihre Flaschen mit Staub bedeckt sind, wischen Sie ihn erst beim Servieren ab. Er schützt den Wein vor Licht.

Wenn Sie Weine mehrere Jahre lang aufbewahren, machen Sie auf jeden Fall eine ›Jahrgangstafel‹, auf der Sie die Anzahl der Flaschen jeder Lage und ihren Jahrgang verzeichnen. Auf diese Weise können Sie kontrollieren, ob man sie noch aufheben kann oder sich eilen muß sie auszutrinken.

Wenn Sie Weine mehr als 20 Jahre in der Flasche aufbewahren wollen, bitten Sie Ihren Weinhändler, solche Korken auszutauschen, die sich zusammengezogen haben und porös geworden sind. Bei der wunderbaren Flasche Château-Suduiraut von 1899 (siehe Foto unten) war das offensichtlich nicht der Fall.

Wenn Sie keinen Weinkeller haben, leisten Sie sich einen ›Keller in der Wohnung‹. Das ist ein Weinschrank, der im kleinen die Eigenschaften eines Kellers aufweist. Praktisch kann jeder dunkle und thermisch gut isolierte Schrank als Weinschrank dienen.

Durchschnittliche Lagerfähigkeit der Weine

Anbaugebiete	Haltbarkeitsdauer
Elsass	1 bis 8 Jahre Altern manchmal bemerkenswert gut
Beaujolais	
Villages oder Nouveau	1 Jahr von November bis April
Chiroubles, Juliénas, Morgon	2 bis 6 Jahre
Bordeaux	
Trockene Weiße	1 bis 3 Jahre
Süße Trockene	2 bis 50 Jahre und mehr
Rote	3 bis 50 Jahre und mehr
Burgund	
Weiße	2 bis 6 Jahre Altern oft gut
Rote	2 bis 50 Jahre und mehr
Champagne	3 bis 5 Jahre Selten mehr als 10 Jahre, ausgenommen natürlich einige sehr große Weine aus der Champagne
Côtes-du-Rhône	
Weiße und Rosés	2 bis 6 Jahre
Rote	2 bis 10 Jahre und mehr
Pays de Loire	
Trockene Weiße	1 bis 3 Jahre
Liebliche Weiße	2 bis 10 Jahre
Rosés	2 bis 5 Jahre
Rote	2 bis 8 Jahre und mehr
Provence	
Weiße und Rosés	1 bis 3 Jahre
Rote	2 bis 8 Jahre Können noch mehr altern

Wie man Wein serviert

Zu allererst ist es wichtig, die Flaschen mehrere Tage vor dem Öffnen zu kaufen oder zu transportieren: Sie werden sie dabei ja in jedem Fall schütteln, und Sie müssen dem Sediment Zeit lassen, sich wieder zu setzen. Kälte beschleunigt diesen Vorgang, aber natürliches Ausruhen ist vorzuziehen.

Flasche oder Karaffe? Man kann einen Wein in der Karaffe servieren, wenn man nicht die Zeit hatte, die Flasche lange genug vorher zu öffnen und man ihn mit Luft in Berührung bringen will (das gilt für Weine, die älter als zehn Jahre sind.)

In den meisten Fällen wird eine Karaffe benutzt, um einen Wein zu dekantieren, der starke Ablagerungen aufweist. In diesem Fall gießt man den Wein langsam aus der Flasche in die Karaffe, und zwar vor einer Lichtquelle (einer Kerze, wie die Tradition es will), um mit dem Umgießen aufzuhören, sobald die Ablagerung erscheint.

Wann wird die Flasche entkorkt? Für raffinierte Weinkenner ist das eine Frage des Weins, seines Alters, usw. Um es einfach zu machen: Weißweine werden im Moment des Servierens entkorkt (mit Ausnahme einiger alter süßer Weine mit Madeiracharakter, denen es gut bekommt, wenn man sie drei oder vier Stunden vorher öffnet.)

Was die Rotweine anlangt, so müssen die jungen Zeit haben, Sauerstoff aufzunehmen und werden daher eine bis zwei Stunden vorher geöffnet; ältere Weine öffnet man nur eine halbe bis eine Stunde im voraus, und die ganz alten werden erst zu Beginn der Mahlzeit entkorkt und dekantiert.

In jedem Fall muß man immer eine Flasche vor der Mahlzeit öffnen und probieren, und wäre es nur um festzustellen, ob der Wein nicht nach Korken schmeckt. Wenn das der Fall ist, gießen Sie ihn nicht weg. Heben Sie ihn für eine Sauce oder für die Essigherstellung auf. Ist der Korkengeschmack nur sehr schwach, dekantieren Sie den Wein; wenn Sie Glück haben, nimmt der Sauerstoff den Korkengeschmack weg.

Der Korb. Wenn eine Flasche mehrere Jahre lang gelegen hat, darf sie auf keinen Fall aufgerichtet werden. Man legt sie also zweckmäßigerweise in einen Korb (und zwar genau in der Lage, in der sie sich im Keller befand) und entkorkt sie nur in dieser Lage.

Der Korkenzieher. Gute Weine haben sehr lange Korken. Der Korkenzieher muß also ein langes, breites und scharf geschnittenes Gewinde haben, das man so weit wie möglich in den Korken hineindreht. Das Herausziehen muß sanft und gleichmäßig erfolgen. Pittoreske Modelle sind auf jeden Fall zu meiden.

Wie dem auch sei, machen Sie es nie den Bistro-Kellnern nach, die die Flasche zum Öffnen zwischen die Beine nehmen; das geht höchstens, wenn der Wein noch ganz jung und ohne Ablagerung ist.

Wenn Sie bemerken, daß ein Korken sich lockert, machen Sie die Flasche schnell auf und trinken Sie den Wein, denn er könnte allzu schnell Sauerstoff aufnehmen.

*Patrice Lopez,
ein junger talentierter Kellermeister.*

Vorsicht! Auf die Gefahr hin, Ihren Ruf als Salonlöwe zu verlieren, lassen Sie beim Champagner niemals den Korken knallen! Halten Sie die Flasche geneigt, ziehen Sie den Korken sanft heraus und halten Sie ihn fest, wenn er ›hochgehen‹ will. So wird der Schaum nicht aus dem Hals heraustreten, vorausgesetzt natürlich, der Champagner ist kühl genug und vor dem Öffnen nicht geschüttelt worden.

Die Gläser. Die erste Aufgabe des Glases ist es, den Wein ins Licht zu rücken, und nicht, die Tafel zu zieren oder den Reichtum des Gastgebers anzuzeigen. Wie in vielen Fällen ist die Schlichtheit bei Gläsern eine Tugend.

Die Farbe: Die erste Freude beim Trinken ist es, den Wein zu betrachten; daher soll das Glas durchsichtig und farblos sein. Freilich können Sie sich gelegentliche eine Extravaganz leisten, wenn Sie das Glück haben, wirklich schöne farbige Gläser zu besitzen, die mit Ihrer Tafel harmonieren. Aber so etwas paßt nicht unbedingt zu einem ganz großen Wein.

Die Stärke des Glases: Wie die Farbe, so muß auch die Stärke des Glases stets hinter dem Wein zurücktreten. Der dünne Rand des Glases ebenso wie die Feinheit seines Stiels tragen freilich zum Vergnügen des Trinkens bei.

Die Form: Das zweite Vergnügen am Trinken ist es, den Wein zu riechen. Deshalb hat die Form des Glases die Aufgabe, das Bouquet des Weins zu größter Entfaltung zu bringen.

Seine Öffnung ist also desto größer, je intensiver der Duft des Weins ist. Daher sind Burgunder-Gläser weiter offen als Bordeaux-Gläser. Das Glas muß groß genug sein (und darf nur zu einem Drittel gefüllt werden), so daß man den Wein im Glas kreisen lassen kann, um ihn mit der Luft in Verbindung zu bringen. Der Stiel ist aus demselben Grund unerläßlich.

Das richtige Glas unterstreicht die Güte des Weines.

Die hauptsächlichen Gläserformen

Das ›Tulpen‹-Glas. Es ist das traditionelle Bordeaux-Glas. Im übrigen paßt es zu allen Weinen und wird immer mehr für Champagner benutzt, für den es eine gestrecktere Form annehmen kann.

Das ›Distel‹-Glas. Wie das Tulpenglas ist es für den Bordeaux besonders geeignet.

Das ›Ballon‹-Glas. Es ist das traditionelle Glas für Burgunder und überhaupt für alle stark duftenden Weine.

›Flöte‹ und Schale. Kenner benutzen diese Champagner-Gläser heute kaum noch. Die Flöte ist zu eng, und die Schale nicht eng genug. Im ersten Glas steigt der Schaum so rasch, daß man fast nichts zu trinken hat, im zweiten verliert der Champagner zu rasch seinen Duft.

Das Elsässer-Glas. Es kommt ohne Zweifel aus Ungarn, wie die Rebsorten in dieser Gegend, und hat meistens eine grüne Farbe.

Die oben abgebildeten Gläser sind keine klassischen Modelle. Mein Freund Claus Ridel, Glasmachermeister in Österreich und großer Weinliebhaber, hat sie entworfen, um den verschiedenen Weinen die volle Entfaltung ihres ganzen Bouquets zu ermöglichen.

Die Temperatur des Weins

Unter 5° ist es ganz gleichgültig, was man trinkt; über 18° kann man genauso gut einen Grog trinken! Wein haßt extreme Temperaturen. Ebensowenig mag er übrigens brüske Temperaturwechsel. Um ihn zu kühlen oder zu erwärmen, muß man also sanft vorgehen, will man das Bouquet nicht zerstören.

Wie man Wein kühlt. Der Keller ist der ideale Ort, aber die Temperatur sinkt dort selten unter 10°. Um eine niedrigere Temperatur zu erzielen, nimmt man am besten einen Eiskübel (erst kommt die Flasche hinein, dann das Wasser, und dann erst die Eisstückchen, um ein allmähliches Abkühlen zu gewährleisten.) Der Kühlschrank ist nicht ideal, denn er kühlt stoßweise. Sie können allerdings die niedrigste Stufe benutzen, d. h. die geringste Kälte.

Wie man Wein chambriert. Chambrieren heißt, den Wein auf Zimmertemperatur bringen, also auf die Temperatur des Raums, in dem der Wein getrunken werden soll; man muß ihm also Zeit lassen, die Temperatur der Umgebung anzunehmen. Das ist die ideale Methode, weil sie langsam und gleichmäßig verfährt. Leider werden 16° heute für ein Zimmer als kalt empfunden, aber einen Wein in einem auf 20° geheizten Eßzimmer zu chambrieren, würde zu keinem guten Resultat führen.

Wenn Sie keinen Raum haben, dessen Temperatur der der idealen Trinktemperatur entspricht, oder wenn Sie einen kühlen Wein rasch erwärmen wollen, wickeln Sie ihn in ein mit lauwarmen Wasser getränktes Tuch. Stellen Sie den Wein auf keinen Fall in die Nähe einer Wärmequelle wie eines Heizkörpers oder eines Kamins.

Welcher Wein zu welchem Essen?

Zur Einleitung will ich von dem sprechen, was man vor dem Essen trinken sollte. Für die Menus dieses Buches schlage ich Ihnen Aperitifs auf der Grundlage von Wein vor, oder einfach Weine und Champagner an der Stelle von Cocktails oder harten Getränken.

Ein Aperitif soll nämlich Ihren Gaumen darauf vorbereiten, die Ergebnisse Ihrer Kochkunst zu würdigen, nicht aber Ihre Geschmacksnerven betäuben.

Welche Weine man zu jedem Gang reichen soll, gehört zu den allerumstrittensten Fragen. Der Geschmack ändert sich, Moden vergehen, und es gibt auf diesem Gebiet keine absoluten Wahrheiten. Alle Regeln haben ihre berühmte Ausnahme. Alle Prinzipien sind diskutabel, und selbst die größten Kenner wagen heute witzige, eigenartige und oft glückliche Kombinationen.

Da aber gewisse Anweisungen gegeben werden müssen, hier folgende sehr allgemeine Empfehlungen:

Reichen Sie normalerweise den weißen vor dem roten, den leichten vor dem kräftigen, den jungen vor dem alten Wein.

Zu Speisen mit Saucen sollte man denselben Wein trinken, der auch zur Bereitung der Sauce verwendet wurde, oder einen Wein ähnlichen Typs.

Unbedingt vermeiden sollte man liebliche weiße Weine zu rotem Fleisch oder

Ein guter Champagner sollte gut gekühlt, aber nicht eiskalt serviert werden.

Wild, große Rotweine zu Muscheln und Speisen mit viel Knoblauch, Wein überhaupt zu einer Speise, die mit Essig ange-

Bei welcher Temperatur werden die verschiedenen Weine serviert?

Anbaugebiete	Temperatur
Elsass	Kühl, von 8° bis 10°
Beaujolais	
Villages oder Nouveau	Kühl, von 10° bis 12°
Chiroubles, Juliénas, Morgon	Etwas chambriert, 13° bis 15°
Bordeaux	
Trockene Weiße	Sehr kühl, 6° bis 8°
Süße Weiße	Eisgekühlt, 5° bis 6°
Rote	Chambriert, 17° bis 18°
Burgund	
Weiße	Ziemlich kühl, 12° bis 13°
Rote	Leicht chambriert, 14° bis 15°
Champagne	Kühl, 8° bis 10°
Côtes-du-Rhône	
Weiße und Rosés	Kühl, 8° bis 10°
Rote	Chambriert, 16° bis 17°
Pays de Loire	
Trockene Weiße	Sehr kühl, 6° bis 8°
Süße Weiße	Eisgekühlt, 5° bis 6°
Rosés	Sehr kühl, 6° bis 8°
Rote	Leicht chambriert, 13° bis 15°
Provence	
Weiße und Rosés	Sehr kühl, 6° bis 8°
Rote	Chambriert, 16° bis 17°

macht ist, zu sahnigen Käsen, zu Schokolade und zu frischem, säuerlichem Obst.

Suppen: Der Brauch will, daß man zur Suppe keinen Wein reicht. Zu Fischsuppen kann man einen trockenen Weißwein trinken. Sonst ist es das beste, den Wein zu reichen, der zum nächsten Gang getrunken werden soll. Wenn Sie *chabrot* (oder *chabrol*) machen wollen, wie man das im Südwesten auf dem Land tut, d. h., wenn Sie einen kräftigen Guß Rotwein in Ihre Suppe gießen wollen, wenn diese halb aufgegessen ist (und vorausgesetzt natürlich, daß sie keine Sahne enthält), dann nehmen Sie ruhig einen kräftigen Roten, etwa einen Cahors.

Wurst und Schinken: Siehe unter »weißes Fleisch«.

Rohe Muscheln: Trockene Weißweine wie Chablis, Muscadet, Pouilly-Fumé und Pouilly-Fuissé, Sancerre, Saint-Véran, Elsässer ... oder trockene Roséweine.

Gekochte Muscheln, Fische, Schalentiere:
- in Sauce: denselben Wein wie für die Sauce;
- kalt oder gegrillt: trockene Weiße wie Graves, Chassagne-Montrachet, Puligny, Meursault, Hermitage.

Geflügelleber:
- zu Beginn der Mahlzeit: weißen Bordeaux (Graves), Elsässer, trockenen Champagner;
- während der Mahlzeit: ziemlich leichte Rotweine;
- ganz raffinierte Kenner servieren zur Leber aus den Landes einen Sauternes, einen Barsac oder einen weißen Vouvray, zur Leber aus dem Elsaß einen Gewürztraminer.

Pilze und Trüffeln: Große Rotweine oder trockenen Champagner; zu Eierschwämmen und Ritterlingen passen besser Roséweine.

Geflügel:
- in Sauce: denselben Wein wie für die Sauce, trockenen Weißen oder einen reichen Roten;
- gebratenes Hähnchen: elegante Rotweine;
- Gans, Truthahn, Perlhuhn: kräftige Rotweine.

Weißes Fleisch, Wurst und Schinken: In der Regel leichte Rotweine (Beaujolais, Mâcon, Côtes-de-Provence, Côteaux-d'Aix, Bourgueil . . .); im Fall dunkler Saucen reiche man etwas kräftigere Rote (jungen Bordeaux, Côtes-de-Beaune, junge Côtes-du-Rhône).

Rotes Fleisch und Wild: Kräftige Rotweine: zum Beispiel Burgunder (Pommard, Côtes-de-Nuits . . .) oder Côtes-du-Rhône, mehr als zehnjährige Bordeauxweine, Cahors, Madiran, Côtes-de-Buzet.

Käse: Die vernünftigste und einfachste Regel ist, nicht zu versuchen, den Wein zum Käse auszuwählen, sondern umgekehrt den Käse im Blick auf den Wein auszusuchen, der zum vorhergehenden Gang gereicht worden ist.

Auf diese Weise vermeiden Sie Irrtümer des Typs ›Weiß nach Rot‹, ›Jung nach Alt‹ . . .

- Frischkäse: trockene Weiße, Rosés;
- Weichkäse (Camembert, Brie . . .): kräftige Rote;
- feste Käse (Port-Salut, Cantal . . .): leichte, fruchtige oder trockene Weine;
- feste Schnittkäse (Comté, Gruyère . . .): kräftige Weiße oder Rote;
- Ziegenkäse und Schimmelpilzkäse (Roquefort, Bleu . . .): trockene Weiße oder leichte Rote.

Aber versuchen Sie auch einmal:

- die erstaunlich harmonische Kombination von Roquefort und Sauternes;
- das verblüffend gute Zusammenstimmen von einem Ziegenkäse und einem ganzen jungen weißen Burgunder.

Gebäck: liebliche Weißweine, Weine von natürlicher Süße.

Obst: Niemals Wein, außer bei Trockenobst, das wiederum die Qualitäten eines Weins hervortreten läßt.

Der Käse

Frankreich kann sich rühmen, zwischen 300 und 400 Käsesorten zu besitzen. Und, was noch höher zu schätzen ist, es bietet Bauernkäse *(fromages fermiers)* aus Rohmilch. Diese Käse sind lebendige Produkte, die sich wie eine schöne Frucht entwickeln, besser werden und reifen.

Ihre Erzeugung erfordert eine Vielzahl von Kenntnissen und viel Liebe, sowohl bei der Herstellung als auch bei der Lagerung.

Um den ganzen Reichtum der Käsesorten zu erkennen, muß man gesehen haben, wie meine Freunde Edouard und Robert Cénéri von der »Ferme Savoyarde« in Cannes die Entwicklung ihrer ›Ernte‹ verfolgen, die aus allen Gegenden Frankreichs kommt, und gehört haben, mit welcher Liebe und mit welch reichem Wortschatz sie von ihren Käsen sprechen.

Nichts erwarten dürfen Sie dagegen von Molkereikäsen *(fromages laitiers)* auf der Grundlage von erhitzter oder pasteurisierter Milch, deren Geschmack ein für alle Mal beim Verlassen der Fabrik festliegt, leblose Käse, die höchstens schlechter werden können (wenn das noch möglich ist).

Käse kauft man nicht wie ein Paket Zucker. Nur ein Käsehersteller kann einen Käse zur vollkommenen Reifung führen und Sie dann beim Kauf beraten.

Meiner Meinung nach muß Käse mit Brot gereicht werden (mit geröstetem Landbrot, mit Nuß- oder Rosinenbrot etc.), nicht aber mit Crackers oder anderem derartigen Gebäck. Sie können ihn mit Salat essen (aber mit wenig Essig) sowie mit manchem Obst: Nüssen, Äpfeln, Birnen, Weintrauben. Reichen Sie zum Beispiel eine Williamsbirne zu einem Vacherin, und Sie werden begeistert sein.

Es ist nicht notwendig, bei jedem Menu Käse zu servieren, und es ist gleichfalls nicht notwendig, eine große Auswahl anzubieten. Arrangieren Sie vielmehr eine Käseplatte mit zwei oder drei Käsen je nach Jahreszeit und Gegend. Sie können sogar nur einen einzigen Käse wählen, etwa einen Brie, einen Tomme oder ein Stück Roquefort (das ist der einzige Käse, den man mit Butter reicht), einen Vacherin suisse, ein Stück Comté oder Saint-Nectaire. Sie können auch einen Teller mit kleinen Ziegenkäsen zusammenstellen. Bevor Sie die Käse darauf gruppieren, legen Sie ein paar Farnzweige, Weinblätter, Kastanien- oder Feigenblätter auf den Teller. Unter Ziegenkäse können Sie auch Zweige von Bohnenkraut, Rosmarin oder Thymian legen.

Machen Sie sich aber doch einmal, irgendwann, das Vergnügen eines ganzen Käseessens. Auf die Zahl kommt es nicht an, aber seien Sie bei der Qualität nicht sparsam. Reichen Sie ihn zum Beispiel mit einem knackigen gemischten grünen Salat (krause Endivie, Eichblatt-, Romanasalat o. a.), angemacht mit Weinessig und Olivenöl bei Ziegenkäse und mit Nußöl bei Käsen von etwas stärkerem Geschmack.

Reichen Sie den Käse mit großen Scheiben gerösteten Landbrots oder mit heißen, in der Asche gekochten Kartoffeln, und Sie werden sehen, wie gut das zusammen paßt! Geben Sie auch Obst dazu, wie Nüsse, Äpfel, Birnen, Trauben. Vergessen Sie nicht ein großes Stück frischer Butter, ferner eine Mühle mit schwarzem Pfeffer und sogar einen kräftigen Dijonsenf, der sich nach meinem Geschmack sehr gut mit Comté, Gruyère oder Emmentaler verbindet. Dazu muß der Beaujolais Villages in Strömen fließen, oder der Bourgueil, der Chinon, oder, warum eigentlich nicht, ein *vin de paille* aus dem Jura oder ein Sancerre.

Den Tisch muß man dafür nicht dekken. Ein Platz am Kamin oder im Schatten einer Laube genügt völlig.

In den Kellern der »Ferme Savoyarde« in Cannes bei meinen guten Freunden Robert und Edouard Cénéri, wo man die beste Auswahl an Rohmilchkäsen findet.

Welcher Wein zu welchem Käse?

Käse	Beste Jahreszeiten	Weine
Bleu d'Auvergne	das ganze Jahr	Hermitage
Bleu de Bresse	das ganze Jahr	Beaujolais
Boursault	das ganze Jahr	Clos Vougeot
Bouton de culotte	Mai bis Dezember	Chablis
Brie de Meaux	Juni bis Dezember	Médoc, Pommerol
Brillat-Savarin	das ganze Jahr	leichter, fruchtiger Wein
Camembert fermier	Mai bis November	Burgunder, Bordeaux
Camembert normand	das ganze Jahr	Côtes-du-Rhône
Cantal	das ganze Jahr	Côtes-d'Auvergne
Chabichou	Mai bis November	Bourgueil
Chèvre frais	Mai bis Oktober	Saumur blanc
Comté	das ganze Jahr	Arbois jaune
Coulommiers	Juni bis März	Côte-de-Beaune
Crottin de Chavignol	Mai bis Oktober	Sancerre blanc und Sauvignon
Emmentaler	das ganze Jahr	Beaune, Volnay
Fourme d'Ambert	Juni bis Dezember	Côtes-d'Auvergne
Livarot	Mai bis Dezember	Morgon
Maroilles	Juni bis März	Corton
Mimolette	das ganze Jahr	Madeira, Portwein, Banyuls
Munster	das ganze Jahr	Gewürztraminer
Olivet cendré	Juni bis März	Chinon
Pont-l'évêque	Juni bis März	Bouzy, Pommerol
Reblochon	Juni bis Dezember	Crépy-Mondeuse
Rigotte de Condrieu	das ganze Jahr	Côtes-du-Lyonnais
Rocamadour	März bis November	Cahors
Roquefort	März bis Dezember	Châteauneuf-du-Pape
Sainte-Maure	Juni bis Dezember	Vouvray trocken
Saint-Marcellin	das ganze Jahr	Côtes-du-Rhône
Saint-Nectaire	Juni bis Dezember	Côtes-d'Auvergne
Selles-sur-Cher	Mai bis Dezember	Chinon, Bourgueil
Tomme de Savoie	Mai bis Dezember	Mondeuse
Vacherin	November bis März	Roussette
Valençay	Mai bis Dezember	Quincy

Der Kaffee und seine Begleiter am Schluß der Mahlzeit

Der Kaffee ist der krönende Abschluß eines gelungenen Mahls. Schätzen Sie ihn nicht gering, und versäumen Sie nie ihn anzubieten. Zusammen mit altem Cognac, Obstler, Likör, Zigarren und – warum nicht? – Schokolade.

Zunächst würde ich Ihnen empfehlen, alles im voraus auf Tabletts bereitzustellen: Tassen, Untertassen, Löffel, Kaffeekanne, Sahnekännchen, kleine Servietten, Zuckerdose... Übrigens, zuckern Sie Ihren Kaffee nicht zu stark. Bei lieblichen und duftigen Mischungen können Sie den Zucker auch ganz weglassen.

Auf ein anderes Tablett stellen Sie die Gläser und die Flaschen. Lassen Sie die Obstler und ihre Gläser bis zum letzten Augenblick im Kühlschrank. Wissen Sie, daß sie eine Flasche Schnaps beim ersten Entkorken mehrere Stunden mit der Luft in Berührung kommen lassen müssen, bevor Sie ihn trinken, damit sich die Fuselstoffe verflüchtigen, die das Beißen in den Augen und in der Nase hervorrufen?

Stellen Sie auch die Zigarrenkiste bereit, den Zigarrenabschneider und die Streichhölzer... und vergessen Sie die Aschenbecher nicht!

Alles kann man also vorbereiten. Nur nicht den Kaffee! Der muß unter allen Umständen im letzten Augenblick zubereitet werden, sonst büßt er sein Aroma ein. Und vergessen Sie nicht, die Kanne mit kochendem Wasser auszuschwenken, bevor Sie den Kaffee einfüllen.

Bei der Auswahl Ihres Kaffees wird Ihr persönlicher Geschmack entscheiden. Es gibt in den Kaffee-Fachgeschäften Mischungen für alle Vorlieben. Mein Freund Sandro, der auch seit 15 Jahren mein Kaffeelieferant ist, hat wunderbare Mischungen für den französischen Geschmack zu schaffen verstanden. Es macht mir Vergnügen, mit ihm die Zusammenstellungen und den Grad der Röstung zu bestimmen. Meine Vorliebe gilt den brasilianischen und kolumbianischen Kaffeesorten. Aber natürlich muß ich auch den Geschmack meiner Freunde und Gäste bedenken. (Die in der französischen Originalausgabe des Buches zusammengestellten Kaffeemischungen gibt es auf dem deutschen Markt nicht. In ihrer Tendenz entsprechen sie dem italienischen Espresso. Anm. d. Red.)

Schokolade und Kaffe – eine wunderbare Kombination – vor einer Assemblage von Kaffeekannen meines Freundes Arman.

Erlauben Sie mir jetzt, Ihnen ein paar nicht gerade klassische, aber amüsante Rezepte anzugeben:

Café-brûlot

Feuriger Kaffee

Nehmen Sie für 6 Personen:

1/2 Stange Zimt
6 Gewürznelken

die Schale einer Orange, in feine Streifen geschnitten
die Schale einer Zitrone, in feine Streifen geschnitten
3 Stücke Zucker
120 ml Cognac
30 ml Curaçao
1/2 l sehr starken Kaffee

Machen Sie zuerst einen sehr schwarzen, sehr starken Kaffee.

In einem Rechaud-Gefäß die Zimtstange, die Nelken, die Orangen- und die Zitronenschale und die Zuckerstücke zerdrücken.

Cognac und Curaçao hinzufügen, alles vermischen und flambieren. Vorsicht: die Flamme kann sehr hoch steigen. Die Zutaten während des Flambierens gut vermischen, bis der Zucker sich ganz aufgelöst hat. Nach und nach den Kaffee hinzufügen, dabei immer weiter rühren, bis die Flamme erlischt.

Dieser *Café-brûlot* ist durch »Brennan's Restaurant« in New Orleans berühmt geworden, und dem Enkel seines Begründers, der drei Monate in der Küche meiner »Moulin de Mougins« gearbeitet hat, verdanke ich das Geheimnis seiner Zubereitung.

Café royal
Königlicher Kaffee

Nehmen Sie pro Person:

3 Stückchen Zitronenschale
1/2 Stange Zimt
4 gut bemessene El Cognac
100 ml Kaffee
1 Teller, mit einer Schicht Puderzucker bestreut
1 feuerfestes Glas

Zuerst den Kaffee zubereiten.

Den Rand des Glases mit der inneren Seite eines Stücks Zitronenschale abreiben. Das Glas umdrehen und auf den Puderzucker setzen; der Zucker haftet an der feuchten Spur der Zitrone.

Die anderen beiden Stücke Schale über dem Glas ausdrücken, um das ätherische Öl zu gewinnen, und die Stücke auf dem Grund des Glases liegen lassen. Einen Löffel in das Glas stellen, damit es unter der Hitzeeinwirkung nicht platzt.

Den Cognac vorsichtig in einer kleinen Schöpfkelle anwärmen, die über eine Flamme gehalten wird. In das Glas gießen, flambieren!

Wenn die Flamme erloschen ist, den heißen Kaffee hineingießen und servieren.

Café irlandais
Irischer Kaffee

In ein Glas mit starkem Fuß zwei Stücke Zucker geben. Das Glas bis 1 1/2 cm unter dem Rand mit kochendheißem Kaffee füllen.

Zwei bis drei Eßlöffel irischen Whiskey hinzufügen. Umrühren. Das Ganze mit leicht geschlagener Sahne krönen, die vorsichtig über den Rücken eines Löffels gegossen wird, so daß die Sahne sich nicht mit dem Kaffee vermischt.

Verwechseln Sie bei diesem Rezept nicht Whiskey und Whisky. Der erstere ist irisch, der zweite schottisch.

Café »Bistouille«
Kaffee mit Alkohol

In eine Kaffeetasse 1 Stück Zucker und 1 Messerspitze Zimt (gemahlen) geben. 2 Eßlöffel Marc, Grappa oder Calvados hinzufügen und die Tasse mit dem Kaffee auffüllen. Sehr heiß servieren.

Zum Abschluß des Themas Kaffee, Schnaps und Schokolade möchte ich eine kleine Anleitung zum Egoismus geben.

Alle Zutaten für einen café-brûlot, *in dem sich bitterer und süßer Geschmack miteinander verbinden. Die Tasse wurde von Jean Dufy 1921 entworfen.*

Ehrlich gesagt, finden Sie nicht, daß Sie von Zeit zu Zeit ein bißchen Aufmerksamkeit und Achtung verdienen? Und daß der, der Ihnen diese edlen Gefühle am besten entgegenzubringen vermag, immer noch Sie selbst sind?

Sind Sie nicht Ihr bester Freund oder Ihre beste Freundin? Wer versteht Sie besser als Sie selbst? Wer kennt Sie genauer? Wer weiß so gut wie Sie, was Sie lieben?

Wer zum Beispiel vermag so gut wie Sie die wunderbare Flasche zu schätzen, die Sie in Ihrem Keller versteckt halten? Seien wir realistisch: niemand, natürlich. Also, trinken Sie sie allein. Seien Sie egoistisch. Aber aus ganzem Herzen, mit vollem Entschluß, fröhlich... und vor allem ohne Reue.

So kommt es gelegentlich vor, daß ich mich selbst zu einem kleinen Fest einlade, zu dem ich niemanden hinzuziehe. Zu den Feiertagen am Jahresende bekomme ich oft ein paar wunderbare Flaschen geschenkt, köstliche Schokolade und glasierte Maronen. Dann wähle ich mir einen Abend aus, von dem ich weiß, daß ihm ein ruhiger Morgen folgen wird.

Jetzt passen Sie gut auf! Das erste ist, sich bequem anzuziehen: Schlafanzug, Morgenmantel oder ein sonstiges Hausgewand. Was mich betrifft... Ach nein, das sage ich Ihnen nicht.

Zweiter Akt: Machen Sie es sich am Kamin gemütlich mit einer Flasche Armagnac von mindestens 15 Jahren und einer Packung Schokolade; aber nicht die Schokolade, die mehr Zucker als Kakao enthält und auch keine Schokolade mit Likörfüllung, Früchten oder was immer. Nein, gute, echte, reine Schokolade, schwarz und bitter.

Zu dem Armagnac und der Schokolade können Sie auch eine Dose glasierte Maronen aufmachen, Sie wissen, von der Sorte, die mit Zuckerglasur überzogen ist, als wäre es Rauhreif. Und bitte, wir wollen nicht geizig sein, was die Größe der Dose betrifft.

So, jetzt haben wir alles. Das Feuer brennt, Sie sind bequem angezogen, der Sessel ist weich und tief...

Oh ja, fast hätte ich die Musik vergessen! Wie kann man die Musik vergessen?

So, ohne weiter Zeit zu vergeuden, beginnen Sie das Fest!

Zuerst ein Stück Schokolade in den Mund, dann eine glasierte Marone, dann einen guten Schluck Armagnac. Dann schließen Sie die Augen und kauen, ganz, ganz, ganz langsam.. Hmmmm!

In einem solchen Augenblick wird Ihnen, wenn Sie nicht völlig gefühllose Geschmacksnerven besitzen, nur eins in der Welt wichtig sein: sobald wie möglich wieder dieses Aroma zu genießen, und noch einmal, und noch einmal, bis... also sagen wir, bis der Armagnac in der Flasche deutlich abgenommen hat.

Und danach? Kosten Sie noch ein bißchen das süße Wohlgefühl aus, das Sie erfüllt... und schlüpfen Sie vorsichtig in Ihr Bett. Da werden Sie noch einmal feststellen, wie angenehm es sein kann (natürlich nur für sehr kurze Zeit), allein zu sein; und Sie können auch mit niemandem die süßen Träume teilen, in die Sie schon versunken sind.

Warten Sie aber trotzdem bis nächste Weihnachten, ehe Sie diese Art von Fest wiederholen; es sollte eine Seltenheit bleiben.

Blumenschmuck

Zu einer liebevoll gedeckten Festtafel gehört auch der entsprechende Blumenschmuck, der mit der Tischwäsche, dem Geschirr und den Gläsern harmonieren sollte.

Mit der Gestaltung des Blumenarrangements kann man der Tafel seine ganz persönliche Note geben und den Charakter des Essens andeuten. Dabei muß der ›Blumenschmuck‹ nicht unbedingt nur aus Blumen bestehen. Wissen Sie, daß Zweige von Würzkräutern – wie rosa blühendem Thymian, blau blühendem Rosmarin, weiß blühendem Bohnenkraut – zusammen oder einzeln nicht nur einen hübschen Strauß ergeben, sondern auch ihren Duft über der Tafelrunde verströmen? Denise, meine Frau, die für die Tischdekoration unserer beiden Restaurants »Moulin de Mougins« und »Amandier« verantwortlich ist, macht sich ein Vergnügen daraus, beim Schmücken bestimmter, ganz besonderer Tafeln Blumen, Früchte, Pflanzen und Gemüse zu kombinieren. Selbst die Harmonie eines Zweigs ohne Blätter kann Grundlage eines Tischschmucks sein.

Sie können Gewürzlorbeer verwenden wegen seines glänzenden Laubs, samtenen Salbei, frische Minze, aromatisches Basilikum, Estragon mit seinem kriechenden Blattwerk, Zitronenverbene oder kriechenden Efeu; aber auch Zweige vom Ölbaum, von Obstbäumen – möglichst mit ihren Blüten und Früchten, zum Beispiel vom Orangenbaum –, Zweige der Haselnuß mit Kätzchen oder Früchten, Eichenzweige mit Eicheln, Kastanienzweige mit

Die große Leidenschaft von Denise: Blumen.

noch ganz jungen Kastanien geben Ihrer Tischdekoration einen ganz individuellen Anstrich. Lassen Sie sich hier von Ihrer Phantasie und Ihrem Geschmack leiten.

Ich danke Denise dafür, daß sie täglich ein paar Blumen und somit ein Stückchen Natur ins Haus holt. Das allein schon ist Grund genug, daß wir uns jeden Abend wieder so gern zusammen an den Tisch setzen. Dabei ist ein Strauß Gänseblümchen als Dekoration nicht weniger schön als eine kostbare Orchidee.

Hier indes noch ein paar Ratschläge, die Ihnen nützlich sein können:

Nehmen Sie keine Blumen mit allzu starkem Duft, wie z. B. Tuberosen, es sei denn, der Tisch wäre groß genug und der Strauß stände nicht zu dicht vor den Gästen.

Über dem Blumenschmuck darf man nicht das Essen vergessen. Die Blumen sind nur Dekoration, und Ihre Gäste sollen Ihr Menu, nicht eine Blumenausstellung bewundern.

Nehmen Sie keine allzu großen und vor allem zu hohen Sträuße, die eine Unterhaltung erschweren. Kleine runde Sträuße in kugeligen Vasen erlauben Ihren Gästen, sich über den Tisch hinweg anzusehen, selbst wenn die Sträuße üppig sind.

Versuchen Sie, die Farbe der Blumen mit denen des Tischtuchs und des Geschirrs in Einklang zu bringen, desgleichen mit dem Thema Ihres Menus. Für ein Frühlingsessen nehmen Sie lieber Feldblumen als einen Rosenstrauß.

Ein Blumenstrauß muß leicht zu entfernen sein, wenn Sie ein besonders eindrucksvolles Gericht oder den Nachtisch in die Tischmitte stellen möchten. Außerdem müssen die Blumen nicht immer direkt auf dem Eßtisch stehen. Wenn der Tisch zu klein ist, können Sie den Strauß sehr gut auf einer Anrichte oder auf einem anderen Möbelstück in der Nähe arrangieren.

Ebenso hübsch macht sich eine einzelne Blüte auf der Serviette eines jeden Gastes oder auf dem Tischtuch vor jedem Gedeck.

Vervollständigen Sie den Blumenschmuck durch Kerzen im gleichen Farbton. Ihr sanftes Licht wird den Abend verzaubern.

Kochen mit Kindern

Vertreiben Sie nie die Kinder aus der Küche, wenn Sie Essen zubereiten. Ich koche sehr gern mit meiner kleinen Cordélia, die sechs Jahre alt ist. Wir erfinden zusammen Gerichte; ich habe welche für sie erfunden, nach ihrem Geschmack und ihrem Appetit; sie erfindet welche für mich und gibt mir treffende Ratschläge.

Cordélia bäckt mit Begeisterung. Hat sie mir nicht einmal gesagt, sie wolle Konditorin werden? Eines Tages also, als sie Törtchen aus süßem Teig machte und der Teig gut in jedes Förmchen gebracht war, sah ich, wie sie die Törtchen erst mit Honig bestrich, bevor sie feinen Zucker darüber streute. Als ich sie fragte, warum sie denn erst Honig auf den Teig getan habe, antwortete sie einfach, nach einem Moment des Erstaunens über meine Unwissenheit: »Ja nun, natürlich, damit der Zucker hält!« Ist das nicht logisch?

Geben Sie den Kindern also einen Teil Verantwortung. Alle werden später nur Freude daran haben.

In früheren Zeiten lebte die ganze Familie im selben Raum in der Nähe des Herds. Die Traditionen und die Rezepte der Familie wurden so von Generation zu Generation weitergereicht. Jedes junge Mädchen wußte ganz natürlich und ohne Mühe, wie eine Suppe, ein Schmorbraten, eine Torte und viele andere wunderbare Sachen zubereitet wurden. Mir ging es als kleiner Junge ebenso, dieser Tradition verdanke ich meine Berufung zum Koch – und meiner Tante Célestine. Sie hatte mir, als ich fünf Jahre alt wurde, ein Holzbänkchen gekauft, auf das ich kletterte, um zu sehen, was in ihren Töpfen schmurgelte. Viel half ich ihr natürlich nicht, ich war ihr sicher sogar ein bißchen im Weg. Aber sie wußte, daß sie mir Anregungen gab und mich die wunderbare Welt der Küche entdecken ließ.

Vertrauen Sie Ihren Kindern also tausend kleine Aufgaben an; sie werden heute stolz sein, Ihnen helfen zu können, und morgen werden sie für Sie kochen.

»Cordélia, warum nimmst du erst Honig und dann Zucker?«
»Aber Papa, damit der Zucker am Teig kleben bleibt!«

MENU 1

Für 6 Personen

Die Kräuter der Provence

Zeitaufwand:
*** *Vorbereitung: 3 Stunden*
** *Vor dem Servieren: 20 Minuten*
Schwierigkeit: *gering*
Kosten: *gering*

Bei meinen Spaziergängen in der Provence pflücke ich immer gerne ein paar Kräuterzweige und stecke sie in die Tasche: Rosmarin, Bohnenkraut (obwohl seine Blätter etwas streng riechen), wilden Thymian oder Lavendel. Wenn ich die Hand aus der Tasche ziehe, riecht sie nach den Düften meines wunderbaren Landes.

Eines Tages fand ich während einer langen Reise tief unten in meiner Tasche einige Lavendelzweige, die an einem Honigbonbon klebten, das sich dorthin verirrt hatte. Da ich für mein Leben gern esse (hätten Sie das vermutet?), steckte ich das Bonbon ohne Zögern in den Mund. Und auf der Zunge verwandelte sich das einfache Honigbonbon mit seinem Lavendelaroma zu etwas Wunderbarem. Sicherlich sind Sie ordentlicher als ich und vergessen keine Honigbonbons in Ihrer Tasche . . . Nun, Pech für Sie! Denn, glauben Sie mir, es war ein überraschender Genuß.

Meine Frau Denise hat eine wahre Leidenschaft für Blumen; ich kann mich dagegen eher für die aromatischen Kräuter begeistern: Thymian, Rosmarin, Salbei, Minze, Majoran, Oregano, Lorbeer, Basilikum, Koriander, Fenchel . . . und was es sonst noch gibt, nicht zu vergessen die Blätter des Olivenbaums und die ersten Blätter des Feigenbaums, die gleichzeitig mit den wilden Feigen erscheinen. Mein Gärtner Jean-Pierre weiß, daß er mir die zartesten Blätter pflücken muß, die sich in der Mitte des Büschels eines jeden Zweiges verstecken.

Ich werde Ihnen schließlich nicht alle meine Küchengeheimnisse verraten, aber wenn Sie das nächste Mal ein schönes Huhn in einem schweren gußeisernen Schmortopf braten wollen, dann braten Sie es gut an, bis es eine goldbraune Farbe angenommen hat, bedecken es dann mit diesen zarten Feigenblättern, verschließen den Topf . . . und dann werden Sie verstehen, was ich meine.

La soupe à la farigoulette

La fricassée de moules au fenouil

Les côtes de veau au Pastis et aux pions d'ail

La glace à la lavande avec les petits pains d'anis

Ein Aperitif in Roquefort-les-Pins.

Einkäufe

Achten Sie darauf, daß die Muscheln nicht geöffnet sind. Das ist nämlich ein sicheres Zeichen dafür, daß sie nicht mehr frisch sind. Sie können sie am Vortag kaufen und im Gemüsefach des Kühlschranks frisch halten (weiter oben ist es zu kalt für sie; sie würden dort verderben). Bestellen Sie die Kalbskoteletts im voraus. Verlangen sie 3 schöne, dicke Koteletts, jeweils 500 g schwer, ohne Fett und Knochen.

Getränke

Als Aperitif können Sie einen *vin d'orange* (Orangenwein) oder einen süßen Weißwein (vom Typ Sauternes) anbieten, den Sie mit einem Teelöffel Campari pro Glas parfümieren und mit einer geschälten Mandel garnieren.

REZEPT FÜR DEN VIN D'ORANGE DE JOSÉE: 3 bittere Orangen in Viertel schneiden und in einen großen Glaskrug geben. 10 Pfefferkörner, eine Vanillestange, 1/2 Zimtstange dazugeben und 1 Liter Rosé (oder Rotwein) und 1/4 Liter Cognac darübergießen. 20 Tage lang im Dunklen und im Kühlen ziehen lassen (aber nicht im Kühlschrank). Danach 200 g Würfelzucker dazugeben und noch einmal 10 Tage lang ziehen lassen. Nach Ablauf dieser Zeit können Sie den Wein filtern und auf Flaschen ziehen. Er hält sich sehr lange (sagt Josée, der ihn für mich in Mougins zubereitet) und muß bei Zimmertemperatur serviert werden.

Als Wein wählen Sie einen weißen trokkenen Cassis oder einen Hermitage. Zum Kalbfleisch können Sie einen herzhaften Rotwein z. B. einen Côteau-d'Aix oder einen Côtes-du-Rhone servieren.

Bei meinem Freund César. ▷

Geschirr und Gläser

Wählen Sie ein Geschirr mit farbigem Dekor im Stil von Moustiers:
1 große Suppenterrine
1 große, tiefe Platte für die Muscheln
12 vorgewärmte Suppenteller für die Suppe und die Muscheln
3 tiefe Teller für die Muschelschalen
6 vorgewärmte flache Teller für die Kalbskoteletts
6 Schälchen für das Eis
6 kleine Teller für das Dessert
6 runde Papierdeckchen
1 Glasschale für die Anisplätzchen
18 Gläser für Wasser, Weiß- und Rotwein

Bestecke

12 Suppenlöffel
6 Gabeln
6 Messer
6 Fingerschalen für die Muscheln
6 Dessert- oder Eislöffel
2 Schöpflöffel zum Servieren

Tischdekoration

Da die Gerichte typisch provenzalisch sind, sollten Sie auch für Tischdecke und Servietten die typisch provenzalischen Stoffe von Soeïado verwenden. Meine Freunde Charles und Jean-Pierre Demery, die die Tradition dieses im Jahre 1750 gegründeten Hauses in Tarascon im Herzen der Alpilles fortsetzen, haben an dem Stil und den alten Farben, die die warmen Farbtöne der Provence genau wiedergeben, festgehalten: das Blau des Himmels von Tarascon, die Gelbtöne der Sonne, das Violett des Lavendels, die Rottöne der untergehenden Sonne, die Brauntöne der Erde und die Ockertöne der Dachziegel . . .

Für dieses Essen brauchen Sie nicht auch noch den Klang des Tamburins und der Pfeifen – die Stoffe von Soleïado, die warmen Düfte der Kräuter, des Knoblauchs und des Pastis reichen ganz bestimmt aus, um Sie dahin zu versetzen, wo die Sonne viel heißer ist und so viel heller leuchtet . . . in die Provence.

Falten Sie die Servietten zu Kegeln und lehnen Sie die Menukarten dagegen, die Sie aus einem Papier, das die auf Ihrem Tisch vorherrschende Farbe aufnimmt, ausschneiden. Sie können sie noch verschönern, indem Sie in die Ecken kleine Schlitze schneiden und in jeden einen Lavendelzweig stecken.

Die Dekoration des Tisches sollte einfach sein, da Geschirr und Leinen schon reich an Farben sind. Ein Lavendelstrauß wäre am passendsten.

Wenn Sie dieses Essen am Abend servieren wollen, können Sie Ihren Tisch mit Kerzen dekorieren. Als Kerzenleuchter dienen kleine Taschentücher, die Sie mit Sand, grobem Salz oder Kieselsteinen füllen und mit einem Band zubinden.

Organisation und Zeiteinteilung

*** Den größten Teil dieses Essens können Sie im voraus zubereiten. Den Weißwein einige Stunden vor dem Servieren kühl stellen.

Eine Stunde vor dem Servieren nehmen Sie das Lavendeleis aus der Tiefkühltruhe und stellen es in den Kühlschrank.

** 20 Minuten bevor Sie zu Tisch gehen, heizen Sie den Backofen auf 200° vor und wärmen die Teller.

5 Minuten vor dem Servieren machen Sie die Suppe noch einmal warm und schieben das Muschelfrikassee, mit Aluminiumfolie bedeckt, und die Kalbskoteletts in den Backofen. Nach der Suppe brauchen Sie 10 Minuten Vorbereitungszeit für die Muscheln. Wenn Sie sie anrichten, nehmen Sie die Koteletts aus dem Ofen und halten sie warm. Sie brauchen 5 Minuten Vorbereitungszeit, das Eis kann sofort aufgetragen werden.

La soupe à la farigoulette

Suppe mit wildem Thymian

Zeitaufwand:
*** *Vorbereitung: 30 Minuten*
Kochzeit: 45 Minuten
** *Vor dem Servieren: 5 Minuten*
Schwierigkeit: *keine*
Kosten: *gering*

Zutaten für 6 Personen

- 2 große Artischocken oder 5 kleine violette Artischocken
- 1 große weiße Zwiebel
- 5 El Ölivenöl
- 50 g Rundkornreis
- 1 Bund glatte Petersilie
- 1 kleines Bund wilder Thymian
- 1/2 Baguette
- 1/4 l süße Sahne
- Salz, Pfeffer

Eine typisch provenzalische Suppe.

Küchengeräte

- 1 Küchenmesser
- 2 Töpfe von 3 l Inhalt
- 1 Mixer oder 1 Schneebesen
- 1 große Schale oder Salatschüssel
- 6 mittelgroße Schalen
- 1 Schöpflöffel

*** Einige Stunden im voraus die Artischocken in gut gesalzenem Wasser kochen, bis sich die Blätter leicht vom Boden ablösen lassen (die Kochzeit beträgt ungefähr 45 Minuten; die Blätter sollten aber schon nach 30 Minuten überprüft werden). Während dieser Zeit 1/2 Baguette in Scheiben schneiden und toasten.

Die weiße Zwiebel in ganz feine Ringe schneiden und in dem Olivenöl in einem 3 Liter fassenden Topf schmoren lassen. Kurz bevor die Zwiebeln zu bräunen beginnen, 1 Liter Wasser hineingeben und salzen. Wenn es zu kochen beginnt, den Reis, das Bund Petersilie und den Thymian hinzufügen (6 Thymianzweige für die Dekoration aufbewahren). Den Reis bei mittlerer Hitze ungefähr 30 Minuten leise kochen lassen.

Wenn die Artischocken gar sind, abtropfen lassen, die Blätter abzupfen und das Heu entfernen. Das Fruchtfleisch aus den Blättern mit einem Löffel herausdrükken. Zusammen mit den zerkleinerten Artischockenherzen in den Suppentopf geben, in dem der Reis bereits gar geworden ist, alles erneut zum Kochen bringen. Das Bund Petersilie und den frischen Thymian herausnehmen und anschließend die Suppe in einem Mixer cremig schlagen.

In einer großen Schüssel die Sahne steifschlagen.

Wenn die Suppe im voraus zubereitet wird, Sahne und Suppe getrennt in den Kühlschrank stellen.

** Vor den Servieren die Suppe noch einmal zum Kochen bringen. Mit Salz und

Pfeffer abschmecken. Abseits vom Feuer die geschlagene Sahne darübergeben und erst am Tisch mit dem Schöpflöffel verrühren. Mit dünnen getoasteten Baguettescheiben servieren.

Fargoule oder *farigoulette* ist die Bezeichnung für den wilden Thymian aus der Garrigue, einer kargen Heide-Landschaft in der Provence. Wenn man ihn riecht, hört man die Grillen zirpen.

La fricassée de moules au fenouil

Muschelfrikassee mit Fenchel

Zeitaufwand:
*** *Vorbereitung: 40 Minuten*
** *Vor dem Servieren: 10 Minuten*
Schwierigkeit: *gering*
Kosten: *gering*

Zutaten für 6 Personen

2 kg kleine Muscheln
9 El Olivenöl
1 *bouquet garni,* bestehend aus 1 Thymianzweig, 1 Lorbeerblatt und einigen Zweigen Petersilie, mit Küchengarn zusammengebunden
3 kleine Karotten
1 rote Paprikaschote
1 frische Fenchelknolle
6 Eigelb
300 ml leichte Crème fraîche (30 %)
1 Messerspitze Safran
3 El grob gehackte Petersilie
Salz, Pfeffer,

Küchengeräte

1 Kochtopf (mit Deckel) von 10 l Inhalt
1 Schmortopf von 3 l Inhalt
1 Schneebesen
1 Schale
1 Holzlöffel
1 tiefe Platte zum Servieren
1 feines Sieb

Zubereitung

*** Der größte Teil dieses Rezepts kann im voraus zubereitet werden.

Die Muscheln drei- bis viermal in sehr kaltem Wasser waschen und bürsten und dabei sorgfältig die ›Bärte‹ entfernen. In dem großen Kochtopf 6 Eßlöffel Olivenöl erhitzen und die Muscheln und das *bouquet garni* hineingeben.

Den Topf schließen und (ungefähr 5 Minuten) bei großer Hitze kochen lassen. Gelegentlich umrühren, damit auch alle Muscheln kochen und sich öffnen.

Vom Herd nehmen. Die Karotten schälen, Paprika halbieren und Gehäuse und Samenkörner entfernen. Fenchel putzen. Anschließend die Gemüse in Juliennestreifen schneiden, d. h. in kleine Stäbchen, die so dünn wie die Zinken einer Gabel sein sollen. Das Gemüse mit 3 Eßlöffeln Olivenöl, 6 Eßlöffeln Wasser und einer Messerspitze Salz in den Schmortopf geben. Bei starker Hitze ungefähr 10 Minuten lang kochen lassen, bis das Wasser vollständig verdampft ist.

Währenddessen die Muscheln ›aufbrechen‹, das heißt, die Schalen jeder Muschel trennen und die Hälften aufbewahren, an denen das Fleisch haftet. Die anderen Hälften wegwerfen. Die Muscheln auf einer Servierplatte anrichten, die Gemüsejulienne darüber verteilen, mit Aluminiumfolie bedecken und frisch halten (an einen kühlen Platz stellen). Die Muschelbrühe im Kochtopf aufbewahren.

Eigelb, Crème fraîche und 1 Messerspitze Safran in eine Schale geben und mit einem Schneebesen so lange schlagen, bis alles gut miteinander vermischt ist. Kühl stellen.

**30 Minuten vor dem Servieren den Backofen auf 200 ° vorheizen. Nach 20 Minuten die Muscheln zugedeckt 10 Minuten lang in den Ofen schieben.

Während dieser Zeit die Muschelbrühe durch ein feines Sieb in einen Topf passieren und dabei darauf achten, daß eventuelle sandige Reste zurückbleiben. Die Brühe zum Kochen bringen. Danach langsam auf die Eiercreme gießen und dabei ständig umrühren. Diese Mischung in den flachen Topf gießen, in dem die Julienne gekocht wurde, und bei niedriger Hitze so lange umrühren, bis die Sauce dick wird. Sie darf aber nicht kochen.

Mit Salz und Pfeffer abschmecken, über die Muscheln gießen und mit grob gehackter Petersilie bestreuen.

Les côtes de veau au Pastis et aux pions d'ail

Kalbskoteletts mit Anisschnaps und Knoblauch

Zeitaufwand:
*** *Vorbereitung: 35 Minuten*
** *Vor dem Servieren: 10 Minuten*
Schwierigkeit: *gering*
Kosten: *mäßig*

Zutaten für 6 Personen

- 2 Knoblauchzwiebeln
- 5 El Mehl
- 1 Tl süßer Paprika
- 3 schöne Kalbskoteletts, jeweils 500 g schwer
- 110 g Butter
- 5 El trockener Weißwein
- 1 Tl Anisschnaps (Pernod)
- einige Zweige Petersilie
- Pfeffer, Salz

Eine duftende Ernte der herrlichen Kräuter, die der provenzalischen Küche ihr typisches Aroma verleihen, und ein Ambiente, in dem Düfte und Farben wunderbar harmonieren.

Küchengeräte

1 großer flacher Schmortopf aus emailliertem Gußeisen
1 Küchenmesser
1 kleines Brett zum Schneiden
1 Topf von 2 l Inhalt
1 große flache Schüssel
1 kleine Schale
1 Holzspatel

Zubereitung

Jede Knoblauchzwiebel in die einzelnen Zehen aufteilen, schälen und in streichholzdicke Stäbchen schneiden. Nicht vergessen, den grünen Keim aus der Mitte der Zehe zu entfernen, da er besonders stark im Geschmack ist.

Diese Knoblauchstäbchen mit einem Liter kalten Wasser in einen Topf geben. Rasch zum Kochen bringen und beiseite stellen. In einer kleinen Schale Mehl und Paprika vermischen.

Die Kalbskoteletts in die große flache Schüssel legen. Salzen, pfeffern und mit der Mehl-Paprika-Mischung bestäuben. Die Koteletts mehrmals hin- und herwenden und andrücken, damit das Mehl gut haftet.

60 g Butter in den Schmortopf geben und erhitzen. Wenn die Butter zu zischen beginnt, die Koteletts hineinlegen. 8 Minuten lang bei mittlerer Hitze auf einer Seite braun werden lassen, dann wenden, mit den Knoblauchstückchen bestreuen und noch einmal 8 Minuten lang braten lassen. Die Koteletts vom Herd nehmen und auf einem Teller zur Seite stellen.

Den Wein in den Schmortopf gießen und zum Kochen bringen. Mit dem Holzspatel die Bratenreste, die sich an den Seiten und am Boden festgesetzt haben, ablösen. Wenn das Gericht im voraus zubereitet wird, den Topf vom Herd nehmen und beiseite stellen (die Koteletts bedekken und auch kühl stellen).

Im Schatten einer Linde.

** 25 Minuten vor dem Servieren den Backofen auf 200° vorheizen. 50 g Butter in den Schmortopf zum abgelöschten Bratensaft geben und bei niedriger Hitze unterrühren, bis eine cremige, gut gebundene Sauce entsteht, die aber nicht ölig werden darf.

Den Saft, den die Koteletts inzwischen abgegeben haben, und einen Teelöffel Anisschnaps dazugeben. Die Sauce in eine Schüssel gießen und warmhalten.

10 Minuten vor dem Servieren jedes Kotelettstück halbieren, wieder in den Schmortopf legen und 2 bis 3 Minuten lang im Backofen erhitzen.

Anschließend auf die warmen Teller legen, mit der Sauce begießen und die Knoblauchstückchen darüber verteilen. Etwas frische Petersilie darüberstreuen und gleich servieren.

La glace à la lavande avec les petits pains d'anis

Lavendeleis mit Anisplätzchen

Zeitaufwand:
*** *Vorbereitung: (mindestens 3 Stunden im voraus): 50 Minuten*
Kochzeit: 15 Minuten
Schwierigkeit: *mäßig*
Kosten: *mäßig*

Zutaten für 6 Personen

EIS
1 Tl Lavendelblüten
200 g feiner Zucker
1/4 l Milch
8 Eigelb
1/4 Liter süße Sahne

ANISPLÄTZCHEN
500 g Mehl
500 g feiner Zucker
25 g Anissamen
4 Eiweiß
50 g Butter
Salz

Küchengeräte

1 Mixer oder Mörser
1 ovale Ausstechform, 4 cm lang
1 Nudelholz
1 Schneebesen
1 Backblech
1 große Schüssel
1 kleines Messer
1 Pinsel
1 Eismaschine
1 Eisportionierer

Zubereitung

*** Dieses Rezept kann praktisch am Vortag oder einige Stunden im voraus zubereitet werden.

DAS EIS. Mit der Herstellung des ›Lavendelzuckers‹ beginnen. Dazu 1 Teelöffel Lavendelblüten mit dem Zucker vermischen. In den Mixer geben und so lange zerkleinern, bis die Lavendelblüten zu Pulver geworden und völlig mit dem Zukker vermischt sind (man kann auch die Blüten im Mörser zu Pulver zerstampfen und mit dem Zucker vermischen). In einer großen Schüssel Lavendelzucker und Milch so lange verrühren, bis sich der Zucker aufgelöst hat. In einer zweiten Schüssel Eigelb und Sahne gut durcheinandermischen. Die Zuckermilch dazugeben, gut verrühren und in die Eismaschine geben.

Aus dem fertigen Eis mit dem Eisportionierer oder mit zwei Suppenlöffeln, die in heißes Wasser getaucht werden, 12 Eisbällchen formen (siehe Zeichnung S. 313). Jeweils 2 Eiskugeln auf jede Dessertschale legen. Die Schalen in den Kühlschrank stellen (mindestens 3 Stunden).

** Kurz vor dem Servieren für die Dekoration einige kleine Lavendelzweige ab-

spülen, in Zucker wälzen und auf einem mit Zucker bestäubten Teller trocknen lassen. Jede Schale auf einen kleinen Teller stellen, der mit einem Papierdeckchen und einem frischen Lavendelzweig geschmückt ist.

ANISPLÄTZCHEN. In einer großen Schüssel Mehl, Zucker, Anissamen und eine Messerspitze Salz vermischen. 4 Eiweiß steif schlagen und unter die Mischung heben.

Alles zusammen so lange kneten, bis ein glatter Teig entstanden ist. In ein feuchtes Tuch schlagen und mindestens 1 Stunde im Kühlschrank ruhen lassen.

Eine Stunde später den Backofen auf 180° vorheizen. Die Arbeitsfläche mit Mehl bestäuben und den Teig 8 mm dick ausrollen. Mit der ovalen Ausstechform kleine Plätzchen ausstechen. Auf ein gebuttertes Backblech legen und anschließend auf jedes Plätzchen mit der Spitze eines Messers Zickzackmuster einritzen.

Überschüssiges Mehl mit einem Pinsel von den Plätzchen entfernen. In den vorgeheizten Ofen schieben und ungefähr 15 Minuten lang goldbraun backen. Abkühlen lassen und in einer Keksdose aufbewahren. Dort bleiben sie einige Tage frisch.

Bei diesem Rezept können Sie den Zucker durch 2 Eßlöffel Lavendelhonig ersetzen.

MENU 2

Für 6 Personen

Ein Abendessen mit Kumpanen

Zeitaufwand:
*** *Vorbereitung: 3 Stunden*
** *Vor dem Servieren: 30 Minuten*
Schwierigkeit: *gering*
Kosten: *mäßig*

Ich habe eine Menge Kumpane, die wie ich dicke und struppige Schnurrbärte tragen. Unsere Philosophie besagt nämlich, daß man seinen Schnurrbart nicht zu einer dekorativen Girlande entstellen, sondern vielmehr zum Bewahrer seiner Erinnerungen machen sollte. In seinem Bart kann man noch hinterher das warme Bouquet eines Likörs oder Weines, einer Zigarre, einer scharfen Sauce, oder das süße Parfum einer Frau genießen ...

Aber verwechseln Sie bitte nicht Kumpane und Freunde! Ein Essen mit Freunden ist etwas Schönes, aber ein Essen mit den Kumpanen ... Da gibt es keine Probleme hinsichtlich des gesellschaftlichen Ranges, des Berufs oder des Vermögens. Sobald man die Serviette auseinandergefaltet hat, genießt man nur noch das Glück da zu sein. Das ist aber keine egoistische Freude, sondern eine Freude, die mehrere Menschen miteinander teilen.

Man prostet sich das erste Mal zu, man schaut sich an und lacht schon über die Späße, die kommen werden, und dann, wenn die Speisen aufgetragen werden und der Wein in Strömen fließt (haben Sie schon einmal Kumpane gesehen, die Diät machen?), werden die Gesichter immer fröhlicher und die Unterhaltung immer lebhafter ... alles ist Heiterkeit und Lebensfreude. Natürlich verlieren die Witze mit der Zeit an Feinheit und werden einfacher und deftiger. Aber gibt es etwas Echteres, Einfacheres und Ehrlicheres als ein Essen mit Kumpanen, wie dieses Abendessen unter einer großen Linde in Mougins?

Le gratin d'escargots en persillade

Le pavé de bœuf à la moelle, sauce bordelaise

Le pâté de pommes de terre bourbonnais

La tartine de fondue des copains

Le clafoutis aux fruits divers

La confiture de vieux garçon

Einkäufe

Sie können Schnecken in der Büchse kaufen, aber vergessen Sie nicht, die Schneckengehäuse oder die typischen Schneckenpfannen mit den Vertiefungen zu nehmen, in die Sie die Schnecken hineinlegen. Sie können aber auch einzelne kleine

Steinguttöpfchen verwenden, in denen die Schnecken im Ofen gebacken werden.

Bestellen Sie das Rinderfilet oder 3 dikke Entrecôtes, die Sie nach dem Braten halbieren.

Getränke

Für den Aperitif bereiten Sie einen Kir zu, indem Sie einen (1½) Teelöffel Cassis in ein Glas gut gekühlten, trockenen Wermut geben. Dazu servieren Sie etwas Rillette oder Wurst.

Sie können den Kir aber auch auf vielfältige Weise variieren, indem Sie zum Beispiel auf 100 ml trockenen Weißwein (Sancerre, Mâcon oder sogar Champagner) 1 großen Kaffeelöffel Fruchtlikör geben – wie zum Beispiel Erdbeer- oder Himbeerlikör ... oder auch Campari. Ein gekühlter leichter Rotwein (zum Beispiel ein Rully) würde sich auch gut mit diesen Fruchtlikören verbinden (das nennt sich dann *Cardinal*).

Zu den Schnecken servieren Sie einen trockenen weißen Burgunder und zum Filet einen Bordeaux (zum Beispiel Côtes de Bourg oder de Blaye).

Geschirr und Gläser

6 Schneckenteller
6 Unterteller dazu
6 vorgewärmte, große flache Teller für das Filet
6 vorgewärmte Dessertteller für die Kartoffelpastete
1 große Platte oder ein großes rundes Brett für das Filet
1 große runde Platte für die Pastete
6 vorgewärmte Dessertteller für die Tartines
6 vorgewärmte Dessertteller für den Clafoutis
18 Gläser für Wasser, Weiß- und Rotwein

Bestecke

6 Gabeln oder Schneckenzangen und -gabeln, wenn sie in ihren Schalen serviert werden sollen
12 Gabeln
12 Messer
6 Kuchengabeln
2 Tortenheber

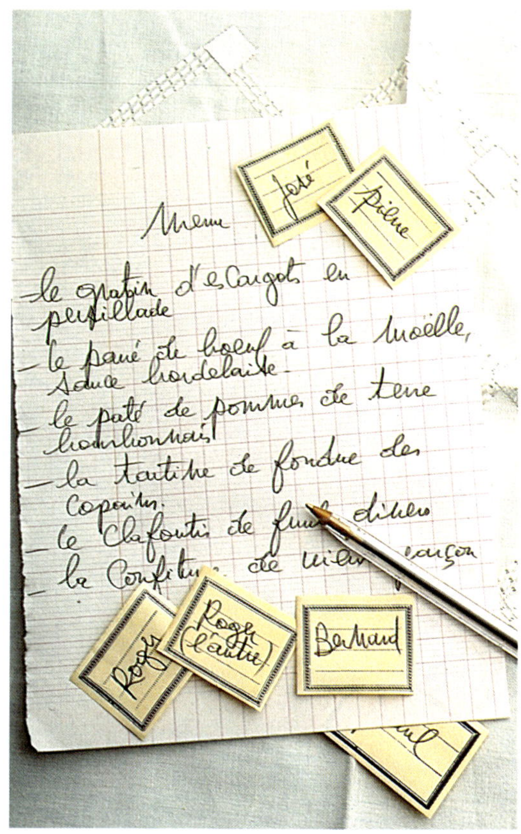

Unter Kumpanen halten wir es einfach.

Tischdekoration

Wählen Sie ein rustikales Tischtuch aus (oder nehmen Sie gar kein Tischtuch). Anstatt Servietten verwenden Sie gute alte Geschirrtücher mit blauen oder roten Motiven. Vergessen Sie nicht einen großen Korb für das Landbrot. Dekorieren Sie den Tisch mit Feldblumen (ein Strauß aus Klatschmohn würde hier besonders gut passen).

Schreiben Sie das Menu auf eine Schulheftseite, die Sie sorgfältig aus dem Heft herausgelöst haben. Die Namen Ihrer Gäste können Sie auf altmodische Schulheft-Etiketten schreiben.

Ein Mittagessen unter Kumpanen:
José Albertini, Roger Mühl, César, Roger Vergé, Bernard Chevry und Patrick d'Humières. ▷

Organisation und Zeiteinteilung

*** Ein großer Teil des Essens kann am Vortag oder einige Stunden im voraus zubereitet werden. Vergessen Sie auch nicht, den Weißwein kühlzustellen.

** 30 Minuten vor dem Essen 6 große Teller und 18 Dessertteller warmstellen.

Den Backofen auf 200° vorheizen. Nach 15 bis 20 Minuten Vorheizen die Schnecken 8 bis 10 Minuten in den Ofen schieben. Inzwischen die Fondue zubereiten, im Wasserbad warmhalten und die Brotscheiben toasten.

Die Filetsteaks braten, warmhalten und das Fett aus der Pfanne gießen.

Wenn die Schnecken gar sind, den Ofen ausstellen und Pastete und Filets hineinstellen. Den Ofen nicht schließen.

Nachdem die Schnecken verzehrt sind, die Steaks fertig zubereiten. Die Sauce in der Pfanne noch einmal heiß machen und die restliche Butter unterziehen. Wasser zum Kochen bringen, das Mark hineingeben und sofort nach nochmaligem Aufkochen wieder vom Herd nehmen. Filetsteaks auf die heißen Teller legen. Falls Sie Entrecôtes zubereitet haben, diese vorher halbieren. Vor dem Servieren den Backofen noch einmal auf 200° anheizen.

Nachdem das Fleisch gegessen ist, die Tartines noch einmal 2 bis 3 Minuten lang im Ofen warm machen und anschließend mit der Fondue bestreichen. Den Ofen wieder ausstellen und den Clafoutis hineinstellen, um ihn leicht anzuwärmen.

Le gratin d'escargots en persillade

Schnecken in Petersilien-Knoblauch-Butter

Zeitaufwand:
*** *Vorbereitung: 30 Minuten*
** *Vor dem Servieren: 10 Minuten*
Schwierigkeit: *gering*
Kosten: *durchschnittlich*

Zutaten für 6 Personen

36 Schnecken (natürlich aus Burgund, auch die Dosenschnecken)
1 El gehackte Schalotten
300 ml trockener Weißwein
4 Weißbrotscheiben ohne Kruste
1 kleines Bund Petersilie
1 El gehackter Knoblauch
2 El gehackte Schalotten
300 g Butter
40 g Haselnüsse, fein gemahlen
1 El Salz
1 Messerspitze Pfeffer
3 El Paniermehl (frisch gemahlen)

Küchengeräte

1 elektrische Küchenmaschine
1 Topf von 3 l Inhalt
1 Küchenmesser mittlerer Größe, gut geschärft
1 kleines Brett zum Schneiden
1 Salatschüssel

Die Schnecken sind immer köstlich, ob sie nun in ihren Schalen oder in Steinguttöpfchen überbacken werden.

Zubereitung

*** Einige Stunden im voraus die Schnekken aus der Büchse in ein Sieb schütten und abtropfen lassen.

Die Butter bei niedriger Temperatur in einem Topf zum Schmelzen bringen, 1 Eßlöffel gehackte Schalotten hineingeben und so lange dünsten, bis sie weich sind. Die abgetropften Schnecken dazugeben. Den Weißwein hineinschütten, salzen, pfeffern und 15 Minuten lang bei mittlerer Hitze köcheln lassen, bis die Schnecken zart sind. In der elektrischen Küchenmaschine das Weißbrot zu sehr feinem Paniermehl mahlen (im Gegensatz zum Paniermehl, das im Ofen getrocknet wurde und eine gelbliche Farbe hat, ist dieses Paniermehl weiß und frisch).

Um die Petersilienbutter herzustellen, Petersilie, Knoblauch und 2 Eßlöffel Schalotten auf einem Brett mit dem Messer feinhacken. Die Butter in der Küchenmaschine cremig schlagen, Knoblauch, Petersilie, Schalotten, die gemahlenen Haselnüsse und Salz und Pfeffer hinzufügen und gut durchmischen. Zur Seite stellen.

In jedes Steinguttöpfchen eine Schnekke legen (siehe Foto). Falls Schneckengehäuse verwendet werden, jeweils eine Schnecke in ein Gehäuse stecken. Die Öffnungen müssen nach oben schauen. Die Gehäuse auf die Schneckenpfannen verteilen. In jedes Gehäuse ein wenig Schneckensud geben. In jedes Töpfchen oder Schneckenhaus ungefähr 1 Teelöffel Petersilien-Butter drücken und darüber etwas Paniermehl streuen.

** 30 Minuten vor dem Servieren den Backofen auf 200° vorheizen. Nach 15 Minuten die Schneckenpfannen oder Töpfchen hineinschieben und ungefähr 8 bis 10 Minuten lang überbacken lassen. Sofort servieren. Wenn Sie sich beim Herausnehmen der Schnecken ein wenig die Finger verbrennen, dann sollten Sie sie ablecken. Das ist vielleicht nicht besonders fein, dafür aber besonders gut!

Le pavé de bœuf à la moelle, sauce bordelaise

Rinderfilet mit Mark und Sauce Bordelaise

Zeitaufwand:
*** *Vorbereitung am Vortag: 5 Minuten*
** *Vorbereitung und Kochen vor dem Servieren: 45 Minuten*
Schwierigkeit: *durchschnittlich*
Kosten: *hoch*

Zutaten für 6 Personen

- 2 Pfund Markknochen vom Rind, in 5 cm große Stücke zersägt
- 6 Rinderfiletsteaks, jeweils 180 bis 200 g schwer, oder 3 Entrecôtes à 500 g, die nach dem Braten halbiert werden
- 100 g Butter
- 50 g gehackte Schalotten
- 2 Würfel Rinderbrühe
- 10 zerstampfte Pfefferkörner
- 1 Lorbeerblatt
- 2 frische Thymianzweige
- 300 ml Bordeaux (oder anderer trockener Rotwein)
- Salz, Pfeffer

Küchengeräte

- 1 große schwere Pfanne
- 1 Holzspatel
- 1 kleines Brett
- 1 mittelgroßes Messer
- 1 Rührschüssel
- 1 Topf von 1 l Inhalt
- 1 Topf von 2 l Inhalt
- 1 Schaumlöffel
- 1 Suppenkelle
- 1 Sieb
- 1 großer und 1 kleiner feuerfester flacher Teller
- Aluminiumfolie

Zubereitung

*** Am Vortag oder einige Stunden im voraus das Mark aus den Knochen lösen und in eine Schüssel mit kaltem Wasser geben. Zur Seite stellen, damit sich das Mark vollsaugen kann, das Blut abläuft und das Mark weißer wird.

** Kurz vor Beginn des Essens die Filetsteaks auf beiden Seiten salzen und pfeffern. 30 g Butter in eine große Pfanne geben und leicht bräunen. Die Filets hineinlegen. Bei mittlerer Hitze 2 bis 3 Minuten lang auf jeder Seite braten, je nachdem, wie dick das Fleisch ist, und ob es mehr oder weniger durchgebraten sein soll.

Die Steaks vom Herd nehmen und auf einen umgedrehten kleinen Teller legen, der wiederum auf einen größeren Teller gestellt wird. Auf diese Weise wird vermieden, daß das Fleisch in seinem Saft liegt. Die Steaks zum Warmhalten mit Alufolie bedecken. Vor dem Servieren mit der Kartoffelpastete kurz in den Backofen schieben.

Die zum Braten verwendete Butter aus der Pfanne abgießen. Die Pfanne aber nicht abspülen. 25 g frische Butter und die gehackten Schalotten hineingeben. Wenn sie leicht gebräunt sind, den Wein zugeben. Mit einem Holzspatel die Bratreste vom Rand und vom Boden der Pfanne lösen. Bouillonwürfel, Pfefferkörner, Lorbeerblatt und Thymian dazugeben und die Sauce auf ein Viertel einkochen.

Inzwischen das Mark aus dem Wasser nehmen, abtrocknen und in 6 mm dicke Scheiben schneiden.

Kurz vor dem Servieren, 3/4 Liter Salzwasser zum Kochen bringen, das Mark hineingeben und nach erneutem Kochen sofort vom Herd nehmen.

Die Sauce durch ein feines Haarsieb passieren, wieder in die Pfanne gießen, 45 g Butter nacheinander in kleinen Stückchen dazugeben und die Pfanne so lange kreisend bewegen, bis sich die Butter vollständig mit der Sauce verbunden hat. Mit Salz und Pfeffer abschmecken. Die Filetsteaks auf die Teller verteilen (falls Entrecôtes verwendet werden, jedes Stück in zwei Hälften teilen). Die Markscheiben mit einem Schaumlöffel aus dem Wasser nehmen, vorsichtig abtropfen lassen und jeweils 1 Scheibe auf ein Filet legen. Die Sauce über das Fleisch geben und das Mark mit etwas grobem Salz bestreuen.

La pâté de pommes de terre bourbonnais

Kartoffelpastete aus dem Bourbonnais

Zeitaufwand:
*** *Vorbereitung: 45 Minuten*
Koch- und Ruhezeit: insgesamt 2 Stunden
** *Vor dem Servieren: 15 Minuten*
Schwierigkeit: *gering*
Kosten: *mäßig*

Zutaten für 6 Personen

350 g Butter
500 g Mehl
1 kg Kartoffeln
1 El gehackte Schalotten
2 El gehackte Petersilie
1 Ei
350 ml Crème fraîche
Salz, Pfeffer

Küchengeräte

1 mittelgroßes Messer
1 Nudelholz
1 Backblech
1 Pinsel
1 kleine Schüssel
1 Rührschüssel
1 Auflaufform
1 Gemüsesieb

Diese Pastete ist ein ganz einfaches Gericht meiner Mutter, dessen Rezept aus dem Bourbonnais stammt, wo ich geboren bin. Ich habe es weder ausgeschmückt noch verschönert, es ist das authentische Rezept, nach dem meine Mutter ihre Pastete zubereitet hat. Natürlich können Sie den Teig durch Blätterteig ersetzen. Das wäre vielleicht sogar besser, aber für mich wäre dann das Gericht nicht echt.

Bei uns zu Hause haben wir immer die Reste der kalten Pastete am nächsten Tag gegessen. Die Creme nahm dann einen leicht säuerlichen Geschmack an, der sehr gut zu einem kleinen Imbiß paßt.

Ich erinnere mich, daß meine Mutter aus dem Rest der Pastete eine flache *galette* zubereitete. Mit Hilfe einer Gänsefeder strich sie die Teigoberfläche mit Eigelb ein, streute Puderzucker darüber und schob das ganze in den Ofen. Wir aßen diesen ›Kuchen‹ gleich, wenn er heiß aus dem Ofen kam. Das war sicherlich nicht sehr bekömmlich, aber gibt es etwas Besseres als ein Essen, das die Mutter zubereitet hat?

Zubereitung

*** Für dieses Rezept können Sie den Teig am Vortag zubereiten, alles andere einige Stunden vor dem Essen.

Der Teig. Butter in kleine Stücke schneiden und so lange kneten, bis sie weich ist. Auf einem Marmorbrett oder einer kühlen Arbeitsfläche das Mehl aufhäufen, in der Mitte eine Vertiefung eindrücken, die Butter, eine Prise Salz und 10 Eßlöffel kaltes Wasser hineingeben.

Kräftig und schnell zu einem geschmeidigen Teig kneten. Den Teig zu einer Kugel formen, in ein nasses Küchentuch wikkeln und mindestens 30 Minuten lang im Kühlschrank ruhen lassen.

Kartoffeln. Die Kartoffeln waschen und schälen und in 2 mm dicke, runde Scheiben schneiden. Die Scheiben in eine Schüssel geben und gehackte Petersilie und gehackte Schalotten dazugeben. Salzen und pfeffern. Gut vermischen und 30 Minuten ruhen lassen. (Das Salz zieht das überschüssige Wasser aus den Kartoffeln.) In einem Sieb abtropfen lassen.

Die Pastete. Den Backofen auf 200° vorheizen. Den Teig in zwei Hälften teilen. Eine Hälfte des Teiges auf einer leicht bemehlten Arbeitsfläche zu einer dünnen (2 mm) Teigplatte ausrollen. Mit einem scharfen Messer einen Kreis von ungefähr 28 cm aus der Teigplatte ausschneiden und auf das gefettete Backblech legen. Darauf die Kartoffeln häufen. Ringsherum einen 2 bis 3 cm breiten Rand lassen. 50 g Butter in kleinen Stückchen über die Kartoffeln verteilen.

Die andere Teighälfte ausrollen und noch einmal einen Kreis mit gleichem Durchmesser und gleicher Dicke ausschneiden. In einer kleinen Schüssel ein Ei mit 1 Eßlöffel kaltem Wasser schlagen. Mit einem Pinsel die Ränder der beiden Teigplatten mit dem geschlagenen Eigelb bestreichen. Die zweite Teigplatte auf die Kartoffeln legen. Die Ränder der beiden Teigplatten fest zusammendrücken und etwas aufrollen, damit eine Krempe entsteht. Den Deckel der Pastete einige Male mit einem spitzen Messer einstechen und mit den Zinken einer Gabel mit einem Kreuzmuster versehen. Mit dem restlichen Eigelb bestreichen und in den heißen Ofen schieben. 1 Stunde backen.

Wenn die Backzeit abgelaufen ist, den Teigdeckel der Pastete mit dem Messer abtrennen, und die Kartoffeln mit dem Messer anstechen, um zu prüfen, ob sie gar sind. (Wenn sie noch nicht weich sind, den Teigdeckel wieder aufsetzen und noch einmal für einige Minuten in den Ofen schieben.)

Wenn die Kartoffeln gar sind, den Teigdeckel wieder wegnehmen und die Crème fraîche über die Kartoffeln gießen. Dabei die Kartoffeln mit der Gabel etwas hochheben, damit die Crème fraîche bis auf den Boden der Pastete sickern kann. Den Deckel wieder drauflegen. Mindestens 30 Minuten vor dem Servieren stehenlassen, damit die Kartoffeln ganz von der Crème fraîche durchsogen sind.

** Vor dem Servieren kann die Pastete im offenen Ofen warmgehalten werden.

La tartine de fondue des copains

Ziegenkäse-Fondue

Zeitaufwand:
** *Vorbereitung (vor dem Essen): 15 Minuten*
** *Vor dem Servieren: 5 Minuten*
Schwierigkeit: *sehr niedrig*
Kosten: *mäßig*

Zutaten für 6 Personen

- 5 El trockener Weißwein, Chablis oder Mâcon
- 1 Knoblauchzehe
- 3 kleine Ziegenkäse
- 100 g geriebener Emmentaler oder Gruyère
- 20 g frische Butter
- 1 Tl kräftiger Dijonsenf
- 2 El Marc de Bourgogne oder Grappa
- 6 große Scheiben Landbrot
- 6 Zweige frisches Bohnenkraut oder Thymian oder 1 Tl getrocknetes Bohnenkraut oderThymian
- Salz, (frisch gemahlener) schwarzer Pfeffer

Küchengeräte

- 1 gußeiserner Topf von 2 l Inhalt
- 1 Holzlöffel
- 1 Küchenmesser
- 1 Toaster

Diese *tartine* ist einem alten Rezept aus dem Süden des Bourbonnais nachempfunden, bei dem man alte Käsestücke verwendete. Sicherlich waren in der damaligen Zeit, in der es üblich war, nichts wegzuwerfen, manche Käse mehr als überreif, und man durfte keine allzu feine Nase oder Zunge haben!

Wir aßen diese kleinen Fonduebrote nach einer guten Gemüsesuppe mit Kartoffeln, die in der Schale über offenem Feuer gebacken wurden.

Das war sicherlich kein Festtagsessen, aber mit einem guten Glas Wein hat es uns fast wie ein solches geschmeckt.

Zubereitung

** Das Gericht kann fast vollständig im voraus zubereitet werden. Den Wein und die ganze Knoblauchzehe in den Topf geben. Bei schwacher Hitze zum Kochen bringen und auf die Hälfte einkochen lassen. Den in kleine Stücke geschnittenen Ziegenkäse hineingeben und unter ständigem Rühren mit dem Holzlöffel bei niedriger Temperatur schmelzen lassen. Die Knoblauchzehe herausnehmen. Anschließend den geriebenen Emmentaler oder Gruyère und 20 g Butter dazugeben. So lange rühren, bis eine glatte, gleichmäßige Masse entstanden ist. Vom Feuer nehmen und Senf und Marc de Bourgogne unterrühren. Die Fondue im Wasserbad warmhalten, d.h. den Fonduetopf in einen größeren Topf stellen, der mit Wasser gefüllt ist, und auf niedrige Temperatur stellen.

Kurz vor dem Servieren die Brotscheiben toasten und sofort mit der Käsefondue bestreichen. Mit einem frischen Zweig Bohnenkraut oder Thymian garnieren und etwas frischen Pfeffer darüber mahlen. Heiß servieren! Es ist eine Delikatesse!

Le clafoutis aux fruits divers

Auflauf aus gemischten Früchten

Zeitaufwand:
*** *Vorbereitung: 30 Minuten*
Kochzeit: 40 Minuten
Schwierigkeit: *gering*
Kosten: *gering*

Zutaten für 6 Personen

600 g Steinobst
100 g Butter
150 g feiner Zucker (200 g, wenn Pflaumen oder Aprikosen verwendet werden)
75 g durchgesiebtes Mehl
150 g ganz fein gemahlene Mandeln
1 Messerspitze Salz
2 ganze Eier
150 ml Milch

Küchengeräte

1 Pinsel
1 große Schüssel
1 Schneebesen
1 kleine Kasserolle
1 feuerfeste Form (Porzellan, Metall oder Jenaer Glas, Durchmesser 20 cm, 4 bis 5 cm hoch)
1 Sieb

Dieser Auflauf kann mit allen Früchten, die wir gerade bekommen können, zubereitet werden, vor allem aber mit Steinobst, insbesondere Schwarzkirschen, Weichselkirschen oder anderen Kirschsorten. Auch Aprikosen, Zwetschgen, Mirabellen und Reineclauden eignen sich phantastisch dafür. Seien Sie vorsichtig mit Obst, das viel Wasser abgibt. In diesem Fall muß die Milchmenge um 20 Prozent reduziert werden.

Die große Frage ist, ob die Steine entfernt werden sollen oder nicht. Die großen Früchte muß man in mehrere Stücke schneiden und also auch entsteinen. Die Kirschen und kleinen Pflaumen verwenden wir aber mit Steinen. Sie verleihen dem Auflauf ein feines, unvergleichliches Aroma. Übrigens ist dies ein rustikales Dessert, das der Tradition entsprechend immer mit nicht entsteinten Früchten zubereitet wurde.

In meiner Kindheit auf dem Land in der Auvergne wurde der Clafoutis mit winzigen schwarzen Kirschen, die nach Honig schmeckten, gemacht. Er bestand dann aber aus so vielen Kernen, daß sich jeder Gast automatisch in ein Maschinengewehr verwandelte.

Dieser Auflauf kann auch mit Himbeeren, Heidelbeeren oder Brombeeren zubereitet werden. Wenn Sie diese Früchte verwenden, bestreichen Sie den kalten Clafoutis dünn mit einer Gelee aus demselben Obst.

Auch Äpfel und Birnen können schmackhafte Zutaten dieses Auflaufs sein. Sogar in Sirup eingelegte Früchte eignen sich gut, vorausgesetzt, man läßt sie gründlich abtropfen.

Zubereitung

*** Dieses Dessert kann am Vortag oder einige Stunden im voraus zubereitet werden. Will man den Auflauf lauwarm servieren, dann genügt es, ihn 10 Minuten vor dem Auftragen leicht zu erwärmen.

Den Backofen auf 200° vorheizen.

Die Früchte waschen, die Stiele entfernen und abtropfen lassen. Die größeren Früchte in Viertel schneiden.

Die Butter in einem kleinen Topf bei schwacher Hitze zergehen lassen. Vom Herd nehmen und die Seiten und den Boden der Auflaufform mit der zerlassenen Butter ausstreichen. Den Rest der Butter im Topf lassen.

Den Zucker in die gebutterte Form schütten. Die Form dabei hin- und herdrehen, damit die Innenflächen vollständig mit dem Zucker bedeckt werden. Den überschüssigen Zucker in eine Rührschüssel geben. Das durchgesiebte Mehl, 1 Messerspitze Salz und die gemahlenen Mandeln hinzufügen und gut durchmischen. Mit dem Schneebesen zwei Eier und 150 ml Milch (120 ml, wenn der Auflauf aus Pflaumen und Aprikosen zubereitet wird) hineinschlagen. Die restliche Butter in dem kleinen Topf bei niedriger Temperatur leicht braun werden lassen und dazugeben. Alles gut durchmischen. Die Früchte in der Form verteilen und die zubereitete Mischung darübergießen. 40 Minuten lang im vorgeheizten Ofen backen.

Um sicher zu gehen, daß der Clafoutis durchgebacken ist, mit der Spitze eines Messers hineinstechen. Wenn man sie sauber herausziehen kann, ist der Auflauf fertig. Am besten warm, aber nicht heiß servieren.

La confiture de vieux garçon

Junggesellenmarmelade

Zeitaufwand:
*** *Vorbereitung: 20 Minuten*
Schwierigkeit: *gering*
Kosten: *ziemlich hoch*

Zutaten für 6 Personen

200 g Erdbeeren
200 g Himbeeren
200 g rote Johannisbeeren
200 g schwarze Johannisbeeren
800 g Würfelzucker
3/4 l Armagnac, Cognac, Whisky oder Obstschnaps nach Wahl
1 Zimtstange
1 Vanilleschote

Küchengeräte

1 große Rührschüssel
1 großer Holzlöffel
1 großer Steinguttopf oder 1 großes Einmachglas

Ein Tablett voller Köche, von oben nach unten im Uhrzeigersinn: Louis Outhier, Jean Troisgros, Pierre Troisgros, Raymond Oliver, Paul Haeberlin, Lasserre, Pierre Laporte, Jean-Pierre Haeberlin, Roger Vergé. Unter den Früchten verstecken sich Paul Bocuse und Michel Guérard. Die Zeichnungen stammen von dem österreichischen Maler Kleiss.

Zubereitung

*** Dieses Rezept muß mindestens 14 Tage vor dem festlichen Essen zubereitet werden.

Die Erdbeeren waschen und Stiele entfernen (nicht nach dem Entfernen der Stiele waschen, da sonst Sand in die Öffnungen eindringt, wo der Stiel war). Die Himbeeren säubern, von den Johannisbeeren die Stiele entfernen. Nicht waschen, nur aussortieren und mit den Händen durchfahren, um eventuellen Schmutz zu entfernen. In einer großen Rührschüssel alle Früchte vorsichtig mit dem Holzlöffel durcheinandermischen.

In den Steinguttopf oder das Einmachglas abwechselnd gemischte Früchte und Zuckerwürfel schichten. Mit einer Schicht Früchte beginnen, dann eine Schicht Zukkerwürfel darübergeben, wieder eine Schicht Früchte darüberlöffeln und so fortfahren, bis alle Früchte und der ganze Zucker verbraucht sind. Mit einer Lage Zucker aufhören.

Die Zimtstange und die Vanilleschote mitten in die Früchte legen. Soviel Alkohol darübergießen, daß die Früchte vollständig bedeckt sind. Wenn notwendig, eine Untertasse auf die Früchte legen, damit sie nicht an der Oberfläche schwimmen. Fest verschließen und eine Woche lang an einen kühlen Ort (aber nicht in den Kühlschrank) stellen. Nach Ablauf der Woche mit einem Holzlöffel umrühren und noch einmal 10 Tage vor dem Servieren ruhen lassen. Je länger man wartet, desto besser wird der Geschmack. Diese Konfitüre hält sich nämlich über mehrere Wochen.

Sicherlich werden Sie festgestellt haben, daß diese Konfitüre eigentlich gar keine echte Konfitüre ist. Leider kenne ich nicht die Originalbezeichnung. Hier werden auf eine alte traditionelle Weise Früchte mit Alkohol zubereitet, und sie sehen nicht nur appetitlich aus, sondern schmecken auch köstlich.

Ich habe diese Konfitüre einmal bei einem Freund gegessen, der sie mir auf einige Scheiben eines nicht mehr ganz frischen Landbrotes gestrichen hatte. Natürlich rate ich Ihnen nicht, sie schon zum Frühstück zu essen, es sei denn, Sie wollten den Tag in ganz besonders euphorischer Stimmung beginnen. Ich empfehle Ihnen aber, den Topf niemals vollständig zu leeren, sondern ihn wieder mit Früchten, Zucker und Alkohol aufzufüllen, sobald er zur Neige geht. Denken Sie daran, daß der Winter eine lange Jahreszeit ist, in der Früchte nicht beschert werden.

Falls Sie diese Köstlichkeit nach den darin enthaltenen Kalorien bewerten sollten, dann sprechen wir nicht mehr darüber! Oder ich rate Ihnen, nur mit einem Mokkalöffel an den Topf zu gehen.

Im Atelier von Roger Mühl ist der Kaffee serviert vor einem Gemälde aus seiner Ausstellung, die den Gärten am Mittelmeer gewidmet war.

MENU 3

Für 6 Personen

Ein Mittagessen bei Sonnenschein

Zeitaufwand:
*** *Vorbereitung: 5 1/2 Stunden*
** *Vor dem Servieren: 30 Minuten*
Schwierigkeit: *hoch*
Kosten: *hoch*

La salade de langouste au beurre d'orange

Le filet de turbot aux poivrons doux

La fondue de gigot aux aubergines

La compote niçoise

Les crêpes au miel et aux pignons de Provence

»Le rendez-vous des sportifs« in Nizza ist nicht eines von den berühmten Restaurants, in denen man die bekannten Gastronomen der ganzen Welt trifft. Es ist auch kein Ort, an dem sensationelle Kochkunst geboten wird. Marinettes Küche ist einfach, gesund, reich an Düften, köstlich und pantagruelisch.

Von ihr ein Rezept zu bekommen, ist viel schwieriger, als ihre Gerichte zu essen! Sie ist durchaus bereit, ihre Kochgeheimnisse preiszugeben; ihre Küche scheint ihr aber so einfach zu sein, daß sie meint, jedermann müsse so gut kochen können wie sie.

So erklärte sie mir zum Beispiel ihre *pissaladière* folgendermaßen: »Oh, das ist ganz einfach. Sie nehmen ein bißchen lauwarmes Wasser, Olivenöl, Salz, Pfeffer und einige Päckchen Bäckerhefe – Sie wissen schon welche – die in Würfeln! Sie nehmen auch Mehl. Sie zerkleinern die Hefe, mischen alles . . . und fertig! Sie sehen, wie einfach das ist.«

»Aber in welchen Mengen, Marinette?«

Da sah sie mich an, als ob sie plötzlich zweifelte, ob ich wirklich Koch wäre. Welche Mengen? Welch komische Frage! Sie habe nie irgend etwas gewogen oder abgemessen. Sie wäre schließlich Köchin, aber keine Mathematikerin. Diese großen Köche hätten Einfälle! Ich kann vielleicht ein Hummerfrikassee zubereiten, aber ich weiß immer noch nicht, wie man eine *pissaladière* nach Marinette zubereitet. Und ich bedaure es sehr. (Die *pissaladière* ist eine der Pizza ähnliche Spezialität in Nizza. Anm. d. Red.)

Einkäufe

Langusten, Steinbutt und Lamm (Keule) bestellen.

Den Fischhändler bitten, den Steinbutt zu filetieren.

Getränke

Als Aperitif können Sie einen Cocktail auf der Basis von Champagner oder trockenem Weißwein, aromatisiert mit Orangen, servieren. Sie geben 8 Eßlöffel Orangensaft, 5 Eßlöffel Orangenlikör, 5 Eßlöffel Zuckersirup und einige Tropfen Angostura in einen schön gekühlten Cocktailmixer aus Glas, schütten eine Flasche Champagner oder Weißwein darauf, mischen alles gut durch und servieren den fertigen Cocktail mit Orangenscheiben.

Zu den Langusten und dem Steinbutt reichen Sie einen trockenen Weißwein, etwa einen Hermitage oder einen Pouilly-Fuissé. Zum Lamm servieren Sie einen Rotwein, der Körper hat, wie einen Chateauneuf-du-Pape oder einen Côte-Rôtie.

Geschirr und Gläser

18 vorgewärmte, große flache Teller für die Langusten, den Steinbutt und das Lamm
6 vorgewärmte Dessertteller für die Crêpes au miel
18 Gläser für Wasser, Weiß- und Rotwein

Bestecke

6 Gabeln und 6 Messer für die Langusten
6 Dessertlöffel für die Langustensauce
6 Fischgabeln und 6 Fischmesser für den Steinbutt
6 Gabeln und Messer für das Lamm
6 Dessertgabeln und 6 Dessertlöffel für die Crêpes
1 Servierlöffel und 1 Serviergabel
1 große Platte für die Crêpes

Tischtuch und Geschirr bringen schon die Sonne auf Ihre Teller, ehe Sie mit dem Essen begonnen haben. ▷

COTE-ROTIE

Tischdekoration

Wenn Sie das Essen nicht draußen bei Sonnenschein servieren können, dann versuchen Sie, mit Hilfe von Tellern, Tischtuch und Servietten in fröhlichen und sonnigen Farben die Atmosphäre eines warmen Sommer- oder Frühlingstages im Haus einzufangen. Stellen Sie auch gelbe oder orangefarbene Blumen auf den Tisch (Sonnenblumen, Kapuzinerkresse, Narzissen oder Ringelblumen), und schreiben Sie das Menu auf gelbes Papier oder auf gelben Karton, aus dem sie kleine Karten in Sonnenform ausgeschnitten haben.

Organisation und Zeiteinteilung

*** Ein großer Teil dieses Essens kann mehrere Stunden im voraus zubereitet werden. Vergessen Sie aber nicht, den Weißwein kaltzustellen.

** 30 Minuten vor dem Essen den Backofen auf 200° vorheizen. 18 große flache Teller und 6 Dessertteller warmstellen.

Den Langustensalat auf den Tellern anrichten.

Die Lammtöpfchen (Souffléformen) in ein Wasserbad oder bei niedriger Hitze in einen Bräter stellen, der zur Hälfte mit Wasser gefüllt ist.

Die Steinbuttfilets braten und zur Seite stellen. Die Pfeffersauce zum Steinbutt und die Sauce zum Lamm im Wasserbad wieder heiß machen.

Kurz vor dem Essen die Orangenbutter fertig zubereiten, die Teller mit dem Langustensalat für 2 bis 3 Minuten in den Backofen stellen, mit der Sauce überziehen und servieren, nachdem man die Lammfondue und das Gemüse in den Ofen geschoben hat.

Nachdem der Langustensalat verzehrt ist, den Fisch 2 bis 3 Minuten lang in den Backofen schieben. Währenddessen die rote Pfeffersauce vorbereiten und auf die Teller verteilen. Den Fisch darauflegen und servieren.

Nach dem Fisch die Souffléformen mit dem Lamm auf die heißen Teller stürzen, die Sauce aufschlagen und über das Lamm geben. Mit dem Gemüse servieren. Vorher den Backofen auf die höchste Stufe einschalten.

Kurz vor dem Servieren die Crêpes einige Minuten lang in den heißen Backofen schieben, bis sie goldbraun sind.

La salade de langouste au beurre d'orange

Langusten-Salat mit Orangenbutter

Zeitaufwand:
*** *Vorbereitung: 1 Stunde*
** *Vor dem Servieren: 30 Minuten*
Schwierigkeit: *durchschnittlich*
Kosten: *hoch*

Zutaten für 6 Personen

6 Artischocken, wenn möglich violette (150 g pro Stück)
3 Handvoll gemischter Salat (Feldsalat, Endivien, Romanasalat, Frisée, Lattich, Chicorée o. a.)
3 mittelgroße, sehr reife Tomaten

- 1 *bouquet garni*, bestehend aus 1 Lorbeerblatt, 1 Thymianzweig, einigen Stielen Kerbel und 2 Zweigen Petersilie, alles zusammengebunden
- 1 große Zwiebel
- 3 kleine Langusten (350 g schwer) oder 1 große Languste (1 kg schwer oder 1 Hummer von gleichem Gewicht)
- 3 Orangen (150 g pro Stück)
- 180 g Butter
- 6 Messerspitzen Kerbelblätter
- Salz, Pfeffer

Küchengeräte

- 1 schwerer Topf mit Deckel von 5–6 l Inhalt
- 2 kleine Töpfe von je 1 l Inhalt
- 1 kleines Messer aus rostfreiem Stahl
- 1 mittelgroßes Tranchiermesser
- 1 Schneebesen
- 1 Schöpflöffel
- 1 großer flacher Teller
- 6 große, tiefe Servierteller
- 1 Fruchtpresse

Zubereitung

*** Dieses Gericht kann mehrere Stunden im voraus zubereitet werden.

4 Liter Salzwasser in dem großen Topf zum Kochen bringen. Die Stiele der Artischocken ganz dicht am Ansatz abbrechen, damit die faserartigen Würzelchen am Stiel nicht abreißen. Wenn die Artischocken frisch sind, müssen sie sich ganz glatt abbrechen lassen. Die Artischocken waschen und in das kochende Wasser geben. Zudecken und bei starker Hitze ungefähr 20 Minuten lang kochen lassen.

Langusten und Hummer sollten nicht mehr als 800 Gramm wiegen, weil ihr Fleisch sonst nicht so zart ist.

Während die Artischocken kochen, den Salat waschen. 1/2 Liter Wasser in einem kleinen Topf zum Kochen bringen und die Tomaten nur einige Sekunden hineinlegen. Danach sofort unter kaltes Wasser halten und die Haut abziehen. Die Tomaten halbieren und Kerne und Saft herauspressen, in kleine Würfel schneiden und auf einem Teller zur Seite stellen.

Wenn die Artischocken 20 Minuten gekocht haben, aus der Mitte ein Blatt herausziehen, um zu überprüfen, ob sie gar sind. Wenn sich das Blatt leicht herauslösen läßt, sind die Artischocken fertig. Aus dem Wasser nehmen und umgedreht, mit den Blattspitzen nach unten, abtropfen lassen. Die Blätter abziehen und das Heu entfernen.

Zum Schluß bleiben nur noch die Herzen übrig, die mit einem scharfen rostfreien Messer in dünne Scheiben geschnitten werden. Zu den Tomatenwürfeln auf den Teller legen und wieder zur Seite stellen.

Für die Langusten 4 Liter Salzwasser zum Kochen bringen. Das *bouquet garni* und die in Achtel geschnittene Zwiebel hinzufügen. Sobald das Wasser zu kochen beginnt, die Langusten hineinwerfen. Den Topf sofort schließen, das Wasser wieder zum Kochen bringen und ungefähr 10 bis 12 Minuten weiterkochen lassen.

In dieser Zeit 1 Orange sorgfältig schälen. Um den Saft aufzufangen, die geschälte Orange über einer kleinen Schüssel in 12 Teile teilen und die durchsichtigen Häutchen abziehen.

Die anderen beiden Orangen auspressen und den Saft in die gleiche Schüssel gießen. Bei mittlerer Hitze köcheln lassen, bis der Saft ungefähr auf die Menge von 2 Suppenlöffeln eingekocht ist. Zur Seite stellen.

Nach dem Kochen die Langusten leicht abkühlen lassen und die Schwänze entfernen. Die dünne Schale auf der Unterseite der Schwänze mit der Küchenschere aufschneiden und sorgfältig das Fleisch im ganzen herausziehen. In feine Scheiben schneiden. Vorsichtig die Zangen mit einem Nußknacker aufbrechen und das Fleisch möglichst unversehrt herausziehen. Das Langustenfleisch kaltstellen, aber nicht in den Kühlschrank.

** 30 Minuten vor dem Servieren die gewaschenen und gut abgetrockneten Salatblätter auf die vorgewärmten Teller legen und die Artischockenscheiben, Tomatenwürfel, Orangen- und Langustenscheiben dekorativ darauf anordnen.

Leicht salzen und pfeffern.

Die Teller 2 bis 3 Minuten lang ins Wärmefach stellen. Inzwischen den Topf mit dem konzentrierten Orangensaft wieder vorsichtig erhitzen und die Butter nacheinander in kleinen Stückchen schnell hineinschlagen, bis sie ganz vom Saft aufgenommen ist.

Die Teller aus dem Wärmefach nehmen, die Orangenbutter auf die 6 Teller verteilen und im letzten Moment einige Kerbelblätter darüberstreuen.

Le filet de turbot aux poivrons doux

Steinbuttfilets mit süßen roten Pfefferschoten

Zeitaufwand:
**** Vorbereitungszeit: 45 Minuten*
*** Vor dem Servieren: 3 Minuten*
Schwierigkeit: *gering*
Kosten: *mäßig*

Zutaten für 6 Personen

3 kleine Steinbutte (jeder ungefähr 900 g schwer) oder jeder andere Meeresfisch mit weißem Fleisch (wie Loup, Daurade oder Lotte)
2 mittelgroße oder 1 große weiße Zwiebel
9 El Olivenöl
3 rote (süße) Pfefferschoten
3 sehr reife Tomaten
3 Knoblauchzehen
3 Thymianzweige
100 g Mehl
1 El Paprika
30 g Butter
Salz, Pfeffer

Küchengeräte

1 gußeiserner Topf von 2 l Inhalt
1 kleiner Topf
1 Mixer
1 Küchenmesser
1 Bratpfanne von 30 cm Durchmesser
1 feines Sieb

Zubereitung

Die Fische vom Fischhändler häuten und filetieren lassen.

*** Der größte Teil des Essens kann einige Stunden im voraus zubereitet werden.

Die Zwiebeln schälen und in sehr dünne Scheiben schneiden. Die Pfefferschoten halbieren, Herzen und Samenkerne entfernen, und in dünne Streifen schneiden. In einem kleinen Topf 2 Tassen Salzwasser zum Kochen bringen. Die Tomaten einige Sekunden lang in das kochende Wasser legen. Herausnehmen, unter kaltem Wasser abschrecken und enthäuten. Jede Tomate halbieren und vorsichtig Samen und Saft herauspressen. Grob hacken.

In einem großen Topf 3 Eßlöffel Olivenöl erhitzen, die Zwiebeln hineingeben und bei niedriger Hitze so lange schmoren lassen, bis sie zart sind. Die Pfefferschote hinzufügen und fünf Minuten schmoren lassen. Danach die Tomaten, den zerdrückten Knoblauch und den Thymian hineingeben. Salzen und pfeffern, 7 bis 8 Minuten köcheln lassen. Anschließend die Thymianzweige herausnehmen, alles in den Mixer schütten und pürieren. Wieder in den Topf geben und, wenn notwendig, nachwürzen.

Das Mehl mit einem Eßlöffel Paprika vermischen. Die Fischfilets darin wälzen und salzen. 4 Eßlöffel Olivenöl und 30 g Butter in eine große Pfanne geben und leicht erhitzen. Die Fischfilets darin 3 Minuten lang auf jeder Seite braten.

** 15 Minuten vor dem Servieren den Backofen auf mittlere Temperatur vorheizen, Teller warmstellen. Die Sauce im Wasserbad erwärmen, gut mit dem Schneebesen durchschlagen und auf die 6 vorgewärmten Teller verteilen. Die Fischfilets darauflegen und sofort servieren.

La fondue de gigot aux aubergines

Lammsoufflé mit Auberginen

Zeitaufwand:
*** *Vorbereitung: 1 1/2 Stunden*
Kochzeit: 1 Stunde
** *Vor dem Servieren: 15 Minuten*
Schwierigkeit: *hoch*
Kosten: *hoch*

Zutaten für 6 Personen

1 Lammkeule, ca. 2 kg schwer
10 El süße Sahne
100 g Zwiebeln (1 mittelgroße Zwiebel)
20 g Stangensellerie oder Sellerieknolle
100 g Karotten
2 El Erdnußöl o. a.
3 Knoblauchzehen
400 g Tomaten
1 *bouquet garni*, bestehend aus 4 oder 5 Zweigen Petersilie, 3 Thymianzweigen, 2 Lorbeerblättern, alles zusammengebunden
1/2 l korsischer Rotwein
2 El Kartoffel- oder Maismehl
2 große, feste Auberginen
4 El Olivenöl
Salz, Pfeffer, Muskat

Küchengeräte

1 gußeiserner Schmortopf von 4–5 l Inhalt
1 großes, feines Sieb
1 Schöpflöffel
1 Messer zum Herauslösen der Knochen
1 scharfes, mittelgroßes Messer
1 Fleischwolf oder Küchenmaschine
1 Backblech
1 Topf von 1 l Inhalt
6 Souffléformen mit einem Durchmesser von 7 bis 8 cm, 4 bis 5 cm hoch

Zubereitung

*** Der größte Teil dieses Gerichts kann am Vortag oder mehrere Stunden im voraus zubereitet werden.

Bitten Sie Ihren Metzger, den Knochen aus der Lammkeule herauszulösen. Wenn Sie es selbst machen wollen, dann gehen Sie folgendermaßen vor: Um die drei schönsten Fleischstücke, die sogenannten ›Nüsse‹ ganz herauslösen zu können, mit einem scharfen Messer den Häuten folgen, die die Muskeln bedecken. Die herausgelösten Stücke zur Seite stellen. Das übrige Fleisch von Fett befreien und die herausgelösten kleineren Fleischstücke für die Farce in den Kühlschrank stellen. Knochen und Fleischreste aufbewahren.

Die Sahne in den kältesten Teil des Kühlschranks stellen. Sie muß sehr kalt sein, wenn sie für die Farce verwendet wird.

Die Zwiebeln schälen, Sellerie putzen und waschen. Die Karotten waschen und schaben. Zwiebeln, Sellerie und Karotten grob hacken. Das Gemüse mit den Knochen und den Fleischabfällen in einem großen gußeisernen Topf in 2 Eßlöffel Erdnußöl auf mittlerer Temperatur anbraten. Wenn alles leicht gebräunt ist, die 3 Lammnüsse, die gepreßten Knoblauchzehen, das *bouquet garni* und 100 g in Würfel geschnittene Tomaten dazugeben. Salzen und pfeffern.

Den roten korsischen Wein und soviel Wasser darübergießen (ungefähr 1 1/2 Tassen), daß das Fleisch bedeckt ist. Zum Kochen bringen und bei schwacher Hitze (oder im Backofen bei 180°) ohne Deckel, ungefähr 1 bis 1 1/2 Stunden lang leise kochen lassen. Während es kocht, kann mit der Zubereitung des Gemüses begonnen werden.

Wenn die angegebene Kochzeit abgelaufen ist, das Fleisch herausnehmen und zum Abkühlen zur Seite stellen.

Die Kochflüssigkeit durch ein feines Sieb in einen mittelgroßen Topf passieren und bei mittlerer Hitze so lange einkochen lassen (wenn überhaupt notwendig), bis ungefähr die Menge von 3 Tassen Sauce übrigbleibt. Das Fett, das sich am Rand und an der Oberfläche abgesetzt hat, sorgfältig abschöpfen. Das Stärkemehl mit ein bißchen Wasser vermischen und langsam, d. h. nacheinander in ganz kleinen Mengen, in die Sauce rühren, damit sie nicht zu dick wird. Sie muß die Konsistenz eines dünnflüssigen Sirups bekommen. Wenn gewünscht, einige Basilikumblätter und noch 1 Knoblauchzehe hinzufügen. Zur Seite stellen.

Die restlichen rohen Fleischstücke aus dem Kühlschrank nehmen und mit Salz und Pfeffer und etwas geriebener Muskatnuß in einer elektrischen Küchenmaschine ganz klein hacken. Während die Maschine läuft, die eiskalte Sahne langsam hineinlaufen lassen und die Maschine sofort abstellen, sobald sie ganz hineingerührt ist, damit sie nicht zu Butter wird. Falls ein Fleischwolf verwendet wird, das Fleisch zweimal durch die feinste Scheibe drehen. Das durchgedrehte Fleisch in eine Rührschüssel geben und die Sahne hineinrühren.

Den Backofen auf 200° vorheizen. Die Auberginen in 1/2 cm dicke, runde Scheiben schneiden. Das Backblech mit Olivenöl ausstreichen, die Auberginenscheiben auf das Blech legen und leicht salzen. Wenn ein Backblech nicht ausreicht, ein zweites benutzen oder den Vorgang wiederholen. Die Auberginenscheiben 10 bis 15 Minuten lang im Ofen backen, bis sie weich sind, herausnehmen und kühlstellen.

In einem mittelgroßen Topf 1/2 Liter Wasser zum Kochen bringen und 2 bis 3 Tomaten (300 g schwer) für einige Sekunden hineinlegen. Anschließend unter kaltes Wasser halten und abziehen. Jede Tomate halbieren, Saft und Kerne herauspressen und grob hacken.

Das Wasser, in dem die Tomaten blanchiert wurden, aus dem Topf gießen, die inzwischen gehackten Tomaten wieder hineingeben, 2 Eßlöffel Olivenöl dazugeben, salzen und pfeffern. Bei großer Hitze so lange kochen lassen, bis die ganze Flüssigkeit verdampft ist. Kaltstellen.

Einige Stunden vor dem Servieren die 6 Souffléformen leicht mit Öl ausstreichen. Alle kaltgestellten Zutaten aus dem Kühlschrank nehmen und folgendermaßen in die Souffléformen schichten: den Boden und die Ränder der Souffléformen mit Auberginenscheiben auslegen; mit einer dünnen Schicht Lammfarce bestreichen; die ›Nüsse‹ in 1/2 cm dicke Scheiben schneiden – die Ränder eventuell etwas beschneiden, da ihr Durchmesser ein wenig kleiner als der Durchmesser der Souffléformen sein muß; eine Lammscheibe auf die Farce legen und eine Schicht Tomaten darüber geben. Dasselbe noch einmal wiederholen: eine Schicht Auberginen, dann eine Schicht Lammfarce, darauf eine Scheibe Lammfleisch und zum Abschluß die restliche Farce.

Falls das Gericht einige Stunden im voraus zubereitet wird, die Souffléformen in den Kühlschrank stellen.

** 30 Minuten vor dem Servieren den Ofen auf 180° vorheizen. 15 Minuten später die Souffléformen in die Fettpfanne des Backofens stellen. Soviel warmes Wasser hineinfüllen, daß die Formen halbhoch eingetaucht sind. 30 Minuten lang garen lassen. Inzwischen die Sauce wieder langsam erhitzen.

Zurück vom Markt mit den köstlichen Zutaten für das Lammsoufflé mit Auberginen.

Direkt vor dem Servieren die Souffléformen auf die einzelnen Teller stürzen und mit der heißen Sauce begießen.

Eventuell jedes Lammsoufflé mit einer kleinen Kirschtomate und einem Lorbeerblatt dekorieren. Sofort servieren.

Dieses Rezept erscheint Ihnen mit Sicherheit ein wenig lang. Es gehört aber zu den Standardrezepten der »Moulin«, und viele Freunde haben mich schon gebeten, es ihnen zu geben. Außerdem läßt es sich sehr gut im voraus vorbereiten.

La Compote niçoise

Gemüseauflauf Nizza

Zeitaufwand:
*** *Vorbereitung: 30 Minuten*
Kochzeit: 1 Stunde:
** *Vor dem Servieren: 30 Minuten*
Schwierigkeit: *gering*
Kosten: *gering*

Zutaten für 6 Personen

4 Auberginen
3 mittelgroße Zucchini
1 große Zwiebel
100 ml Olivenöl
1 rote Paprika
3 Knoblauchzehen
12 Basilikumblätter
2 El frische Thymianblüten oder Thymian oder 2 Tl getrockneter Thymian
Salz, Pfeffer

Küchengeräte

1 Küchenbrett
1 großer und 1 mittelgroßer Topf
1 flache Auflaufform, ca. 30 cm lang
1 scharfes mittelgroßes Messer
1 Kartoffelschälmesser
1 Rührschüssel

Zubereitung

*** Dieses Gericht kann am Vortag oder einige Stunden im voraus zubereitet werden.

Mit einem Kartoffelschälmesser die Auberginen ganz schälen. Die Zucchini in ›Zebrastreifen‹ schälen, d.h. mit einem kleinen Küchenmesser der Länge nach Streifen abschälen und dabei immer zwischen den geschälten Streifen einen Streifen Schale stehen lassen, so daß ein Zebramuster entsteht. Die Auberginen und Zucchini in 2 mm dicke Scheiben schneiden und dabei das Messer wie beim Wurstschneiden leicht schräg halten.

Die Zwiebel schälen und in ganz feine Scheiben schneiden.

Die Paprikaschote halbieren, das Innere und die Samen entfernen und in dünne Streifen schneiden.

Den Backofen auf höchste Stufe vorheizen.

3 Eßlöffel Olivenöl in einen großen Topf geben und die Zwiebeln bei niedriger Hitze sanft darin andünsten. Die Paprikaschote dazugeben und weiter 20 Minuten lang köcheln lassen.

Anschließend Zwiebel und Paprika auf dem Boden der Auflaufform verteilen. Darauf eine Schicht Auberginen und darauf wieder eine Schicht Zucchini verteilen. Abwechselnd Auberginen und Zucchini übereinanderschichten, bis alles Gemüse verbraucht ist.

Die Knoblauchzehen schälen und hakken; das Basilikum fein hacken. Mit dem restlichen Olivenöl in einer Rührschüssel vermischen. Den Thymian dazugeben, mit Salz und Pfeffer abschmecken und gut durchmischen. Die Gewürzmischung über die Gemüse geben. In den vorgeheizten Backofen schieben und 1 Stunde backen lassen. Das Ganze muß weich wie Kompott werden und leicht gebräunt sein. Die ganze Flüssigkeit muß verdampft sein. Falls das Gemüse zu braun wird, mit Aluminiumfolie abdecken.

** Wenn das Gericht im voraus zubereitet wurde, 45 Minuten vor dem Servieren den Backofen auf 200° vorheizen. Nach 15 Minuten das Gemüse hineinschieben und ungefähr 30 Minuten lang backen lassen. Mit dem Lammsoufflé servieren.

Les crêpes au miel et aux pignons de Provence

Crêpes mit Honig und Pinienkernen

Zeitaufwand:
*** *Vorbereitung: 25 Minuten*
Backzeit: 20 Minuten
** *Vor dem Servieren: 2 Minuten*
Schwierigkeit: *gering*
Kosten: *gering*

Zutaten für 6 Personen

CRÊPES
90 g Mehl
2 Eier
25 g Zucker
1 Messerspitze Salz
3 El Orangensaft
200 ml Milch
100 g Butter

HONIGSAUCE
1/4 l süße Sahne
4 Eigelb
100 g Honig
einige Tropfen Anisschnaps (Pernod)
6 El geröstete Pinienkerne oder gestiftelte Mandeln

Küchengeräte

1 Küchenmaschine oder Handrührgerät
2 Rührschüsseln
2 Crêpespfannen
1 Schöpflöffel
1 Spatel aus Holz oder Stahl
1 Pinsel
1 großer Teller
1 Schneebesen

Zubereitung

*** Teig und Sauce können einige Stunden im voraus zubereitet werden.

In einer Pfanne 30 g Butter zerlassen, bis sie goldbraun ist. Im Mixer Mehl, Eier, Zucker, 1 Messerspitze Salz und den Orangensaft verrühren, nach und nach Milch und die zerlassene Butter dazugeben.

So lange durchschlagen, bis ein glatter Teig entstanden ist. Den Teig in eine Schüssel geben und mindestens 30 Minuten vor dem Backen im Kühlschrank ruhen lassen.

In der Zwischenzeit die Sauce zubereiten. Die Sahne mit dem Schneebesen ganz steif schlagen und vorsichtig – wie-

SUCRE

derum mit dem Schneebesen – Eigelb, Honig und einige Tropfen Anisschnaps unterziehen. Kühl stellen.

Die beiden Crêpespfannen mit Butter auspinseln und auf mittlerer Stufe erhitzen. Mit einem kleinen Schöpflöffel in die Mitte einer jeden Pfanne die Menge von 4 Eßlöffeln Teig geben, der vorher noch einmal gut umgerührt wurde. Dabei die Pfannen in einer schnellen, kreisförmigen Bewegung drehen, damit der Teig gleichmäßig auf den Pfannenböden verteilt wird.

Die Crêpes auf jeder Seite 1 Minute backen lassen. Auf diese Weise fortfahren, bis alle 12 Crêpes gebacken sind. Die jeweils fertigen Crêpes auf ein Stück Backpapier legen und aufeinanderschichten. Wenn die Crêpes im voraus zubereitet werden, mit der Sauce zugedeckt in den Kühlschrank stellen.

Zehn Minuten vor dem Servieren den Backofen auf höchster Stufe vorheizen. Die Pinienkerne auf einem Backblech verteilen und in den Ofen schieben, bis sie leicht gebräunt sind.

Inzwischen auf die 6 Dessertteller etwas Honigsauce geben, die Crêpes zu Vierteln zusammenfalten und jeweils zwei auf einen Teller legen. Die restliche Honigsauce darübergeben und mit den gerösteten Mandeln oder Pinienkernen bestreuen.

** Vor dem Servieren die Crêpes 2 bis 3 Minuten lang in den Ofen schieben, bis sie leicht gebräunt sind.

Ein Dessert, das ich gerne einmal mit Jean Giono gegessen hätte.

Für 6 Personen

Tutti frutti

Zeitaufwand:
*** *Vorbereitung:*
1 Stunde und
40 Minuten
** *Vor dem Servieren:*
1 Stunde
Schwierigkeit:
durchschnittlich
Kosten:
durchschnittlich

La petite soupe de melon glacée aux fraises des bois

La daurade royale rôtie à la sarriette avec le beurre de gingembre à l'orange

La fricassée de poulet aux figues fraîches

La terrine de fruits à la crème d'amandes

Wenn Sie niemals in eine frischgepflückte, fleischige rote Paprikaschote oder reife Tomate gebissen haben, dann haben Sie noch niemals erlebt, daß diese Gemüse so süß, saftig und aromatisch sein können wie das schönste reife Obst. Die Geschwister Obst und Gemüse gedeihen auf demselben Boden und ernähren sich von denselben warmen Sonnenstrahlen. Sie zusammen bilden, wenn sie gut ausgewählt sind, die Grundlage der unverfälschten, echten Küche, die das Wesentliche ihres Duftes und Geschmacks aus der Qualität der Produkte zieht, die sie verwendet. Deshalb braucht man sich nicht zu wundern, daß manche Früchte genauso wie Gemüse wunderbar mit salzigen Gerichten harmonieren. Sie müssen nur richtig ausgewählt und dosiert werden.

In diesem Kapitel zeige ich Ihnen, wie vielfältig sich die verschiedenen Früchte verwenden lassen. Danach bleibt es Ihnen überlassen, Ihre eigenen Kombinationen auszuprobieren.

Einkäufe

1 bis 2 Tage im voraus die Daurade, die Hühner und, zur Sicherheit, den Ingwer bestellen. Die Feigen am Vortag kaufen, damit sie mariniert werden können; ebenso alle anderen Zutaten, die benötigt werden.

Die restlichen Zutaten können am gleichen Tag besorgt werden.

Getränke

Als Aperitif reichen Sie einen Cocktail, der folgendermaßen zubereitet wird: Auf 1 Flasche trockenen Weißwein (Mâcon, Sancerre) geben Sie 100 g Himbeeren, die Sie püriert und durch ein Sieb gestrichen haben, 2 Eßlöffel Cognac und 4 Eßlöffel Himbeerlikör (Himbeersaft). In die geeisten Gläser einige Himbeeren geben und mit Minzeblättern ganz kalt servieren. Zur Melonensuppe wird kein Getränk serviert. Zur Daurade wählen Sie einen fruchtigen Weißwein, z. B. einen Loirewein wie den Pouilly-Fumé oder einen Hermitage. Zum Huhn servieren Sie einen Rotwein, z. B. einen Chateauneuf-du-Pape oder einen Côtes-de-Nuits.

CHATEAU
VIGNELAURE

Geschirr und Gläser

Wählen Sie für dieses Menu ein Geschirr mit Früchtemotiven.

6 kleine Schalen und 6 mittelgroße Unterteller für die Melone
6 große Teller für die Daurade
6 große Teller für das Huhn
6 vorgekühlte mittelgroße Teller für die Obstterrine
2 längliche, vorgewärmte Platten für die Daurade und das Huhn
1 große vorgewärmte Sauciere für die Orangenbutter
18 Gläser für Wasser, Weiß- und Rotwein

Bestecke

6 mittelgroße Dessertlöffel für die Melone
6 Fischgabeln und 6 Fischmesser für die Daurade
6 Gabeln und 6 Messer für das Huhn
6 mittelgroße Dessertgabeln und Dessertmesser für die Terrine
3 Serviergabeln
3 Servierlöffel
1 Saucenlöffel
1 Messer zum Zerteilen des Fisches

Tischdekoration

Verwenden Sie für dieses Menu Tischwäsche aus einem Stoff mit gestickten Blumenmotiven. Statt des üblichen Blumenstraußes stellen Sie in die Mitte Ihres Tisches einen schönen Korb mit Früchten, mit Blumen aus Ihrem Garten dekoriert.

Trinken Sie diesen Aperitif bitte nicht wie einen Fruchtsaft!

Sie können selbst Kerzenständer aus drei verschiedenen Obstsorten herstellen (Äpfel, Birnen etc.), die Sie mit Hilfe von Streichhölzern oder Zahnstochern miteinander verbinden. Stellen Sie sie auf große Wein- oder Feigenblätter und stecken Sie farbige Kerzen hinein.

Aus dickem, farbigem Papier schneiden Sie kleine Karten (Durchmesser ungefähr 10–15 cm) mit den Umrissen verschiedener Früchte aus, auf die Sie das Menu schreiben.

Organisation und Zeiteinteilung

*** Am Vortag die Feigen marinieren und die Obstterrine zubereiten. Einige Stunden vor dem Essen den Weißwein kaltstellen und das Hühnerfrikassee zubereiten.

** 1 Stunde vor dem Essen den Backofen auf 250° vorheizen. 12 Teller, 1 Sauciere und 2 große Platten warmhalten. Die Schalen für die Melone, Gläser für den Aperitif und die Teller für die Terrine kühl stellen. Die Daurade zubereiten, Ingwer und Orangenschale reiben. 15 Minuten vor dem Essen die Daurade für 35 bis 40 Minuten in den Backofen schieben.

Wenn der erste Gang verzehrt ist, das Wasser für den Reis aufsetzen und die Sauce für die Daurade fertig zubereiten. Kurz vor dem Servieren des Fisches den Reis in das kochende Wasser geben (Kochzeit ungefähr 20 Minuten) und das Geflügel im Ofen bei niedriger Temperatur wieder warm machen.

Nach dem Verzehr des Fisches die Sauce für das Geflügel zu Ende zubereiten, über das Fleisch verteilen und servieren.

Zum Abschluß des Essens die Obstterrine in Scheiben schneiden und auf dem Erdbeerpüree anrichten.

La petite soupe de melon glacée aux fraises des bois

Geeiste Melone mit Walderdbeeren

Zeitaufwand:
*** *Vorbereitung: 25 Minuten*
** *Vor dem Servieren: 2 Minuten*
Schwierigkeit: *gering*
Kosten: *durchschnittlich*

Zutaten für 6 Personen

2 schöne reife Melonen aus der Charente (je 600 bis 700 g schwer)
200 ml trockener Weißwein
50 g feiner Zucker
1/2 Tl frischer gemahlener Pfeffer
300 g Walderdbeeren oder Himbeeren
6 kleine Zweige frische Minze

Wählen Sie Melonen aus, die etwas runzelig sind und rauhe Flecken haben, vorzugsweise Melonen aus der Charente. Lassen Sie auf keinen Fall die Melonen liegen, die etwas aufgeplatzt sind. Sie sind mit Sicherheit saftiger als die anderen. Denken Sie beim Einkauf daran, daß sich eine gute Melone an der dem Stielende gegenüberliegenden Seite leicht eindrükken lassen muß.

Küchengeräte

1 mittelgroßes Messer
1 Eisportionierer
1 Suppenlöffel
2 Rührschüsseln
1 Mixer oder 1 Gemüsevorsatz des Fleischwolfes, feine Trommel
Klarsichtfolie

Zubereitung

*** Mindestens 1 1/2 Stunde, wenn möglich länger, 6 kleine Schalen in den Kühlschrank stellen.

Jede Melone halbieren und mit einem Eßlöffel die Kerne herausholen.

Mit Hilfe eines Eisportionierers kleine runde Bälle aus dem Fruchtfleisch der Melonen ausstechen und in eine große Rührschüssel geben. Mit Klarsichtfolie abdekken und in den Kühlschrank stellen. (Vergessen Sie nicht, die Schüssel abzudekken, sonst riechen alle Speisen im Kühlschrank nach Melone!)

Die restlichen Stückchen aus den Melonen herausschälen und mit 200 ml trockenem Weißwein, Zucker und Pfeffer in den Mixer geben und pürieren.

Eine Stunde vor dem Servieren auf die 6 kleinen gekühlten Schalen die Melonenbällchen verteilen und mit dem Sirup überziehen. Die Stiele von den Walderdbeeren entfernen. Nicht waschen, da sie sonst matschig werden. Sorgfältig verlesen, um Schmutz und schlechte Beeren zu entfernen. Wenn Himbeeren verwendet werden, in derselben Weise verfahren. Anschließend auf die 6 Schalen mit den Melonenbällchen verteilen. Bis zum Servieren noch einmal zugedeckt in den Kühlschrank stellen.

** Vor dem Servieren die Unterteller mit Eisstückchen, einem Papierdeckchen oder mit Erdbeerblättern belegen. Auf jede Schale einen frischen Minzezweig legen und servieren.

Dieses Rezept ist eine schöne Vorspeise für ein sommerliches Essen. Man kann die Charente-Melone durch eine spanische Melone oder sogar durch eine Wassermelone ersetzen, vorausgesetzt, man hat Walderdbeeren oder Himbeeren.

Verwenden Sie für dieses Rezept möglichst die kleinen Melonen aus der Charente – wegen ihres Honiggeschmacks.

La daurade royale rôtie à la sarriette avec le beurre de gingembre à l'orange

Königsdaurade mit Bohnenkraut in Orangen-Ingwer-Butter

Zeitaufwand:
**** Vorbereitung: 25 Minuten*
*** Vor dem Servieren: 10 Minuten*
Kochzeit: 40 Minuten
Schwierigkeit: *gering*
Kosten: *mäßig*

Zutaten für 6 Personen

1 Königsdaurade, 2 bis 2,5 kg schwer
1 Bund frisches Bohnenkraut, in der Provence *poivre d'âne* (Eselspfeffer) genannt
8 El Olivenöl
90 g frische Ingwerknolle
3 große, kernlose ungespritzte Orangen
150 g Butter
Salz, Pfeffer

Die Königsdaurade, einer der edelsten Meeresfische, erkennt man an ihrer stahlgrauen Farbe und ihrem plattnasigen Kopf, der einen kleinen goldfarbenen Höcker zeigt. Andere Fische können wie die Daurade zubereitet werden, z. B. die Seebrasse oder der Seebarsch oder jeder andere Fisch mit festem Fleisch.

Orange, Ingwer und Bohnenkraut.

Küchengeräte

1 großer Fischbräter
1 feine Reibe
1 scharfes Messer
1 kleiner Topf
1 Schneebesen

Zubereitung

Vom Fischhändler den Fisch ausnehmen und abschuppen lassen.

*** Ein erster großer Teil des Essens kann schon 2 Stunden im voraus zubereitet werden. Die Daurade innen und außen kräftig salzen und pfeffern. In den Bauch des Fisches einige Bohnenkrautzweige stecken. Die restlichen Zweige gleichmäßig auf dem Boden des Fischbräters vertei-

Eine ausgewogene Zusammenstellung von Aromen für ein wunderbares Sommeressen.

len. Den Fisch darauflegen und 8 Eßlöffel Olivenöl gleichmäßig darüberträufeln. 3 bis 4 Eßlöffel Wasser auf den Boden des Bräters gießen und darauf achten, daß es nicht den Fisch berührt, damit er im Wasserdampf gegart werden kann.

An einen kühlen Ort, aber nicht in den Kühlschrank stellen.

Die Ingwerknolle schälen und fein reiben. Auch die Schale einer halben Orange abreiben. Über einer kleinen Schüssel die Orangen schälen, damit kein Saft verlorengeht. Die weiße Haut sorgfältig abziehen und die Orangen filetieren.

50 Minuten vor dem Essen den Backofen auf 250° vorheizen.

** Eine halbe Stunde vor dem Servieren die Daurade 30 Minuten lang im vorgeheizten Ofen garen lassen. Während des Garens darauf achten, daß das Wasser nicht vollständig verdampft. Sonst 1 bis 2 Eßlöffel Wasser nachfüllen.

Kurz vor dem Servieren den Orangensaft, der beim Schälen herausgelaufen ist, und eine gute Messerspitze Salz in einen kleinen Topf geben und zum Kochen bringen. Anschließend 150 g Butter nacheinander in kleinen Stücken schnell mit dem Schneebesen hineinschlagen, bis sie sich ganz mit dem Orangensaft vermischt hat. Die geriebene Orangenschale und den geriebenen Ingwer hinzufügen. Nicht noch einmal aufkochen lassen. Die Orangenschnitze in eine Sauciere legen und die Buttersauce darübergießen. Mit Salz und Pfeffer abschmecken.

Die Daurade auf eine große Servierplatte legen und die Ingwer-Orangen-Butter getrennt dazu servieren.

La fricassée de poulet aux figues fraîches

Hühnerfrikassée mit frischen Feigen

Zeitaufwand:
*** *Einlegen der Feigen: 24 Stunden*
Vorbereitung: 45 Minuten
Kochzeit: 40 Minuten
** *Vor dem Servieren: 25 Minuten*
Schwierigkeit: *durchschnittlich*
Kosten: *durchschnittlich*

Zutaten für 6 Personen

12 große, violette reife Feigen
300 ml roter Portwein
3 Lorbeerblätter
2 Tl Koriandersamen (getrockneter und zerdrückter Koriander)
1 große reife Tomate
3 El fein gehackte Schalotten
3 zerdrückte Knoblauchzehen
200 g Butter
2 Hühner, ungefähr 1,5 kg schwer
1 Selleriezweig
1 1/2 Würfel Hühnerbrühe
200 g Reis
Salz, Pfeffer

Küchengeräte

1 großes Messer
1 mittelgroßes Messer
1 Küchenbrett
1 gußeiserner Schmortopf mit Deckel
1 Holzspatel
1 Rührschüssel
1 feines Sieb
2 kleine und 1 mittelgroßer Topf
1 Schneebesen
1 großes Einmachglas

Zubereitung

*** 24 Stunden vor der Zubereitung des Essens 12 schöne Feigen in ein großes Einmachglas legen. Den Portwein darübergießen, 1 Lorbeerblatt hinzufügen und das Glas fest verschließen. Außerhalb des Kühlschranks ziehen lassen.

Wenn Sie weniger Zeit haben, können Sie die Feigen schneller marinieren, indem Sie sie zusammen mit dem Portwein und dem Lorbeerblatt in einen Topf geben und bei niedriger Hitze ziehen lassen, während Sie das Hühnerfleisch zubereiten. Dies kann mehrere Stunden vor dem Essen geschehen.

Die Koriandersamen trocknen, d. h. in einer Pfanne rösten, bis sie goldbraun zu werden beginnen. In einem zusammengebundenen Küchentuch mit einer Flasche zu feinem Staub zerquetschen. Die Tomate in Würfel schneiden. Die Schalotten sehr fein hacken und die Knoblauchzehen zerdrücken. Auf einem Teller zur Seite stellen.

Jedes Huhn in 6 Teile teilen, d. h. in jeweils zwei Flügel, zwei Bruststücke und zwei Keulen. Die Flügelspitzen, die Hälse und die restlichen Rumpfknochen zerkleinern und für die Sauce aufbewahren. In einem gußeisernen Schmortopf bei mittlerer Hitze 50 g Butter zergehen lassen. Die Hühnerteile salzen und pfeffern und in der heißen Butter auf allen Seiten leicht goldbraun werden lassen. Zur Seite stellen und warmhalten. Anschließend die zerkleinerten Hühnerreste in den Topf geben und unter häufigem Wenden mit dem Holzspatel goldbraun braten. Die fein gehackten Schalotten dazugeben. Noch einmal

umrühren und die überschüssige Butter über dem Spülbecken ganz vorsichtig abgießen.

Den Topf wieder auf den Herd stellen. Den Koriander darüber streuen; 2 Lorbeerblätter, die zerquetschten Knoblauchzehen, den Sellerie und die in Würfel geschnittene Tomate dazugeben.

Die Hälfte des Portweins, in dem die Feigen mariniert wurden, darüberschütten. Die Hühnerstücke wieder zurück in den Topf geben und achtgeben, daß sie nicht vollständig vom Portwein bedeckt sind.
Den Topf schließen und ungefähr 30 Minuten lang bei schwacher Hitze köcheln lassen.

Den restlichen Portwein in einem kleinen Topf so lange einkochen lassen, bis ungefähr nur 2 Eßlöffel dicker Sirup übrigbleiben. Zur Seite stellen.

Wenn die Hühner eine halbe Stunde gekocht haben, die zerkleinerten Knochen und Hälse herausnehmen. 150 ml Wasser und die Bouillonwürfel dazugeben. 10 Minuten lang kochen lassen und dabei mit einem Holzspatel umrühren und die am Boden haftenden restlichen Fleischstückchen lösen.

Diese Sauce anschließend durch ein feines Sieb in einen kleinen Topf passieren (sie sollte ungefähr 150 ml ergeben). Eventuelle Knochenreste aus dem Schmortopf nehmen, die Hühnerteile hineinlegen und die durchpassierte Sauce darübergießen. Zur Seite stellen.

** 25 Minuten vor dem Servieren 1 Liter Salzwasser in einem mittelgroßen Topf zum Kochen bringen. Wenn es kocht, den Reis hineinschütten (ungefähr 20 Minuten Kochzeit).

Alte Tischwäsche und altes Besteck tragen zur Atmosphäre des Menus bei.

Das Hühnerfleisch vorsichtig wieder erhitzen. Die Sauce darf auf keinen Fall weiter einkochen! Inzwischen die eingelegten Feigen in den kleinen Topf mit dem Portweinsirup geben, erhitzen und vorsichtig darin wälzen, um ihnen ein schönes, glänzendes Aussehen zu verleihen.

Das Hühnerfleisch auf einer großen, gewärmten Platte anrichten und warmhalten. Die Sauce in einen kleinen Topf schütten und bei niedriger Temperatur warm werden lassen. 100 g Butter in kleinen Stücken nacheinander bei mittlerer Hitze mit dem Schneebesen hineinschlagen, und die Sauce noch einmal aufkochen lassen.

12 Feigen rings um das Hühnerfrikassee auf der Servierplatte anrichten. In jede Feige ein in der Sauce getränktes Lorbeerblatt stecken. Die Hühnerteile mit der Sauce benetzen (aber nicht die Feigen). Die restlichen 3 Eßlöffel Butter in den Reis rühren, in eine Schüssel geben und zum Huhn servieren.

La terrine de fruits à la crème d'amandes

Obstterrine in Mandelcreme

Zeitaufwand:
*** *Vorbereitungszeit (mindestens 2 1/2 Stunden im voraus): 30 Minuten*
** *Vor dem Servieren: 5 Minuten*
Schwierigkeit: *gering*
Kosten: *durchschnittlich*

Zutaten für 6 Personen

50 g weiße Trauben
50 g blaue Trauben
90 g Birnen
90 g Kiwis
1 1/2 Orangen
300 g Butter
260 g Zucker
210 g fein gemahlene Mandeln
3 ganze Eier
1 El gehackte Pistazien
1 El gehackte kandierte Orangenschalen
250 g Erdbeeren

Küchengeräte

1 Rührschüssel
1 Schneebesen
1 kleines Küchenbrett
1 scharfes Messer
1 rechteckige Auflaufform, ca. 15 cm lang
1 Mixer
1 Spatel

Zubereitung

*** Dieses Gericht sollte mindestens am Vortag zubereitet und im Kühlschrank aufbewahrt werden.

Für dieses Dessert nur die allerschönsten Früchte verwenden! Die Butter aus dem Kühlschrank nehmen, damit sie weich wird. Die Birnen schälen und das Gehäuse entfernen. Die Kiwis schälen. Kiwis in Scheiben und Birnen in große Viertel schneiden. Die Orangen schälen, d. h. alle weißen Häutchen entfernen, entkernen und filetieren.

Die Butter in einer Rührschüssel schaumig schlagen. 200 g Zucker hinzufügen und gut mit der Butter verrühren, bis sich der Zucker vollständig aufgelöst hat. Die gemahlenen Mandeln hineingeben und zum Schluß die Eier unterziehen. Alles so lange schlagen, bis eine cremige, glatte und sehr feste Masse entsteht.

Mit Hilfe eines Spatels den Boden und die Seiten der Auflaufform mit der Mandelcreme ausstreichen. Kiwis, Birnen, Orangen, grüne und blaue Weintrauben in Schichten übereinander in die Form füllen und darauf achten, daß sich die Farben abwechseln. Zwischen die einzelnen Obstschichten jeweils eine Schicht Mandelcreme streichen und mit gehackten Pistazienkernen und kandierten Orangenschalen bestreuen. Mit einer Mandelcremeschicht die Füllung abschließen. Die Form mindestens 1 1/2 Stunden, möglichst aber eine ganze Nacht im Kühlschrank kaltstellen.

Die Erdbeeren waschen, abtropfen lassen und dann die Stiele entfernen. (Niemals die Stiele vor dem Waschen abziehen, da andernfalls Sand in die winzigen Öffnungen gewaschen werden könnte.)

Die Erdbeeren in einen Mixer geben, 50 g Zucker hinzufügen und pürieren. Das Püree in den Kühlschrank stellen.

** Kurz vor dem Servieren auf jeden Dessertteller eine dünne Schicht Erdbeerpüree geben. Die Form stürzen und die Obstterrine mit einem scharfen Messer, das immer wieder in heißes Wasser getaucht wird, in 6 Scheiben schneiden. Die einzelnen Scheiben auf die 6 Teller mit dem Erdbeerpüree legen und servieren.

Früchte in Mandelcreme – eine Dessert-Terrine, die sofort verzehrt werden muß.

Für 6 Personen

Ein Hauch von Ferien

Zeitaufwand:
*** *Vorbereitung: 3 1/2 Stunden*
** *Vor dem Servieren: 30 Minuten*
Schwierigkeit: *durchschnittlich*
Kosten: *hoch*

Le gaspacho de thon et de saumon frais

La salade d'écrevisses en nage froide

Les cailles en tourte de pommes aux aies de genièvre

Le cocktail de fruits rouges au Champagne

Die Ferien sind die Zeit, in der man sein gemütliches Haus oder seine Wohnung verläßt, um sie gegen eine andere, meist weniger komfortable Behausung, einige hundert Kilometer entfernt, einzutauschen.

Aber sicherlich ist es auch die Zeit, in der wir den Verpflichtungen, Bequemlichkeiten und täglichen öden Gewohnheiten entfliehen, um all das zu finden, was ... nun, das hängt von uns selbst ab.

Manche Leute fahren in Ferien, um dort nur andere Verpflichtungen, Bequemlichkeiten und öde Gewohnheiten wiederzufinden, bis hin zu den Nachbarn von nebenan.

Für andere aber, wie auch für mich, bedeuten die Ferien eine Art Rückkehr in die Kindheit. Legen Sie also für einige Wochen mit Ihrer Winterkleidung auch Ihre Würde und Ihren Ernst zu den Mottenkugeln in den Schrank und versuchen Sie, die Freiheit der Bewegung, der Verhaltensweisen und Gefühle wiederzufinden, die Sie als Kind besaßen, aber irgendwann, dummerweise, vergessen haben.

Werfen Sie allen Ballast ab und spüren Sie das einfache und ungeheure Glück, ganz in Ihrer eigenen Haut zu stecken wie in einem alten T-Shirt. Genießen Sie wieder die kleinen unschuldigen Vergnügen, wie z. B. ihr Brot ungeniert in Ihren Gazpacho zu brocken. Sie würden das sicherlich nicht vor Ihren Gästen tun, oder? Und genau das ist es, was ich unter echten Ferien verstehe.

Einkäufe

Versichern Sie sich, daß der Fisch für den Gazpacho ganz frisch ist. Wenn Sie keinen Thunfisch oder Salm bekommen, dann können Sie auch jeden anderen frischen Salzwasserfisch verwenden. Ich nehme sogar manchmal Shrimps oder Jakobsmuscheln. Sie sollten auch die Krebse und die Wachteln im voraus bestellen.

Getränke

Da Sie für die Zubereitung des Desserts etwas Champagner benötigen, sollten Sie als Aperitif kurzerhand Champagner reichen, um die bereits geöffnete Flasche auszutrinken. (Wußten Sie schon, daß Sie nur den Stiel eines Kaffeelöffels in eine geöffnete Flasche hängen müssen, um zu verhindern, daß sich das Prickeln des Champagners verflüchtigt? Probieren Sie es aus ...!)

Geschirr und Gläser

Wählen Sie zu diesem Menu ein Geschirr mit ländlichen oder Ferienmotiven aus.

6 gekühlte flache Schalen für den Gazpacho
6 kleine Schalen oder 6 große Gläser für die Krebse
6 vorgewärmte, große flache Teller
6 Dessertschalen oder Bordeauxgläser
6 Papierdeckchen
1 große runde Platte für die Kartoffeltorte
18 Bordeauxgläser für Wasser, Rot- und Weißwein

Bestecke

6 Löffel und 6 Gabeln für den Gazpacho
6 Löffel und 6 Gabeln für die Krebse
6 Gabeln und 6 Messer für die Kartoffeltorte
6 Dessertlöffel für den Obstsalat
1 Servierlöffel und 1 Serviergabel
1 Kuchenheber
6 Fingerschalen

Tischdekoration

Wählen Sie für Ihren Tisch eine Decke und Servietten aus leichtem Stoff, in fröhlichen Farben, die das Gefühl von Ferien wachrufen. Wenn Sie nicht im Freien essen können, versuchen Sie, die Atmosphäre eines Essens unter freiem Himmel mit Gartenmobiliar, Windlichtern, Pflanzen, Zweigen und großen Sträußen aus Wiesenblumen in Ihrem Haus einzufangen. Und zur Unterstreichung des Ganzen wählen Sie als Hintergrundmusik Vogelgezwitscher oder Grillengezirpe. Warum nicht? (Es gibt sie auf Kassette!)

Das Menu schreiben Sie auf die Rückseite alter Ferienpostkarten oder auf altmodische Menukarten.

Versuchen Sie, alte Menukarten zu finden, deren Motive einen Bezug zu Ihrem Menu haben – wie auf diesem Bild.

Organisation und Zeiteinteilung

*** Die Zubereitung dieses Gerichts hat schon Feriencharakter, da der größte Teil im voraus zubereitet werden kann. Bis auf wenige Kleinigkeiten braucht während des Essens nichts zubereitet zu werden.

Vergessen Sie nicht, den Weißwein einige Stunden vor dem Essen kaltzustellen.

Menu
- Gaspacho de thon et de saumon frais.
- Salade d'écrevisses en nage froide
- Cailles en tourte de pommes aux baies de genièvre
- Cocktail de fruits rouges au champagne -
Café

** 30 Minuten vor dem Essen 6 flache Teller warmstellen.

10 Minuten vor dem Servieren den Gazpacho fertig zubereiten und den Backofen auf 200° vorheizen.

Nach dem Gazpacho die Kartoffeltorte mit Wachtelfüllung in den Ofen schieben und die Krebse servieren. Was die anderen Gerichte anbetrifft, so brauchen sie nur noch aufgetragen zu werden.

Le gaspacho de thon et de saumon frais

Gazpacho aus frischem Thunfisch und Lachs

Zeitaufwand:
**** Vorbereitung (mindestens 2 Stunden im voraus): 35 Minuten*
*** Vor dem Servieren: 20 Minuten*
Schwierigkeit: *gering*
Kosten: *ziemlich hoch*

Zutaten für 6 Personen

- 1 1/2 kg reife Tomaten (vorzugsweise italienische S. Marzano-Tomaten)
- 1 Gurke
- 1 rote Paprikaschote
- 1 Knoblauchzehe
- 4 El Olivenöl
- 2 El Weinessig
- Salz, Tabasco
- 1 mittelgroße weiße Zwiebel, wenn möglich frisch
- 1 El gehackter Estragon
- 1 El gehackte Petersilie
- 150 g Thunfischfilet
- 150 g Lachsfilet (oder von jedem anderen frischen Salzwasserfisch)
- Saft von einer Zitrone

Küchengeräte

- 1 großes dünnes und biegsames Messer
- 1 Suppenlöffel
- 1 Küchenbrett
- 1 kleiner Löffel
- 1 Mixer oder Fleischwolf
- 1 feines Sieb
- 1 Schneebesen
- 1 große gekühlte Platte

Zubereitung

*** Den Gazpacho möglichst 2 bis 3 Stunden vor dem Servieren zubereiten, damit er im Kühlschrank ganz kalt werden kann. Außer dem Fisch kann sogar alles am Vortag zubereitet werden.

Beim Fischhändler möglichst das Mittelstück eines großen weißen Thunfischs verlangen. Das Fleisch in der Nähe des Schwanzendes kann leicht etwas sehnig sein. Der Lachs muß ganz frisch sein und möglichst aus Schottland oder Norwegen kommen.

Einen mittelgroßen Topf mit Wasser füllen und dieses zum Kochen bringen. Die Tomaten 30 Sekunden darin ziehen lassen, unter kaltes Wasser halten und die Haut abziehen. Halbieren und vorsichtig Kerne und Saft herauspressen.

Die Paprikaschote halbieren und das Innere und die Samen mit dem Löffel her-

Ein Menu, das am Rande eines Swimmingpools serviert wird, aber dennoch kein Picknick ist, da die Kartoffeltorte mit Wachtelfüllung heiß serviert wird.

auslösen. Die Gurke schälen, der Länge nach halbieren, und die Samen mit einem kleinen Löffel herausholen. Die Knoblauchzehe schälen.

In einem Mixer oder einem Fleischwolf die Tomaten, eine halbe Paprikaschote, eine halbe Gurke und die Knoblauchzehe pürieren. Salzen und zum Schluß das Olivenöl, den Essig und 2 bis 3 Tropfen Tabasco dazugeben. Durchmischen und abschmecken. Durch ein feines Sieb passieren. Die Mischung muß die Konsistenz einer leichten Creme haben.

Die Zwiebel schälen und ziemlich klein hacken. In ein feines Sieb geben und unter fließendes Wasser halten. Die restliche halbe Gurke und Paprikaschote genauso klein hacken wie die Zwiebel. Estragon und Petersilie ganz fein hacken. Alles miteinander vermischen und sehr kalt werden lassen.

Eine große Platte zum Kaltwerden in den Kühlschrank stellen.

** Ungefähr 15 Minuten vor dem Servieren die Thunfisch- und Lachsfilets in ungefähr 4 bis 5 cm lange und 2 bis 3 cm dicke Streifen schneiden. Den Fisch auf die eisgekühlte Platte legen, salzen und mit dem Saft einer halben Zitrone beträufeln. Wieder in den Kühlschrank stellen. (Nicht länger als 10 Minuten, da sonst der Zitronensaft den Fisch austrocknen würde.)

Den Fisch herausnehmen, auf die 6 flachen, gekühlten Schalen verteilen, die Gemüsecreme darübergeben und die kleinen Gemüsestücke und gehackten Kräuter darauf verteilen. Sofort servieren.

La salade d'écrevisses en nage froide

Eisgekühlter Krebssalat

Zeitaufwand:
Vorbereitung (mindestens 3 Stunden im voraus): 60 Minuten
Schwierigkeit: *durchschnittlich*
Kosten: *hoch*

Zutaten für 6 Personen

400 g Gurke (ungefähr 2 mittelgroße)
1 hartgekochtes Ei
50 g junge Karotten
2 kg Krebse
50 g Zwiebeln
20 g Schalotten
20 g Staudensellerie
8 El trockener Weißwein
1 Joghurt
1 *bouquet garni*, bestehend aus 3 oder 4 Zweigen Petersilie, 1 Lorbeerblatt, 2 frischen Thymianzweigen und 1 Bund Dill oder Estragon, alles zusammengebunden
1 El Crème fraîche
1 Tl gehackter Dill oder Estragon
1 Tl gehackter Kerbel
Salz, Pfeffer

Küchengeräte

1 Suppentopf von 8 l Inhalt
1 Topf von 3 l Inhalt
1 großes Küchenmesser
1 Mixer
1 große Rührschüssel
6 Servierschalen
1 feiner Gemüsehobel

Es ist unerläßlich, daß die Krebse beim Einkauf lebendig sind. Ein toter Krebs – wie übrigens alle Schalentiere – wird schnell ungenießbar. Im Handel bekommen Sie normalerweise gezüchtete Krebse, die schon ihren Darm entleert haben, weil sie 2 bis 3 Tage vor dem Verkauf ohne Nahrung gehalten wurden, und die Sie somit direkt verwenden können.

Zubereitung

*** Dieser Salat kann ungefähr 3 bis 4 Stunden vor dem Servieren zubereitet werden.

Die Gurken schälen, der Länge nach halbieren und mit einem kleinen Löffel die Samen herausholen. In feine Scheiben schneiden, in ein Sieb geben, mit 1 Teelöffel Salz bestreuen und ziehen lassen.

In kochendem Wasser ein Ei 10 Minuten lang hart kochen.

Den großen Suppentopf mit 6 Litern Wasser füllen. Bei starker Hitze mit 3 Eßlöffeln Salz und dem *bouquet garni* zum Kochen bringen.

Sobald das Wasser kocht, die Krebse hineinwerfen und 5 Minuten lang kochen. Den Topf vom Herd nehmen, und die Krebse abtropfen und abkühlen lassen.

Inzwischen die Karotten, Zwiebeln, Schalotten und den Sellerie putzen und fein hacken. In eine Kasserolle geben, 8 Eßlöffel Wasser und ebensoviel trockenen Weißwein dazuschütten, salzen und pfeffern und 2 Minuten lang kochen lassen. Die Gemüse und ihre Kochflüssigkeit in den Mixer geben und pürieren. Die Mischung in eine kleine Schale füllen und im Kühlschrank kalt werden lassen.

Die Gurken unter kaltem Wasser abspülen und abtropfen lassen. Ungefähr 1 Teelöffel Estragon oder Dill grob hacken.

2 Gläser gut gekühlte Gemüsebrühe (einschließlich der Gemüse) mit dem Joghurt und der Crème fraîche bei hoher Geschwindigkeit so lange schlagen, bis die Mischung glatt und cremig ist. Mit Salz und Pfeffer abschmecken.

Die Schwänze von den Krebsen abtrennen und 6 Vorderteile für die Dekoration aufheben.

In einer großen Rührschüssel die Krebsschwänze, die Gurken, den Dill oder Estragon, den Kerbel und die mit Joghurt vermischte Gemüsebrühe gut durcheinanderrühren. Mit Salz und Pfeffer abschmecken.

** Kurz vor dem Servieren das Ei hacken.

Den Krebssalat auf die 6 gekühlten Schalen verteilen. Jede Portion mit gehacktem Ei bestreuen und mit einem Krebspanzer dekorieren.

Les cailles en tourte de pommes aux baies de genièvre

Kartoffeltorte mit Wachtelfüllung

Zeitaufwand:
*** *Vorbereitung: 50 Minuten*
** *Vor dem Servieren: 5 Minuten*
Kochzeit: 35 Minuten
Schwierigkeit: *mäßig*
Kosten: *durchschnittlich*

Zutaten für 6 Personen

6 mittelgroße Wachteln
12 Wacholderbeeren
100 g Butter
1,25 kg Kartoffeln
6 Lorbeerblätter
1 Bund Petersilie oder Kresse
Salz, Pfeffer

Küchengeräte

1 Tortenform mit einem Durchmesser von 30 bis 35 cm und 4 cm Höhe
1 Gemüsehobel (um die Kartoffeln in Juliennestreifen zu schneiden)
1 gußeiserner Schmortopf mit einem Durchmesser von 30 cm
1 große, schwere Pfanne mit einem Durchmesser von 30 bis 35 cm
1 große runde Platte zum Anrichten

Zubereitung

Vom Geflügelhändler die Wachteln ausnehmen und die Köpfe und Hälse abschneiden lassen.

*** Die Wacholderbeeren mit der Messerklinge zerdrücken und jeweils zwei Stück in die Bauchhöhle jeder Wachtel stecken. Innen und außen salzen.

Einen großen Eßlöffel Butter in dem Schmortopf zergehen lassen. Die Wachteln hineinlegen und bei mittlerer Hitze ungefähr 10 Minuten lang leicht braun werden lassen. Den Topf vom Herd nehmen und die Wachteln auf einem Teller zur Seite stellen.

Die Kartoffeln waschen und schälen. Mit einem Gemüsehobel oder einem Messer in streichholzdicke Juliennestreifen schneiden, um daraus Strohkartoffeln zu machen. 45 g Butter in die Pfanne geben und heiß werden lassen. Auf dem Boden der Pfanne die Hälfte der Kartoffelstreifen gleichmäßig ausbreiten und vorsichtig mit einem Spatel zusammenpressen, damit ein Kartoffelkuchen entsteht. Salzen und pfeffern und ungefähr 5 Minuten backen, bis er auf einer Seite goldbraun ist. Mit einem großen Metallspatel (Bratenwender) vorsichtig umdrehen, so daß er nicht zerbricht, und so lange weiterbacken, bis

Ein Hauch von Meer und Ferien auf diesem Gemälde von Charles Atamian, der richtige Hintergrund für den Obstsalat aus roten Früchten in Champagner. ▷

die andere Seite goldbraun ist. Den Kartoffelkuchen in die gebutterte Tortenform oder auf ein gebuttertes Backblech legen.

Die restlichen 45 g Butter (3 El) in der Pfanne zergehen lassen, die restlichen Kartoffeln hineingeben und auf gleiche Weise einen zweiten Kartoffelkuchen backen.

Inzwischen jede Wachtel am Brustbein durchschneiden, und die einzelnen Hälften gleichmäßig auf dem ersten Kartoffelkuchen verteilen. Die Wachteln leicht in den Kuchen eindrücken.

Den zweiten Kartoffelkuchen aus der Pfanne nehmen und auf die Wachteln und den ersten Kartoffelkuchen legen. Vorsichtig die Ränder der beiden Kartoffelkuchen zusammendrücken.

** 40 Minuten vor dem Servieren den Backofen auf 200° vorheizen. Inzwischen die Stiele von der Petersilie oder Kresse entfernen. Nach 20 Minuten die Kartoffeltorte mit der Wachtelfüllung in den Ofen schieben und 20 Minuten lang backen. Herausnehmen und sorgfältig auf eine große runde Servierplatte stürzen. Der Boden des Kuchens muß gut gebräunt sein. Die Torte in der Mitte mit einem Sträußchen Petersilie oder Kresse dekorieren und zusammen mit grünem Kopfsalat servieren.

Le Cocktail de fruits rouges au Champagne

Obstsalat aus roten Früchten in Champagner

Zeitaufwand:
*** *Vorbereitung: 40 Minuten*
** *Vor dem Servieren: 2 Minuten*
Schwierigkeit: *gering*
Kosten: *hoch*

Zutaten für 6 Personen

200 g frische Erdbeeren
200 g frische Walderdbeeren
200 g frische Himbeeren
200 g frische rote Johannisbeeren
170 g feiner Zucker
1/2 Flasche gut gekühlter Champagner

Die Zusammenstellung der Früchte kann variiert werden, wenn Sie bestimmte Früchte, wie z.B. die Walderdbeeren, nicht bekommen können. Statt dessen können Sie auch Heidelbeeren, Brombeeren oder andere Früchte verwenden. Man kann das Dessert auch mit nur einer Fruchtsorte zubereiten, die Johannisbeeren ausgenommen. Sie alleine machen den Nachtisch zu sauer. Wenn Sie dagegen überhaupt keine Johannisbeeren in den Obstsalat geben, wird er zu süß, und Sie sollten etwas Zitronensaft hinzufügen, um ihm dadurch einen säuerlichen Geschmack zu verleihen.

Küchengeräte

1 kleiner Topf
1 Tuch zum Durchseihen
1 Rührschüssel

Zubereitung

*** Das Dessert kann einige Stunden im voraus zubereitet werden. Die Erdbeeren waschen, abtropfen lassen und entstielen. (Die Stiele niemals vor dem Waschen entfernen, da sonst Sand in die kleinen Öffnungen der Stielansätze gewaschen werden könnte. Die Walderdbeeren und Himbeeren sollten nicht gewaschen werden. Sie sind zu empfindlich und werden durch das Waschen matschig. Deshalb einzeln verlesen, um eventuellen Schmutz und schlechte Beeren zu entfernen.) Die Johannisbeeren waschen, ihre Stiele entfernen und abtropfen lassen. Die Hälfte davon auf einen Teller geben. Die andere Hälfte mit 1 Eßlöffel Wasser und 70 g Zucker in den kleinen Topf geben. Kurz aufkochen und abkühlen lassen. Wenn die Johannisbeeren lauwarm sind, in ein über einer Rührschüssel ausgebreitetes Durchseihtuch schütten, das Tuch an den Enden hochnehmen, zusammenfassen und kräftig auswringen, so daß der Saft herausgepreßt wird und in die Schüssel läuft. Statt Johannisbeeren können auch nur Himbeeren verwendet werden. Um die nötige Säure zu bekommen, muß der Saft einer halben Zitrone hinzugefügt werden.

100 g Zucker auf einen großen Teller schütten. Die Ränder der Bordeauxgläser oder Dessertschalen in den Johannisbeersirup tauchen, den überschüssigen Sirup abschütteln und anschließend jedes Glas in den Zucker tauchen, um die Glasränder mit einem rauhreifartigen Zuckerrand zu überziehen.

Die gemischten Früchte vorsichtig in die 6 Gläser verteilen, damit die Zuckerränder nicht zerstört werden. Die Gläser nur zu 2/3 füllen. Den restlichen Sirup auf die 6 Gläser verteilen. Die Gläser vor dem Servieren in den Kühlschrank stellen.

** Kurz vor dem Servieren die 6 Dessertteller mit Papierdeckchen belegen. Eventuell einen kleinen Schlitz in jedes Papierdeckchen schneiden und jeweils eine frische Blume hineinstecken. Die mit Früchten gefüllten Gläser oder Dessertschalen daraufstellen und servieren. Erst am Tisch vor den Gästen die Gläser bis zum Rand mit Champagner auffüllen; es wird sich ein wunderbarer rosaroter Schaum auf ihnen bilden.

Auch schwarze Johannisbeeren und Brombeeren können dem Obstsalat beigemischt werden.

Für 6 Personen

Unter der Pergola

Zeitaufwand:
*** *Vorbereitung: 3 Stunden*
** *Vor dem Servieren: 45 Minuten*
Schwierigkeit: *durchschnittlich*
Kosten: *mäßig*

Ich weiß nicht, ob das französische Wort für Pergola *(tonnelle)* irgendeinen Bezug zu dem französischen Wort für Tunnel *(tunnel)* hat, aber genau das ist der Eindruck, den ich als Kind von dieser langen überwölbten Allee hatte. Sie war von Himbeerranken und Glyzinen überwachsen, in denen die Bienen summten und die Vögel im Frühling nisteten.

Im Sommer aßen wir immer im Schatten der dichten Pergola, durch die selbst die dicken Regentropfen eines Augustgewitters nicht hindurchdringen konnten.

Ich weiß nicht, ob alles in der Kindheit Erlebte in der Erinnerung schöner erscheint. Aber eines weiß ich mit Sicherheit, daß ich an keinen Ort lebhaftere und schönere Erinnerungen habe als an unsere gemeinsamen Essen in den Ferien mit Gemüsen und Früchten aus unserem Garten im Schatten unserer wunderbaren Pergola.

La compote de poivrons doux aux anchois

La croûte de volaille de grand-mère Cathérine avec la salade de chicorée frisée à l'huile de noix et à l'estragon

Le dôme de fromage frais aux herbes vertes

Les tartelettes aux fruits du temps

Einkäufe

Das Huhn vorbestellen, um die beste Qualität zu bekommen (ich bevorzuge die guten Hühner aus der Bresse oder dem Allier).

Getränke

Als Aperitif reichen Sie denselben trockenen Weißwein, den Sie auch zum Paprikagemüse trinken wollen (Chablis, Mâcon). In jedes Glas geben Sie 1 großen Eßlöffel Crème de Cassis und füllen es jeweils mit dem Weißwein auf. Nach dem Weißwein zur Vorspeise reichen Sie einen leicht gekühlten (12 bis 13°) leichten Rotwein: Chinon, Beaujolais-Villages, Côtes de Bourg.

Geschirr und Gläser

Wählen Sie für dieses sommerliche Essen ein rustikales Geschirr aus Steingut oder Ton.

6 flache Teller für die Vorspeise
6 vorgewärmte flache Teller für die Geflügelpastete

Unter der Pergola von Bernard Chevry, dem berühmten Organisator vieler großer Veranstaltungen in Cannes.

6 Dessertteller für den Salat
6 Dessertteller für den Käse
6 Dessertteller für die Törtchen
1 Terrine für das Paprikagemüse
1 vorgewärmte runde Platte für die Geflügelpastete
1 Rührschüssel
1 runde tiefe Platte für den Frischkäse
18 rustikale Gläser, mit oder ohne Stiel

Auch das kleinste Detail auf dem Tisch ist eine Freude fürs Auge . . .

Bestecke

6 Gabeln und 6 Messer für die Paprikaschoten
6 Gabeln und 6 Messer für das Huhn
6 Dessertgabeln und 6 Dessertmesser für den Käse
6 Dessertgabeln und 6 Dessertmesser für die Törtchen
2 Servierlöffel und 2 Serviergabeln
1 Kuchenheber
1 Geflügelmesser
2 Salatbestecke

Tischdekoration

Wenn Sie der glückliche Besitzer einer Pergola sind, dann denken Sie zunächst daran, daß das Essen für Ihre Gäste im Freien bequem und komfortabel sein sollte. Legen Sie Kissen auf die Stühle und hängen Sie einige Strohhüte in die Laube, damit sich Ihre Gäste gegebenenfalls vor der Sonne schützen können, und denken Sie vor allem an einen gut gefüllten Eiskübel, um die Flaschen kalt zu halten. Am schwersten wird es für Sie allerdings sein, die Gäste nach dem Essen wieder zum Aufstehen zu bewegen. Wenn Sie keine Pergola (oder überhaupt keinen Garten) besitzen, und wenn Sie auch keinen Monet an der Wand Ihres Eßzimmers hängen haben, um den fehlenden Garten zu ersetzen (was vorkommen soll!), dann versuchen Sie dennoch, die sommerliche Atmosphäre einzufangen, etwa mit Tischwäsche aus grobem Leinen, mit Krügen aus Steingut, mit geflochtenen Körben, mit Zweigen und, warum nicht, mit Strohhüten für Ihre Gäste. Schreiben Sie das Menu auf kleine, mit Bändchen versehene Küchenbrettchen oder auf Karten. Wikkeln Sie die zusammengerollten Servietten in einen Efeuzweig.

Organisation und Zeiteinteilung

*** Ein großer Teil des Essens kann am Vortag oder aber am Morgen zubereitet werden.

Vergessen Sie nur nicht, den Weißwein kaltzustellen.

** 45 Minuten vor dem Essen den Backofen auf 200° vorheizen. Die 6 flachen Teller warmstellen. 15 bis 20 Minuten später, wenn der Ofen heiß ist, die Hühnerpastete hineinschieben. Nach 20 Minuten Backzeit den Ofen auf 150° herunterschalten und noch einmal 10 Minuten backen lassen.

Inzwischen die Brotscheiben toasten und das Paprikagemüse noch einmal abschmecken.

Kurz bevor Sie sich zu Tisch setzen, den Ofen abstellen und die Hühnerpastete im offenen Ofen ausdampfen lassen.

La compote de poivrons doux aux anchois

Gemüse aus süßem Paprika mit Anchovis

Zeitaufwand:
*** *Vorbereitung: 40 Minuten*
Schwierigkeit: *gering*
Kosten: *niedrig*

Zutaten für 6 Personen

6 rote, fleischige Paprikaschoten
150 ml Olivenöl
1/2 Tl Thymianblüten, frischer Thymian oder 1/4 Tl getrockneter Thymian
3 Knoblauchzehen
18 Basilikumblätter
6 Minzeblätter
30 Anchovisfilets in Öl (abgetropft)
1 Dutzend Scheiben getoastetes Landbrot
Pfeffer

Küchengeräte

1 Tranchiermesser
1 kleiner gußeiserner Schmortopf oder eine mittelgroße schwere Pfanne
1 große Terrine oder irdene Auflaufform
1 Küchenbrett
1 Holzlöffel
1 kleine Schale

Zubereitung

*** Dieses Gericht kann am Vortrag oder am Morgen zubereitet werden, aber wenn es im Kühlschrank aufbewahrt wird, sollte man es 1 Stunde vor dem Servieren herausnehmen.

Den Grill vorheizen.

Die Anchovisfilets in eine kleine Schale geben. Mit Milch bedecken und ziehen lassen.

Die Paprikaschoten unter den Grill legen und ständig wenden, bis ihre Haut auf allen Seiten schwarz geworden ist. (Wenn man keinen Grill besitzt, kann man die Paprika auch mit einer Gabel über eine Gasflamme halten und schwarz werden lassen.) Wenn die Praprikascho-

Gelbe Paprikaschoten können die roten in diesem Rezept ersetzen.

ten schwarz sind, unter kaltes Wasser halten und die schwarze Haut mit den Fingern abziehen. Die Stiele abschneiden, die Schoten aufschneiden, das Innere und die Samen entfernen und in lange, dünne Streifen schneiden. Den Knoblauch schälen und kleinhacken. Basilikum und Minze kleinhacken.

150 ml Olivenöl in dem kleinen Schmortopf erhitzen. Die Paprikastreifen und 1/2 Teelöffel Thymianblüten dazugeben und bei niedriger Hitze 15 Minuten lang dünsten.

Inzwischen die Anchovisfilets abtropfen lassen und trocken tupfen. Zu den Paprikaschoten in den Schmortopf geben und mit einem Holzlöffel umrühren, bis die Anchovisfilets ganz ›geschmolzen‹ sind. Den Topf vom Herd nehmen und Knoblauch, Basilikum und Minze hineinrühren. Mit Pfeffer würzen. In eine große Terrine oder irdene Auflaufform schütten.

Dieses Gemüse kann zusammen mit hartgekochten Eiern, schwarzen Oliven, getoastetem Landbrot und auch weißem Thunfisch in Öl serviert werden.

La croûte de volaille de grand-mère Catherine

Geflügelpastete nach Großmutter Catherine

Zeitaufwand:
*** *Vorbereitung: 1 1/2 Stunden*
** *Vor dem Servieren: 2 Minuten*
Kochzeit: 30 Minuten
Schwierigkeit: *durchschnittlich*
Kosten: *mäßig*

Zutaten für 6 Personen

TEIG
500 g Mehl
175 g Schweineschmalz oder Butter
15 g Salz
150 ml Wasser

FÜLLUNG
1 1/2 Huhn, ungefähr 1,5 kg schwer
300 g weiße Zwiebeln
200 g Lauch (nur das Weiße)
200 g Butter
400 g magerer, durchwachsener, gesalzener Speck
4 Knoblauchzehen
6 Lorbeerblätter (wenn möglich frisch)
einige frische Thymianzweige
1 Ei
Salz, Pfeffer

Küchengeräte

1 Mixer oder eine große Rührschüssel mit 1 Holzlöffel
1 Nudelholz
1 großes, starkes Messer
1 große Pfanne mit Deckel
1 sehr scharfes kleines Messer
2 flache Töpfe von 3 l Inhalt
1 kleine Kasserolle
1 Hackmesser
1 Sieb
1 Schale
1 Gabel
1 Pinsel
1 Küchenbrett

Zubereitung

*** Der Teig kann am Vortag, das Geflügel und die Gemüse können einige Stunden im voraus zubereitet werden.

TEIG. Das Mehl in die Küchenmaschine oder in eine große Rührschüssel geben, in einem kleinen Topf 150 ml Wasser, 15 g Salz und 175 g Schmalz oder Butter zum Kochen bringen.

Sofort über das Mehl gießen und sorgfältig rühren, bis ein Teigball entsteht. Diesen in ein leicht angefeuchtetes Küchentuch wickeln und mindestens 1 Stunde lang im Kühlschrank ruhen lassen.

GEMÜSE UND SPECK. Die Zwiebeln und den Lauch schälen, waschen und fein schneiden. In einem Topf 100 g Butter zergehen lassen, Zwiebeln und Lauch hineingeben, den Topf schließen und bei schwacher Hitze ganz leicht köcheln lassen, bis die Gemüse auf der Zunge fast zergehen, aber noch etwas Biß haben. Leicht salzen und eine fein gehackte Knoblauchzehe dazugeben. Während das Gemüse kocht, die Haut und die kleinen Knochen vom Speck entfernen und ihn in 2 bis 3 mm große Stücke schneiden (Umfang einer Briefmarke). (Sehr frischer Speck läßt sich besser schneiden, wenn er 1 Stunde vorher ins Tiefkühlfach gelegt wurde.)

1 Eßlöffel Butter in die Pfanne geben und den kleingeschnittenen Speck 5 bis 6 Minuten darin braten. Abtropfen lassen. Falls der Speck sehr salzig ist, vor dem Braten in einen Topf mit 2 l Wasser geben und aufkochen lassen. In ein Sieb geben und abtropfen lassen. Dann braten wie oben angegeben.

Wenn Sie die Pergola verlassen, setzen Sie einen Hut auf, um die Einladung zu diesem Essen nicht in schlechter Erinnerung zu behalten.

Den Speck zum Gemüse geben, gut durchmischen und abkühlen lassen.

GEFLÜGEL. In 6 Teile zerlegen (3 Beine und 3 Bruststücke mit Flügeln). Bei den Beinstücken alle Knochen bis auf die vom Ober- und Unterschenkel entfernen: Das Gelenk zwischen Ober- und Unterschenkel einschneiden.

Mit der Spitze eines kleinen scharfen Messers am Unterschenkelknochen entlangfahren und Fleisch und Haut von diesem ablösen. Das Fleisch bis auf den Knochen einschneiden, den unteren Teil des Knochens freilegen und den Knochen selbst unterhalb des Gelenks mit einem schweren Messer abschneiden (siehe Zeichnung S. 313). Bei den Bruststücken die Flügelspitzen und alle Knochen, außer den Flügelknochen, entfernen.

Die 6 Geflügelstücke salzen. 60 g Butter in die Pfanne geben. Die Geflügelstükke mit der Haut nach unten in die heiße Butter legen und bei mittlerer Hitze braten, bis sie goldbraun sind. Umdrehen und noch einmal 3 bis 4 Minuten braten. Die Geflügelstücke aus der Pfanne nehmen und kühlstellen.

Wenn alle Vorbereitungen getroffen sind, den Backofen auf 200° vorheizen.

Den Teig in zwei gleiche Teile teilen. Die Arbeitsfläche mit Mehl bestreuen und eine Hälfte in einem Kreis von ungefähr 35 cm ausrollen. Die Teigplatte auf ein mit Butter gefettetes Backblech legen. Die Gemüse- und Speckmischung gleichmäßig auf der Teigplatte verteilen und dabei einen Rand von 2 bis 3 cm freilassen. Die Beine und Bruststücke des Hähnchens abwechselnd auf dem Gemüse verteilen. Frischen Pfeffer darüber mahlen und auf jedes Hähnchenstück ein kleines Lorbeerblatt und einige Thymianzweige legen.

Die andere Hälfte Teig zu einer etwas größeren Teigplatte als die vorhergehende ausrollen.

In einer kleinen Schale 1 Ei und 1 Eßlöffel Wasser mit einer Gabel aufschlagen. Mit einem Pinsel den Rand der Teigplatte, auf der Gemüse und Geflügel verteilt wurden, mit dem geschlagenen Ei dünn bestreichen.

Die andere Teigplatte darauflegen, die Ränder der beiden Teigplatten mit den Fingern zusammenpressen und leicht flachdrücken. Die Teigränder abschneiden, die mehr als 3 cm überstehen. Den Rand mit Eigelb bestreichen und übereinanderklappen, so daß eine schöne Krempe entsteht. Noch einmal den Rand und die ganze Oberfläche der Pastete mit Eigelb bestreichen.

Die Teigreste ausrollen und mit einem Glas oder mit Teigausstechern geometrische Figuren ausstechen. Aus diesen Figuren eine Blume bilden und den Deckel der Pastete damit dekorieren. Mit Eigelb bestreichen.

Mit einer Messerspitze den Deckel der Pastete 10 bis 12mal einstechen, damit der Teig keine Blasen wirft.

** 45 Minuten vor dem Essen den Backofen auf 200° vorheizen. Nach 20 Minuten die Pastete hineinschieben und 20 Minuten lang backen lassen. Dann den Ofen auf 150° herunterschalten und noch einmal 10 Minuten backen lassen.

Wenn die Backzeit zu Ende ist, die Pastete im offenen Ofen 10 Minuten lang ausdampfen lassen. Aus dem Ofen nehmen und mit geschmolzener Butter bestreichen, um ihr ein glänzendes Aussehen zu verleihen. Sofort servieren. Wenn etwas übrigbleibt, läßt es sich auch gut kalt essen.

La salade de chicorée frisée à l'huile de noix et à l'estragon

Krauser Endiviensalat mit Nußöl und Estragon

Zeitaufwand:
Vorbereitung: 15 Minuten
Schwierigkeit: *gering*
Kosten: *mäßig*

Zutaten für 6 Personen

1 El scharfer Dijonsenf
1 Eigelb
1 El Cognac
2 El Weinessig
1 Tl grob gehackter Estragon
6 El Nußöl
2 Köpfe krauser Endiviensalat
Salz, Pfeffer

Küchengeräte

1 große Salatschüssel
1 Schneebesen

Zubereitung

*** In der Salatschüssel Senf, Salz, Pfeffer und Eigelb mit dem Schneebesen gut durcheinanderschlagen. Cognac, Essig und den gehackten Estragon hinzufügen und so lange schlagen, bis alles gut vermischt ist. Zum Schluß das Öl langsam hineinlaufen lassen und lange kräftig schlagen, bis eine homogene Sauce entstanden ist. Mit Salz abschmecken.

Den Endiviensalat waschen, putzen und abtrocknen.

** Kurz vor dem Servieren den Salat in die Schüssel geben, die Sauce darüberschütten und gut durchmischen (am besten mit den Händen; es sieht ja niemand!). Zur Pastete servieren.

Ich habe den klaren Obstschnaps, den meine Großmutter stets verwendete, durch Cognac ersetzt. Es muß gesagt werden, daß dieser Schnaps aus einer ganz zufälligen Früchtemischung aus dem Garten von einer ambulanten Brennerei gebrannt wurde. Der größte Wert dieses sehr fruchtigen Schnapses, der leicht nach Obstkernen schmeckte, lag darin, daß er lange gealtert war. Er war nichts Besonderes, aber er war eben unser »Schnäpschen«, und jedes Mal, wenn wir ihn anboten, war es so, als ob wir ein wenig von unserem Herzblut in jedes Glas gössen. »Hör mal, Cathérine, dein Schnäpschen ist aber gut!« Dieses oft wiederholte Kompliment war der Stolz meiner guten Großmutter.

Le dôme de fromage frais aux herbes vertes

Frischkäse mit grünen Kräutern

Zeitaufwand:
**** Vorbereitung (12 Stunden im voraus): 25 Minuten*
*** Vor dem Servieren: 5 Minuten*
Schwierigkeit: *sehr gering*
Kosten: *gering*

Zutaten für 6 Personen

400 g weißer Frischkäse, gut abgetropft und gut gekühlt
1 kleine weiße Zwiebel
1 Knoblauchzehe
1 El scharfer Dijonsenf
1 Tl gemahlener Pfeffer
100 ml Crème fraîche
1 Bund Petersilie
1 Bund Schnittlauch
3 Herzen von frischem Kopfsalat oder einem anderen zarten Salat
100 ml süße Sahne
12 getoastete Brotscheiben
Salz, Pfeffer

Küchengeräte

3 Rührschüsseln
1 Reibe
1 Schneebesen
1 feines Sieb von ca. 20 cm Durchmesser
1 großes Messer
1 Küchenbrett
1 gekühlte runde Servierplatte

Zubereitung

*** Dieser Käse sollte mindestens 12 Stunden im voraus zubereitet werden.

Zwiebel und Knoblauch schälen. Die Zwiebel so fein wie möglich in eine große Rührschüssel reiben. Die Knoblauchzehe hineinpressen. Käse, Pfeffer, Salz und Senf dazugeben. Mit einem Schneebesen vermischen und alles gut durchschlagen.

In einer anderen Rührschüssel die Crème fraîche mit einem Schneebesen aufschlagen, den Frischkäse daruntermischen. Das Ganze in ein feines Sieb über einer Rührschüssel geben. Mit Klarsichtfolie bedecken und in den Kühlschrank stellen.

Vor dem Servieren Petersilie und Schnittlauch kleinhacken. Die Salatherzen waschen, putzen und abtrocknen.

Den Käse aus dem Kühlschrank nehmen, mit einem Teil der Kräuter bestreuen und auf eine gekühlte Servierplatte stürzen. Die restlichen Kräuter auf dem Käse verteilen. Dabei einige Kräuterstückchen vorsichtig in den Käse drücken.

Die Brotscheiben toasten.

Die Salatblätter rund um den Käse verteilen. Die leicht geschlagene Sahne darübergießen und zusammen mit dem getoasteten Brot servieren.

Les tartelettes aux fruits du temps

Törtchen mit Obst der Jahreszeit

Zeitaufwand:
*** *Vorbereitung: 1 Stunde*
** *Vor dem Servieren: 5 Minuten*
Schwierigkeit: *gering*
Kosten: *durchschnittlich*

300 g Himbeeren, 6 Erdbeeren
75 g rote Johannisbeeren oder Heidelbeeren
1/2 Banane
1 Orange
1 Birne
1 Pfirsich
1 Apfel
1 große Zitrone
115 g Butter
115 g fein gemahlene Mandeln
715 g feiner Zucker
3 ganze Eier
1 Bund Minze
1 Glas Apfel- oder Quittengelee

Küchengeräte

6 Tortenförmchen, 10 cm Durchmesser
1 mittelgroßer Topf
1 Schneebesen
1 Holzlöffel
2 Rührschüsseln
1 große Schüssel oder Terrine
1 Fleischwolf mit Gemüsevorsatz

Zubereitung

*** Der größte Teil dieses Desserts sollte im voraus zubereitet werden.

Die Butter weich werden lassen. 6 Erdbeeren, 12 Himbeeren, die halbe Banane und die Johannisbeeren für die Dekoration zur Seite stellen. Orange, Birne, Apfel und Pfirsich schälen und in kleine Würfel schneiden; mit Zitrone beträufeln.

Den Backofen auf 220° vorheizen.

Inzwischen in einer Rührschüssel die Butter mit den gemahlenen Mandeln gut verkneten. 115 g Zucker und die Eier mit einem Schneebesen hineinschlagen, bis ein glatter Teig entstanden ist. Die 6 Tortenförmchen einfetten, mit Mandelteig auslegen und 15 Minuten lang backen. Inzwischen die Himbeeren passieren, den Fruchtsaft mit 225 g Zucker vermischen, beiseite stellen. Das Fruchtfleisch der Himbeeren aus dem Fleischwolf herausholen und mit 275 g Zucker 10 Minuten lang kochen, bis die Konsistenz von Konfitüre erreicht ist.

Die abgekühlten Törtchen mit der Himbeerkonfitüre bestreichen, mit den Obststückchen belegen und mit erwärmtem Apfelgelee überziehen. Mit den zurückgestellten Himbeeren, den Erdbeerhälften, den Bananenscheiben, den Johannisbeeren und 1 Minzeblättchen garnieren.

** Vor dem Servieren 6 Dessertteller mit der Himbeersauce bedecken und die Törtchen in die Mitte plazieren.

Sie können zu diesen Törtchen Vanilleeis reichen (siehe Rezept S. 282).

Für 6 Personen

Speisen mit Blüten

Zeitaufwand:
*** *Vorbereitung:*
2 Stunden 10 Minuten
** *Vor dem Servieren:*
1 Stunde
Schwierigkeit:
durchschnittlich
Kosten: *hoch*

Als ich im Département Var lebte, wohnte ich in einem landwirtschaftlichen Großbetrieb, in dem man Gemüse, Blumen und Wein anbaute. Ich erinnere mich, daß ich einmal nach mehreren Wochen Abwesenheit in einer finsteren Nacht ohne Mondschein dorthin zurückkehrte. Wie gewöhnlich bewegte ich mich im geheimnisvollen Dunkel dorthin, wo ich glaubte, bei meiner Abfahrt ein Feld mit Blattsalat gesehen zu haben. Ich pflückte einige Blätter ab, die mir besonders zart erschienen. Mit etwas Salz, Pfeffer und einem Hauch Knoblauch versehen, überraschte mich dieser Salat durch seinen neuen, etwas ungewöhnlichen, aber keineswegs schlechten Geschmack.

Am nächsten Morgen sagte mein Freund Felix, der Bauer, zu mir: »Ich weiß nicht, wer diese Nacht in meinem Ringelblumenfeld gewütet hat. Schauen Sie sich diese Schweinerei an! Wenn ich den Kerl erwische!«

Ich platzte fast vor Lachen und gestand ihm, daß ich der Schuldige gewesen sei und daß mich die Dunkelheit irregeleitet hätte.

Felix erklärte mir, daß sie in der Provence die Angewohnheit hätten, alles mögliche als Salat zu essen. Allerdings Ringelblumen zu essen, so verrückt wäre aber noch niemand gewesen. Man müßte wohl Pariser sein, um derartige Dinge zu verschlingen. (Pariser war für Felix jeder, der nördlich von Aix geboren war.) Trotz

Les fleurs de courgettes aux truffes

Le blanc de turbot et de poireaux aux fleurs de capucine

Le carré d'agneau rôti à la fleur de thym

Les tartelettes d'oranges meringuées aux fleurs de lavande

Les grappes de fleurs d'acacia en beignets

La liqueur de coquelicot

meiner ›fremdländischen‹ Herkunft wurde ich allerdings schließlich doch akzeptiert, nachdem wir unzählige Pastis zusammen getrunken hatten.

Dort unten in Saint-Clair gehört man bald dazu, wenn man den Pastis, Witze und das Boulespiel liebt.

Einkäufe

Die Zucchiniblüten, die Blüten der Kapuzinerkresse, den Steinbutt und das Lamm vorbestellen. Bitten Sie Ihren Fischhändler, den Steinbutt zu filetieren, und Ihren Metzger, die Lammkarrees bratfertig zu machen und die Fleischreste und Knochen für Sie aufzubewahren.

Getränke

Auch beim Aperitif sollten die Blüten nicht fehlen. Aber übertreiben Sie nicht wie jener Restaurantbesitzer, der Paul Bocuse und mir einmal ein Zitronensorbet serviert hat, das mit Chanel n° 5 parfümiert war. Sie können mir glauben, daß Sie nach einem solchen Sorbet selbst ein Aïoli nicht mehr geschmeckt hätten. Reichen Sie also einfach eine Flasche Champagner, dem Sie 5 Eßlöffel Cointreau und 1 Teelöffel Orangenblütenwasser zufügen. Servieren Sie diesen Aperitif gut ge-

Salz- und Pfeffer-Streuer neben der mit Blumen geschmückten, handgeschriebenen Speisekarte.

kühlt, und lassen Sie in jedem Glas einige Orangenblüten schwimmen.

Beginnen Sie mit einem deftigen trockenen Weißwein, etwa einem Condrieu mit Veilchenparfüm. Reichen Sie zum Lamm einen duftigen Rotwein, etwa einen Volnay, einen Fleury, einen Santenay oder einen roten Sancerre.

Geschirr und Gläser

Verwenden Sie ein Fayence- oder Porzellangeschirr mit Blumenmotiven.

18 vorgewärmte flache Teller für die Zucchiniblüten, den Fisch und das Lamm
12 mittelgroße Teller für die Törtchen und die Akazienblütenbeignets
2 vorgewärmte Platten für den Fisch und das Lamm
1 Platte mit einer zusammengefalteten Serviette für die Akazienbeignets
1 Sauciere für die Sauce zum Lamm
18 Gläser für Wasser, Weiß- und Rotwein (für dieses Mittagessen voller Blüten können auch verzierte Gläser verwendet werden)

Bestecke

6 Gabeln, 6 Messer und 6 Saucenlöffel für die Zucchiniblüten
6 Fischgabeln, 6 Fischmesser und 6 Saucenlöffel für den Steinbutt
6 Gabeln und 6 Messer für das Lamm
6 kleine Gabeln und 6 kleine Messer für die Törtchen
1 Saucenlöffel

Tischdekoration

Verwenden Sie eine Tischdecke und die dazu passenden Servietten mit einem Blumenmuster. Dekorieren Sie den Tisch und die Umgebung mit Blumen. Sie können mit jedem neuen Gang, den Sie auftragen, auch einen anderen, mit den jeweiligen Zutaten des Gerichts übereinstimmenden Blumenstrauß auf den Tisch stellen: Sträuße aus Zucchiniblüten, Kapuzinerkresse, Thymian, Lavendel usw. Die Akazienblütenbeignets stellen Sie einfach auf einer großen Platte mitten auf den Tisch.

Das Menu schreiben Sie jeweils mit einem andersfarbigen Filzstift auf ein schönes, festes farbiges Papier. In jede Menukarte können Sie zwei kleine Schlitze machen und ein winziges Sträußchen hineinstecken.

Organisation und Zeiteinteilung

Die Zubereitung dieses Menus hält Sie leider während der meisten Zeit des Essens von Ihren Gästen fern, da es mehrere Gerichte umfaßt, die unmittelbar vor dem Servieren zubereitet werden müssen. Das ist eben das Los des Küchenchefs. Aber andererseits haben Sie hier die Gelegenheit, wie ein echter Küchenchef zu handeln, d. h. wie ein großzügiger Koch, der zu allererst an das Wohl seiner Gäste denkt.

Ich kann mir dafür kein besseres Beispiel als meinen Freund Danny Kaye vorstellen. Dieser große Komiker (der auch ein großer Koch ist) setzt sich niemals zu seinen Gästen, bevor er nicht jedem das Essen serviert hat.

Sicher, Sie werden nicht immer dabei sein, um mit Ihren Gästen das Glück teilen zu können, das Sie bewirkt haben. Aber Sie werden Ihre Rolle vollkommen und mit Noblesse gespielt haben.

*** Der Mohnlikör muß mindestens 10 Tage im voraus zubereitet werden.

Mit der Zubereitung der Törtchen sollten Sie am Vortag oder am Morgen vor der Einladung beginnen. Die Zucchiniblüten sollten einige Stunden im voraus zubereitet werden.

2 Stunden vor dem Essen den Backofen auf 200° vorheizen. Den Weißwein kaltstellen und mit der Zubereitung des Steinbutts und des Lauchs beginnen. Die Meringuemasse zubereiten. Nach 20-minütigem Vorheizen die Törtchen in den Ofen schieben und 10 Minuten lang backen.

** 1 Stunde vor dem Servieren den Backofen auf die höchste Temperatur einschalten. Das Lammfleisch in den Bräter legen und den Knoblauch in Wasser einweichen. 18 große Teller, 2 Platten und 1 Sauciere warmstellen.

Das Lamm 30 Minuten lang garen lassen, anschließend warmstellen und den Ofen auf 200° herunterschalten.

Den Fisch fertig zubereiten und dämpfen. Inzwischen die Zucchiniblüten dünsten und ihre Sauce im Wasserbad wieder heißmachen. Wenn der Fisch gar ist, warmstellen. Die Sauce fertig zubereiten.

Nach dem Verzehr der Zucchiniblüten den Steinbutt auf einer Platte anrichten und servieren. Die Lammkarrees vor dem Servieren nur noch einmal kurz in den Ofen schieben. Inzwischen die Knoblauchzehen goldbraun braten. Das Fleisch aus dem Ofen nehmen, aufschneiden und servieren.

10 Minuten vor dem Servieren die Törtchen fertig backen.

Die Akazienblütenbeignets sollten im letzten Moment zubereitet werden.

Les fleurs de courgettes aux truffes

Zucchiniblüten mit Trüffeln

Zeitaufwand:
*** *Vorbereitung: 1 Stunde*
** *Vor dem Servieren: 5 Minuten*
Kochzeit: 15 Minuten
Schwierigkeit: *gering*
Kosten: *hoch*

Zutaten für 6 Personen

500 g Zuchtchampignons
1 Zitrone
1 El gehackte Schalotten
300 g Butter
5 El süße Sahne
2 Eigelb
6 schwarze Trüffeln aus der Vaucluse[1]), ca. 15 g schwer, frisch oder aus der Dose
6 Zucchiniblüten[2])
500 g frischer, junger Spinat oder frischer Feldsalat
einige Stiele Kerbel (nach Wunsch)
Salz, Pfeffer

Küchengeräte

1 elektrische Küchenmaschine oder 1 Brett und 1 Hackmesser
1 feines Sieb aus rostfreiem Stahl
1 flacher Topf von 2 bis 3 l Inhalt oder 1 Pfanne, vorzugsweise aus Stahl oder Emaille

1 Rührschüssel von 2 l Inhalt
1 Holzlöffel
1 Schneebesen
1 kleiner Topf
1 Dessertlöffel
1 Couscoustopf oder eine kleine tiefe Auflaufform und 1 Rost, der auf die Form paßt
Aluminiumfolie

Zubereitung

*** Einige Stunden im voraus die Champignons putzen und nur kurz unter kaltem Wasser waschen, damit sie sich nicht mit Wasser vollsaugen. Abtrocknen und nicht zu klein hacken. Es soll keine püreeartige Masse entstehen. Sofort mit dem Saft einer halben Zitrone begießen, damit sie nicht dunkel werden.

Die Schalotten schälen und dann fein hacken.

1 Teelöffel Butter in einem flachen Topf schmelzen lassen. 1 Eßlöffel gehackte Schalotten hinzufügen und bei mittlerer Temperatur so lange dünsten, bis die Butter zu zischen beginnt. Die Pilze dazugeben, salzen und pfeffern und 3 bis 4 Minuten lang kochen lassen. Vom Herd nehmen, über einem kleinen Topf in ein feines Sieb schütten und abtropfen lassen. Das Sieb darf nicht aus Aluminium sein, da sonst die Champignons darin schwarz werden. Die Kochflüssigkeit der Champignons aufbewahren. Die Champignons wieder in den großen Topf geben und bei starker Hitze unter ständigem Rühren mit einem Holzlöffel so lange kochen, bis alle Flüssigkeit verdampft ist.

In einer Rührschüssel die Sahne und die Eigelb mit dem Schneebesen verquirlen. Die Mischung auf die Champignons geben und alles gut mit dem Schneebesen durcheinandermischen. 2 Minuten lang aufkochen lassen, wenn notwendig mit Salz und Pfeffer abschmecken und auf einen großen, flachen Teller geben.

Die Trüffeln über dem Topf mit der Champignonflüssigkeit abtropfen lassen.

Die Zucchiniblüten nur dann waschen, wenn es unbedingt notwendig ist. Vorsichtig abtrocknen und die Blütenblätter einer jeden Blüte auseinanderziehen und einen Dessertlöffel des Champignonpürees hineingeben. In die Mitte eine Trüffel stekken und die Blütenblätter schließen. Beiseite stellen.

Die Stiele vom Spinat entfernen, die Blätter gründlich waschen und abtropfen lassen. Wenn Sie Feldsalat verwenden, die sandigen Wurzeln abschneiden, die Blätter waschen und abtropfen lassen.

Den Topf mit der Flüssigkeit der Champignons und der Trüffeln auf mittlerer Hitze solange köcheln lassen, bis sie auf eine Menge von 3 Eßlöffeln eingekocht ist. Die restliche Butter (ungefähr 250 g) mit dem Schneebesen auf großer Flamme hineinschlagen, bis sie von der Flüssigkeit ganz aufgenommen ist. Mit Salz und Pfeffer abschmecken und zur Seite stellen.

** 20 Minuten vor dem Servieren in den Couscoustopf oder in die Auflaufform, auf der der Rost liegt, Wasser füllen. Die Zucchiniblüten in den oberen Teil des Couscoustopfes oder auf den Rost legen und mit Aluminiumfolie abdecken. Bei starker Hitze zugedeckt 15 Minuten lang garen lassen. Die Zucchiniblüten sind fertig, wenn sie sich mühelos mit der Spitze eines Messers einstechen lassen.

Während des Kochens die Sauce im Wasserbad wieder heiß machen. Die rohen Spinatblätter oder den Feldsalat auf den 6 vorgewärmten Tellern verteilen, jeweils eine Zucchiniblüte darauflegen, leicht salzen und pfeffern und etwas Sauce darübergießen. Nach Wunsch mit etwas Kerbel bestreuen und servieren.

1) Wenn Sie Trüffeln in der Konserve verwenden, kaufen Sie möglichst keine klei-

Zucchiniblüten halten sich nicht länger als einen Morgen.

nen Dosen mit nur einer einzigen Trüffel, sondern versuchen Sie, Trüffeln der *1ère ébullition* zu bekommen, was heißt, daß die Trüffel nur gebürstet und gesalzen und dann sterilisiert wurde. Wenn Sie das Glück haben, frische Trüffeln verwenden zu können, dann kochen Sie sie in einem Dampfdrucktopf mit einer Prise Salz und 2 oder 3 Eßlöffeln kaltem Wasser. 30 Minuten Kochzeit reichen aus, wenn die Trüffeln sofort verzehrt werden. Wenn Sie die Trüffeln konservieren wollen, geben Sie sie in ein Einweckglas, das Sie hermetisch verschließen und in einem Einweckkessel auf die übliche Weise 30 Minuten lang einkochen.

2) Die Zucchiniblüten sollten beim Einkauf sehr frisch sein, da sie sehr schnell welken. Sie können durch Kürbisblüten (entfernen Sie aber die Fruchtknoten), durch in kochendem Wasser blanchierte Blätter von Rüben (roten Beten) oder sogar durch Kohlblätter, die ebenfalls blanchiert werden müssen, ersetzt werden.

La blanc de turbot et de poireaux aux fleurs de capucine

Steinbuttfilets und Lauch mit Blüten der Kapuzinerkresse

Zeitaufwand:
*** *Vorbereitung (mindestens 2 Stunden im voraus): 20 Minuten*
Kochzeit: 20 Minuten
** *Vor dem Servieren: 45 Minuten*
Kochzeit: 8 Minuten
Schwierigkeit: *durchschnittlich*
Kosten: *ziemlich hoch*

Zutaten für 6 Personen

6 Filets vom Steinbutt, 180 bis 200 g schwer, oder von jedem anderen weißen Meeresfisch: Seebarsch, Petersfisch, Daurade oder sogar Kabeljau, wenn er ganz frisch ist
1 l Milch
6 Stangen junger Lauch (nur die weißen Teile)
20 g Petersilie
20 g Kerbel
10 Blätter Estragon
20 g Schnittlauch
6 kleine Lorbeerblätter, möglichst frisch und zart
110 g Butter
3/4 l süße Sahne
2 Eigelb
12 Blüten und 24 Blätter von Kapuzinerkresse, zu 6 sehr kurzstieligen Sträußchen zusammengebunden (statt Kapuzinerkresse können auch Brunnenkresseblätter verwendet werden)
Salz, Pfeffer

Küchengeräte

1 Küchenbrett
1 Schere
1 elektrische Küchenmaschine oder 1 Brett und ein Hackmesser
1 Mixer
1 Küchenpinsel
1 feuerfeste Form, groß genug, um die Steinbuttfilets aufzunehmen
1 gußeiserner Schmortopf, Durchmesser 25 cm
1 Schüssel von 2 l Inhalt
1 Schneebesen
1 kleiner Topf
1 Holzlöffel
1 große Servierplatte

*** Der erste Teil dieses Gerichts sollte mindestens 2 Stunden im voraus zubereitet werden. Bitten Sie Ihren Fischhändler, den Steinbutt zu filetieren und die beiden Häute zu entfernen (die schwarze und die weiße).

Die Filets in eine Schüssel legen, 1 Liter Milch und einige Eiswürfel dazugeben. Wenn nötig, mit eiskaltem Wasser auffüllen, damit die Filets vollständig bedeckt sind. Mindestens 2 Stunden lang ziehen lassen. Mit dieser Behandlung, die nicht unbedingt notwendig ist, erreicht man, daß die Fischfilets ganz weiß werden.

Die Wurzelenden der Lauchstange abschneiden und die grünen Teile entfernen (sie können für eine Suppe verwendet werden). Die Stangen gründlich waschen, in einem Sieb abtropfen lassen und in 4 bis 5 cm lange Stücke schneiden.

Petersilie, Kerbel, Estragonblätter und Schnittlauch ganz fein schneiden.

Die Ränder eines jeden Lorbeerblattes zackig wie Palmblätter schneiden. Zur Seite stellen. 30 g Butter in dem Schmortopf zergehen lassen. Den Lauch hineingeben und mit Wasser bedecken. Bei schwacher Hitze 15 bis 20 Minuten lang dünsten lassen, bis er auf der Zunge zergeht. Falls er länger kochen muß, eventuell etwas Wasser nachfüllen, damit er nicht anbrennt.

Am Ende der Kochzeit sollte nur noch eine cremige Buttersauce am Boden des Topfes übrigbleiben. Wenn die Sauce zu dünn ist, noch etwas einkochen lassen. Vom Herd nehmen, zudecken und zur Seite stellen.

** 50 Minuten vor dem Essen den Backofen auf 200° vorheizen.

Die gut abgetropften 6 Filets in eine feuerfeste Form legen. Salzen, auf jedes Filet ein Lorbeerblatt legen und mit Sahne bedecken. 5 Löffel Sahne zurückbehalten und in einer Schale aufbewahren.

In den vorgeheizten Ofen schieben und 8 Minuten lang backen. Um zu prüfen, ob der Fisch gar ist, leicht mit dem Zeigefinger auf die Mitte eines Filets drücken. Wenn der Fisch leicht nachgibt, aber dennoch gegen den Druck leichten Widerstand leistet, ist er gar.

Während des Backens die restliche Sahne mit 2 Eigelb in eine Schale geben und mit einem Schneebesen gut durchschlagen. Wenn der Fisch fertig ist, die cremige Kochflüssigkeit in einen Topf gießen. Einen Rest auf dem Boden der Backform lassen, damit der Fisch nicht austrocknet. Die Backform mit Aluminiumfolie bedekken und warmhalten.

Den Topf mit dem Lauch auf kleiner Flamme wieder langsam erwärmen.

Den Fischsud zum Kochen bringen und die Sahne-Eigelb-Mischung mit einem Schneebesen hineinschlagen. Sofort vom Herd nehmen, in den Mixer geben, die gehackten Kräuter dazugeben, salzen und 1 Minute lang pürieren. Die Sauce sollte blaßgrün sein und eine cremige Konsistenz haben. Im Wasserbad warmhalten.

Kurz vor dem Servieren die 6 Lauchstücke leicht flachdrücken und auf die Servierplatte legen. Den Boden der Platte und den Lauch mit Sauce überziehen. Den Pinsel in die Butter des Lauchs eintauchen und damit über die Steinbuttfilets streichen, um jede Spur Sahne zu entfernen. Der Fisch muß ganz weiß, sauber und glänzend und das Lorbeerblatt ganz sichtbar sein. Die Filets auf dem Lauch verteilen und ringsherum mit den 6 Sträußchen Kapuzinerkresse oder Brunnenkresse verzieren. Heiß servieren. Die Blätter und Blüten der Kapuzinerkresse verleihen der Kräutersauce eine etwas strenge Note. Sie sind für dieses Gericht jedenfalls nicht unbedingt notwendig.

La carré d'agneau rôti à la fleur de thym

Gebratenes Lammkarree mit Thymianblüten

Zeitaufwand:
*** *Vorbereitung: 35 Minuten*
Kochzeit: 40 Minuten
** *Vor dem Servieren: 10 Minuten*
Schwierigkeit: *gering*
Kosten: *durchschnittlich*

Zutaten für 6 Personen

3 Lammkarrees, jedes ungefähr 1,2 kg schwer
20 Knoblauchzehen
3 El Thymianblüten[1]) und 1 großer Thymianzweig
80 g Butter
Salz, Pfeffer

Küchengeräte

1 großer Bräter, in dem die 3 Karrees Platz haben
1 großes Tranchiermesser
1 großes Sieb
1 kleines Sieb
1 große runde Platte
1 Teller
1 Gabel

Zubereitung

*** Ungefähr 1 Stunde und 15 Minuten vor dem Essen mit der Zubereitung beginnen.

Bitten Sie Ihren Metzger, Ihnen von 3 Karrees (Lammrippenstücke der hinteren Rippen) à 9 Rippen den Rückgratknochen zu entfernen, die Haut und die obere Fettschicht abzuziehen und die Rippenknochen auf die bei Koteletts übliche Länge abzuschneiden und die Enden freizulegen (s. Zeichnung S. 313). So kann man die Karees später besser zerlegen. Und bitten Sie ihn, die ›Abfälle‹ und die Knochen aufzuheben.

Die Knoblauchzehen, ohne sie zu pellen, in kaltes Wasser legen und 15 bis

20 Minuten lang einweichen. Anschließend abtropfen lassen. Inzwischen den Backofen auf die höchste Stufe einschalten. Auf dem Boden des Bräters möglichst fettlose Fleischreste und Knochen ausbreiten.

Die Fettseite jedes Rippenstücks mit der Spitze eines Messers kreuzweise im Abstand von 3 cm einritzen. Darauf achten, daß dabei nur in das Fett und nicht in das Fleisch geschnitten wird. Die Rippenstükke auf allen Seiten salzen und mit Thymianblüten bestreuen. Auf die Knochen und Fleischstücke in der Schmorpfanne legen, mit der fettigen Seite nach oben. Überhaupt kein Fett dazugeben.

Nach 15 bis 20 Minuten Vorheizen des Ofens die Rippenstücke hineinschieben und 15 Minuten lang braten lassen. Dann die ungeschälten Knoblauchzehen dazugeben, das Fleisch aber nicht umdrehen. 15 Minuten später die Rippenstücke auf die Fettseite legen.

Noch 10 Minuten braten lassen und dann auf einen kleinen umgedrehten Teller legen, der auf einem viel größeren Teller steht. Das Ganze mit Aluminiumfolie bedecken und heiß halten. Auf diese Weise können die Rippenstücke abtropfen, ohne in ihrem Saft zu liegen.

Auch die Knoblauchzehen aus dem Bräter nehmen und zur Seite stellen. Mit einem Löffel das Fett von der Sauce abschöpfen, 100 ml Wasser dazugeben und die Bratenreste am Boden und an den Seiten des Bräters ablösen. Diese Sauce in einen mittelgroßen Topf gießen, zum Kochen bringen, auf die Hälfte einkochen lassen und vom Herd nehmen.

Einen großen Zweig Thymian hineinlegen und den Topf 10 Minuten lang zudecken, damit der Geschmack des Thymians gut einziehen kann.

Anschließend die Knoblauchzehen schälen und warmhalten.

** Vor dem Servieren die Lammkarrees noch einmal 5 Minuten lang in den vorgeheizten Ofen schieben.

Die Knoblauchzehen in 80 g Butter goldbraun braten. Inzwischen die Sauce wieder erhitzen, den Thymian entfernen, mit Salz und Pfeffer abschmecken und in eine vorgewärmte Sauciere geben. Die Knoblauchzehen und den Bratensaft, der sich auf dem Teller der Rippenstücke gesammelt hat, dazuschütten.

Die Karrees zwischen den Rippen aufschneiden, frischen Pfeffer darübermahlen und auf einer vorgewärmten Platte oder direkt auf vorgewärmten Tellern servieren.

1) Der beste Thymian stammt aus der Garrigue, in der Luftlinie nicht weit vom Meer entfernt. Man findet ihn erst auf einer Höhe von mindestens 200 m. Er wächst nur auf den steinigen, unfruchtbaren, von der Sonne verbrannten Hügeln und widersteht dem Mistral ebenso wie den nicht weniger furchtbaren Zähnen der Schafe. Diese kleinen verkrüppelten Pflanzen, die nicht höher als 15 cm werden, warten auf die letzten Regenfälle des Winters, die ein wenig die kargen Hügel beleben. Dann, im Mai, schmücken sie sich mit den blau-rosa Blüten, die alle Hügel der Provence in Farbe tauchen und die noch schlafenden Bienenvölker zu neuem Leben erwecken. Ihre Blüte hält nur 2 Wochen an, und genau in dieser Zeit werden die Thymianblüten der Garrigue gepflückt.

Les tartelettes d'oranges méringuées aux fleurs de lavande

Orangentörtchen mit Lavendelblütenbaisers

Zeitaufwand:
*** *Vorbereitung (mindestens 1 1/2 Stunden im voraus): 30 Minuten*
Backzeit: 30 Minuten
Schwierigkeit: *durchschnittlich*
Kosten: *mäßig*

Zutaten für 6 Personen

TEIG
250 g gesiebtes Mehl
150 g Zucker
1 Messerspitze Salz
200 g Butter
4 Eigelb

FÜLLUNG
100 g feiner Zucker
3 ganze Eier
60 g Butter
1 Zitrone
1 Orange

BAISERMASSE
3 Eiweiß
120 g Puderzucker
1 Tl Lavendelblüten[1]) für die Dekoration der Törtchen

Die oben angegebenen Mengen ergeben mehr als 6 Törtchen, denn gewisse Rezepte kann man ohne ein Mindestquantum an Zutaten nicht realisieren. Die Törtchen lassen sich vorzüglich im Kühlschrank aufbewahren.

Küchengeräte

1 Mixer
1 mittelgroßes Messer
1 Nudelholz
1 Löffel
1 elektrisches Handrührgerät
1 runder Teigausstecher von 10 cm Durchmesser oder eine Schale mit gleichem Durchmesser und feinen Rändern
1 Metallspatel
6 Teigringe ohne Boden von 10 cm Durchmesser oder 6 Tortenförmchen von 8 cm Durchmesser

Zubereitung

*** Dieses Rezept kann am Vortag oder einige Stunden im voraus, muß aber mindestens 1 1/2 Stunden vor dem Essen zubereitet werden. Falls Tortenförmchen verwendet werden, sollten sie in den Kühlschrank gestellt werden.

250 g gesiebtes Mehl, 150 g Zucker und 1 Messerspitze Salz in eine Rührschüssel geben und mit einem elektrischen Rührgerät oder der Hand langsam durchschlagen. 200 g weiche Butter und 4 Eigelb langsam und vorsichtig daruntermischen. Sobald die Mischung zu einem schönen Teig geworden ist, daraus eine Kugel formen, in ein feuchtes Tuch oder in Plastikfolie wickeln und mindestens 1 Stunde im Kühlschrank ruhen lassen.

Inzwischen die Füllung zubereiten: Die Orange und die Zitrone sorgfältig waschen, schälen und in Viertel schneiden. Die Kerne entfernen und mit 100 g Zukker, 60 g weicher Butter und 3 ganzen Eiern in den Mixer geben. So lange schlagen, bis ein flüssiges Püree entstanden ist. Anschließend in einer Schüssel in den Kühlschrank stellen.

Nach 1 Stunde Ruhezeit den Teig auf einer bemehlten Arbeitsfläche auf eine Dicke von 2 mm ausrollen. 6 Kreise von 10 cm Durchmesser mit dem Teigausstecher oder mit der Spitze eines Messers ausstechen, mit der man am Rand einer umgedrehten Schale entlangfährt. Wenn Teigringe verwendet werden, die Kreise aus Teig auf ein Backblech legen, die Teigringe daraufsetzen und mindestens 30 Minuten lang in den Kühlschrank stellen. Andernfalls die Tortenförmchen aus dem Kühlschrank nehmen, die ausgestochenen Teigkreise hineinlegen und sorgfältig an den Rändern der Förmchen festdrücken. Den überstehenden Teig abschneiden und den Boden jedes Törtchens mit den Spitzen einer Gabel einstechen. 30 Minuten lang in den Kühlschrank stellen.

2 Stunden vor Beginn des Essens den Backofen auf 200° vorheizen. 15 bis 20 Minuten danach die Förmchen auf ein Backblech setzen und 10 Minuten lang backen lassen. Aus dem Ofen nehmen und jedes Törtchen mit der Zitronen-Orangen-Creme garnieren. Wieder in den Ofen schieben und noch einmal, diesmal 20 Minuten lang, backen lassen.

Die Tortenförmchen oder die Teigringe 10 Minuten lang abkühlen lassen und die Törtchen vorsichtig herausnehmen. Die Törtchen wieder auf das Backblech legen und zur Seite stellen.

Drei Eiweiß in eine ganz saubere Rührschüssel geben (die Schüssel darf keine Spur von Fett aufweisen, damit sich das Eiweiß darin ganz steif schlagen läßt; am besten reibt man die Schüssel mit einer Zitronenscheibe aus, spült sie aus und trocknet sie ganz sorgfältig ab).

Das Eiweiß ganz steif schlagen. Anschließend 120 g Puderzucker langsam darunterschlagen. Noch 2 Minuten länger schlagen, bis die Masse ganz fest ist.

Auf jedes Törtchen einen guten Eßlöffel Baisermasse geben und mit einem Metallspatel zu kleinen Kuppeln formen. Auf jede Baiserkuppel einige Lavendelblüten streuen.

** Eine halbe Stunde vor dem Servieren den Backofen auf 150° vorheizen. Nach 20 Minuten (wenn der Ofen nicht schon vorher heiß war) die Törtchen hineinschieben und noch einmal 10 Minuten lang backen. Die Törtchen lauwarm direkt auf mittelgroßen Tellern servieren.

1) Verwenden Sie auf keinen Fall Lavendelblüten, wie Sie sie in der Parfümerie kaufen können. Diesen Blüten, die die Schränke parfümieren sollen, wurden im allgemeinen sehr starke Pflanzenextrakte beigegeben, die Ihr Dessert zerstören würden. Wenn Sie keine frischen Blüten auftreiben können, sei's drum! Ihre Törtchen werden auch so sehr gut schmecken.

Anstatt Lavendel können Sie auch wilden Thymian nehmen.

Les grappes de fleurs d'acacia en beignets

In Teig gebackene Akazienblüten

Zeitaufwand:
*** *Vor dem Servieren: 25 Minuten*
Schwierigkeit: *gering*
Kosten: *mäßig*

Zutaten für 6 Personen

200 g Mehl
1 kleine Flasche Bier
2 l Öl zum Ausbacken
12 Akazienblüten oder Blütenblätter von Rosen
50 g Puderzucker

Küchengeräte

1 Schüssel von 2 l Inhalt
1 Schneebesen
1 Friteuse oder ein schwerer Topf von 4 l Inhalt
1 Schaumlöffel
1 Rost
Küchenpapier

Zubereitung

** Dieses Gericht kann nur im letzten Moment vor dem Auftragen zubereitet werden.

25 Minuten vor dem Servieren das Mehl in die Schüssel geben. Das Bier nach und nach mit dem Schneebesen hineinrühren, bis der Teig die Konsistenz eines etwas dickflüssigen Pfannkuchenteigs angenommen hat.

Ungefähr 20 Minuten vor dem Servieren das Öl in einem großen, schweren Topf oder in einer Friteuse heiß werden lassen, bis es zu rauchen beginnt.

Inzwischen die Blütentrauben der Akazien abtrocknen, falls sie etwas feucht sind, und die fleckigen oder verwelkten Blütchen entfernen. Die einzelnen Blütentrauben nacheinander in den Teig tauchen, eine Sekunde abtropfen lassen und in das heiße Öl geben. Immer nur 5 Blütentrauben gleichzeitig hineinlegen, da sie sonst zusammenkleben könnten. Die Beignets im Öl drehen und vorsichtig mit einem Schaumlöffel herausnehmen, sobald sie braun zu werden beginnen. Einen Bogen Küchenkrepp auf einen Rost legen und die Beignets zum Abtropfen darauflegen. In dieser Weise fortfahren, bis 12 Blütentrauben gebacken sind. Puderzucker in ein kleines, feines Sieb geben und die fertigen, in Teig ausgebackenen Akazienblüten damit bestreuen.

La liqueur de coquelicot

Mohnlikör

Zeitaufwand:
**** Vorbereitung (mindestens 10 Tage im voraus): 20 Minuten*
Schwierigkeit: *gering*
Kosten: *mäßig*

Warum sollten Sie nicht dieses blütenreiche Essen mit einem Mohnlikör beenden? Ich bin bereit zu wetten, daß keiner Ihrer Gäste ihn bis jetzt getrunken hat. Und dennoch ist er ein wahres Wunder, originell und nicht teuer, was für einen Likör schon erstaunlich ist.

Manchmal geschieht es, daß die Lavendelfelder in der Provence, die in der Ebene am Fuße der ersten Ausläufer des Lubéron beginnen, zur gleichen Zeit ihre blauen Blüten öffnen, in der auch der rote Mohn zu blühen beginnt. Der Wein hat noch sein frisches Grün, und der vom Mistral reingefegte Himmel hat das unverwechselbare Blau des Südens. Diese intensiven Farben, und alle gleichzeitig ... mein Gott, wie schön ist das!

Zutaten

Auf ein Maß Mohnblüten, im Mörser zerstampft, kommen:
1 Maß klarer Schnaps
1/2 Maß feiner Zucker
1/2 Maß Wasser
1 Zitrone

Zubereitung

*** Mindestens 10 Tage im voraus einen vollen Korb Mohnblumen sammeln und zum Trocknen in die Sonne legen.

Die Stiele entfernen und die Blüten im Mörser stampfen. Diese Menge mit der gleichen Menge klarem Schnaps vermischen. Die Mischung in ein Einweckglas schütten, die Schale einer Zitrone hinzufügen, fest verschließen und 10 Tage lang bei Zimmertemperatur in einem dunklen Raum ziehen lassen. Wenn mindestens 10 Tage vorbei sind, die Mischung durch ein feines, mit einem Seihtuch ausgelegtes Sieb gießen.

In einem Topf einen Sirup aus der gleichen Menge Wasser und Zucker zubereiten. Die Sirupmenge muß halb so groß sein wie die Schnapsmenge. Diesen Sirup zum Kochen bringen und anschließend abkühlen lassen. Wenn er kalt ist, den Schnaps dazufügen. Das ist alles!

Dieser Likör hält sich sehr gut, wenn Sie ihn sorgfältig verkorken und in einen dunklen Raum stellen.

MENU 8

Für 6 Personen

Ein Abendessen in Mougins

Zeitaufwand:

*** *Vorbereitung: 2 1/2 Stunden*
Schwierigkeit: *gering*
Kosten: *mäßig*

Eines Tages erzählt mir ein alter Mann folgendes: »Weißt du, Kleiner, da, wo jetzt dein Restaurant steht, hat früher mal eine schöne Ölmühle gestanden (genauer gesagt, stand sie dort seit dem Jahr 1500). Wenn wir in dieser Gegend arbeiteten oder auch gar nichts besonderes zu tun hatten, stiegen wir manchmal zur Mühle hinab und besuchten den Müller. Wir hatten immer zwei bis drei Knoblauchzehen und ein Messer in der Tasche. Dann sammelten wir etwas Löwenzahn, mit den Wurzeln, denn vergiß nicht, Kleiner, die Wurzel ist nämlich das Beste am Löwenzahn! Wir wuschen ihn am Bach, an dem wir vorbeikamen, und wenn wir an der Mühle angelangt waren, bekamen wir immer ein Stückchen altes Brot, der Müller gab uns ein Töpfchen frisch gepreßtes Olivenöl, und wir rieben dann das Brot mit dem Knoblauch ein, tauchten es in das Olivenöl und knabberten alles mit dem Löwenzahn und grobem Salz und dazu noch einem Schluck Wein von den Hügeln der Umgebung. Oh, ich bin nicht sicher, Kleiner, ob deine Gäste all dein kompliziertes Zeug genauso genießen wie wir dieses einfache Essen.«

La tourte d'olives mouginoise

Les cuisses de poulet en court-bouillon de citron

L'anchoïade de salade de légumes

Le biscuit au chocolat fourré de marmelade d'oranges amères

Übrigens haben wir dieses Abendessen auf der Terrasse einer anderen alten Olivenmühle, die den Dorfplatz von Mougins überragt, fotografiert.

Einkäufe

Alles kann am Vortag eingekauft werden, außer den Gemüsen. Die Gemüse können je nach Angebot variiert werden. Wählen Sie die Gemüse danach aus, ob sie frisch sind und die Farben gut miteinander harmonieren.

Was das Brot anbetrifft, so passen *fougassettes* (frisches Hefegebäck) am besten zu diesem Essen. Wenn Sie aber nicht im Midi wohnen, ist es für Sie zweifellos einfacher, ein frisches, knuspriges Landbrot einzukaufen.

Ein Gemälde des schwedischen Malers Lennart Jirlow, der in der Provence lebt.

Getränke

Als Aperitif bietet sich wohl am ehesten ein Pastis oder aber ein kleines Glas gut gekühlter trockener Weißwein oder Rosé an. Zum Essen wählen Sie denselben Wein oder aber einen jungen, leichten Rotwein, den Sie gekühlt servieren. Oder warum nicht einen Champagner?

Geschirr und Gläser

Wählen Sie ein rustikales Fayencegeschirr mit Gemüsemotiven.

1 runde, aus Rohr geflochtene Platte für die Oliventorte
1 große feuerfeste Form für das Geflügel
1 runde Platte für den Schokoladenkuchen
1 kleine Schale für die Sardellenpaste
1 Weidenkörbchen für die Gemüse
18 große flache Teller
6 Dessertteller
12 Gläser für Wein und Wasser

Bestecke

18 Gabeln und 18 Messer
18 Löffel
6 Dessertgabeln
2 Tortenheber
2 Servierlöffel und 1 Serviergabel

Tischdekoration

Verwenden Sie eine etwas rustikale Tischwäsche, z. B. aus Jute oder aus grobem Leinen. Schreiben Sie das Menu auf ein schönes Papier. Wickeln Sie es um die Serviette und binden Sie es mit einem Band in der Farbe zusammen, die auf Ihrem Tisch vorherrscht.

Als Tischschmuck wählen Sie einen Korb mit Gemüsen, den Sie mit Feldblumensträußchen, Thymianzweigen, Rosmarinzweigen oder anderen aromatischen Pflanzen umgeben können. Versuchen Sie, bei der Ausstattung des Tischs das Gemüsethema aufzugreifen, mit einem Salzfaß in Form einer Tomate und dergleichen. Wenn Sie das Essen am Abend servieren, dann stecken Sie die Kerzen in kleine violette Artischocken, deren Stiele Sie vorher abgeschnitten haben. Kurzum: lassen Sie Ihre Phantasie spielen.

Organisation und Zeiteinteilung

Alle Gerichte dieses Menus werden kalt oder lauwarm serviert. Sie können sie also am Vortag oder am Morgen vor dem Essen zubereiten und an einem kühlen Ort (möglichst nicht im Kühlschrank), mit Klarsichtfolie zugedeckt, aufbewahren. Und vergessen Sie nicht, den Wein einige Stunden vor dem Essen kaltzustellen.

La tourte d'olives mouginoise

Oliventorte nach der Art von Mougins

Zeitaufwand:
*** *Vorbereitung: 50 Minuten*
Backzeit: 30 Minuten
Schwierigkeit: *mäßig*
Kosten: *gering*

Zutaten für 6 Personen

- 250 g Mehl
- 12 El Olivenöl
- 500 g Mangold, Spinat oder Endivien (d. h. 500 g, nach Entfernen der weißen Blattrippen vom Mangold oder Endivien)
- 180 g kleine schwarze Oliven
- 200 g Zwiebeln
- 3 Knoblauchzehen
- 1/2 Tl Thymianblüten
- 2 Eier
- 2 El süße Sahne
- Pfeffer, Salz

Küchengeräte

- 1 kleine Rührschüssel
- 1 große Rührschüssel
- 1 Küchenbrett
- 1 Küchenmesser
- 1 Pfanne von 30 cm Durchmesser
- 1 rundes Tortenblech von 30 cm Durchmesser

Suchen Sie das Rezept nicht unter den alten, traditionellen Rezepten von Mougins. Ich habe es selbst erfunden, aber es könnte aufgrund seiner Zutaten genauso gut vor langer Zeit hier entstanden sein.

Zubereitung

*** Dieses Gericht kann vollständig im voraus zubereitet werden. Für den Teig in einer Rührschüssel 250 g Mehl, 8 Eßlöffel Olivenöl, 10 Eßlöffel lauwarmes Wasser und 1 Messerspitze Salz vermischen. So lange kneten, bis sich der Teig von der Schüssel löst. Zu einer Kugel formen, leicht flach drücken, mit Klarsichtfolie oder einem angefeuchteten Tuch einwikkeln und 30 Minuten lang kühl stellen.

Inzwischen 200 g Zwiebeln schälen und hacken und in 4 El Olivenöl dünsten. Die grünen Blätter von den weißen Blattrippen vom Mangold abtrennen, die Blätter waschen, abtropfen lassen und in kleine Stücke schneiden. Nach ungefähr 10-minütiger Kochzeit, wenn die Zwiebeln so weich sind, daß sie auf der Zunge zergehen, den Mangold, die fein gehackten Knoblauchzehen und 1/2 Teelöffel Thymianblüten dazugeben. So lange kochen, bis die ganze Flüssigkeit verdampft ist. Inzwischen die kleinen schwarzen Oliven entsteinen. Falls große Oliven verwendet werden, müssen sie geviertelt werden.

In einer Rührschüssel die Eier mit der Sahne vermischen und gut durchschlagen. Diese Mischung zu der Mangold-Zwiebel-Mischung geben, mit Pfeffer würzen und gut vermengen. Nicht salzen, da die Oliven schon salzig genug sind.

Den Backofen auf 200° vorheizen. Den Teig mit den Fingern auf dem runden Tortenblech flachdrücken und gleichmäßig ausbreiten. Einen Rand überstehen lassen und daraus eine Krempe formen. Die Mangold-Zwiebel-Mischung auf den Teig geben, mit der Gabel plattdrücken, mit den Oliven bestreuen und 25 bis 30 Minuten im Ofen backen, bis die Torte goldbraun ist.

Die Oliventorte kann heiß oder kalt gegessen werden. Wenn Sie also gleich kosten wollen, öffnen Sie am besten eine gute Flasche Rosé dazu.

Les cuisses de poulet en court-bouillon de citron

Hähnchenschenkel in Gemüse-Zitronen-Sauce

Zeitaufwand:
*** *Vorbereitungszeit: 1 Stunde*
Kochzeit: 40 Minuten
** *Vor dem Servieren: 5 Minuten*
Schwierigkeit: *gering*
Kosten: *ziemlich hoch*

Zutaten für 6 Personen

6 Hähnchenschenkel, je 200 g schwer (oder 6 Stücke Brust mit Flügeln)
1 Stange Lauch (nur der weiße Teil)
2 Tomaten

◁ *Auf der Terrasse meiner Freunde Polverino, zwei Stockwerke über dem Platz unseres schönen Dorfes.*

Artischocken können auch als Kerzenhalter dienen.

3 ungespritzte Zitronen
300 g mittelgroße Karotten
1/2 l trockener Weißwein
1 *bouquet garni*, bestehend aus 1 großen Zweig Thymian, 1 Lorbeerblatt und einigen Zweigen Petersilie, zusammengebunden
2 Würfel Hühnerbrühe
2 Knoblauchzehen
1 El Koriandersamen
1 große weiße Zwiebel
1 Stange Sellerie
1/2 rote Paprikaschote
10 El kaltgepreßtes Olivenöl
1 Tl schwarzer Pfeffer
1 Bund Petersilie
1 Bund Kerbel
10 bis 15 Blätter Estragon, frisch oder in Essig
Salz, Pfeffer

Küchengeräte

1 Küchenbrett
1 kleines scharfes Messer
1 großes scharfes Messer
1 mittelgroßer Topf
1 feuerfeste Form, in der die Hähnchenschenkel Platz haben
1 Holzlöffel
1 Schaumlöffel

Zubereitung

*** Dieses Gericht kann am Vortag oder am Morgen vor dem Essen zubereitet werden.

Wenn Hähnchenschenkel verwendet werden, alle Knochen bis auf die von Ober- und Unterschenkel entfernen. Das

Gelenk zwischen Ober- und Unterschenkel einschneiden. Mit der Spitze eines kleinen, scharfen Messers am Unterschenkelknochen entlangfahren und das Fleisch und die Haut von diesem ablösen. Das Fleisch bis auf den Knochen einschneiden. Den unteren Teil des Knochens freilegen und den Knochen selbst oberhalb des Gelenks mit einem schweren Messer abschneiden (siehe Zeichnung S. 313). Wenn Bruststücke mit Flügeln verwendet werden, die Flügelspitzen und alle Knochen außer den Flügelknochen entfernen.

Die Hühnerstücke auf allen Seiten salzen und nebeneinander in die feuerfeste Form legen.

Die Tomaten und Zitronen in Scheiben schneiden (einige Zitronenscheiben für die Garnitur aufheben) und abwechselnd die Hühnerstücke damit belegen. Auf jedem Hühnerschenkel sollten in etwa 2 Tomaten- und 2 Zitronenscheiben liegen. Mit Olivenöl beträufeln.

Den Backofen auf 220° vorheizen.

Die Karotten putzen. Den Lauch gründlich waschen und Wurzel und grüne Teile abschneiden. Die Zwiebel schälen. Alle drei Gemüse in dünne Scheiben schneiden.

Sellerie und Parikaschote waschen. Das Innere und die Samen der Schote entfernen. Beide Gemüse in dünne Streifen schneiden. Die Gemüse mit 4 bis 5 Eßlöffeln Olivenöl in einen mittelgroßen Topf geben. Bei mittlerer Hitze kochen und mit einem Holzlöffel gut umrühren, damit sie nicht anhängen und braun werden. Wenn sie zart, aber noch etwas knackig sind, mit 100 ml Wasser und 1/2 l Wein aufgießen. Das *bouquet garni*, die 2 Würfel Hühnerbrühe und die in hauchdünne Scheiben geschnittenen Knoblauchzehen dazugeben.

1 Teelöffel Pfeffer und 1 Teelöffel Koriandersamen in ein kleines Tuch geben, mit einem Bindfaden zubinden und zu dem Gemüse in den Topf legen. Alles zusammen 20 Minuten lang bei schwacher Hitze zugedeckt kochen lassen.

Zur gleichen Zeit das Geflügel in den vorgeheizten Ofen schieben und 20 Minuten lang braten lassen.

Wenn das Gemüse 20 Minuten lang geköchelt hat, das *bouquet garni* und das Koriander-Pfeffer-Säckchen herausnehmen und das Säckchen gegen die Topfwände drücken, um alle Flüssigkeit herauszupressen.

Die restlichen 5 Eßlöffel Öl unter das Gemüse rühren.

Die Hähnchenstücke nach 20minütiger Backzeit aus dem Ofen nehmen und die Temperatur auf 180° herunterschalten. Die Form etwas schräg halten und das überschüssige Fett ablaufen lassen. Eventuell mit einem Löffel etwas nachhelfen. Das Gemüse über die Hähnchenstücke geben und gut verteilen.

Das Geflügel noch einmal für 20 Minuten in den Ofen schieben. Aus dem Ofen nehmen, mit Aluminiumfolie bedecken und mindestens 1 Stunde vor dem Servieren ruhen lassen.

** Kurz vor dem Servieren die Aluminiumfolie herunternehmen und die Hähnchenteile mit schönen Zweigen von Petersilie, Estragon und Kerbel und einigen dünnen Scheiben Zitrone garnieren.

Dieses Gericht sollte zimmerwarm serviert werden. Es kann einige Stunden im voraus zubereitet, sollte aber nicht im Kühlschrank aufbewahrt werden. Ich esse es am liebsten mit einer dicken Scheibe Landbrot, die ich in die köstliche Sauce tauche.

L'anchoïade de salade de légumes

Verschiedene rohe Gemüse mit Anchovis-Sauce

Zeitaufwand:
*** *Vorbereitung: 20 Minuten*
Schwierigkeit: *sehr gering*
Kosten: *mäßig*

Zutaten für 6 Personen

- 150 g Anchovisfilets in Olivenöl
- 1/2 l Olivenöl (wenn möglich kaltgepreßt)
- 3 Knoblauchzehen
- 1 Tl Anisschnaps
- 1 1/2 Tl Dijonsenf
- 2 Tl Zitronensaft
- 1/2 Tl Thymian
- 1 1/2 El gehacktes Basilikum
- 1 El gehackte Petersilie
- 1/2 Tl frisch gemahlener Pfeffer

Ein Sortiment frischer Gemüse: grüne, rote und gelbe Paprikaschoten, Gurken, Fenchel, Karotten, Blumenkohl, Baby-Artischocken, Radieschen, Sellerie, Pilze und Kirschtomaten, alles in Streifen oder mundgerechte Stückchen geschnitten.

Küchengeräte

- 1 Küchenmesser
- 1 Mixer oder 1 Fleischwolf mit Gemüsevorsatz
- 1 flacher Topf
- 1 Keramikschüssel
- 1 Schneebesen
- 1 Holzlöffel

Dieses Gericht kann als Vorspeise oder als Salat serviert werden, es kann aber auch für sich allein eine wunderbare Mahlzeit darstellen.

Zusammen mit großen Scheiben getoastetem Landbrot könnten Sie zu diesem Essen alles an Gemüse reichen, was Ihnen gerade einfällt. Es muß nur frisch, gründlich gewaschen und geputzt und ganz belassen oder in kleine Stückchen geschnitten sein: Chicorée, Stangensellerie, Tomaten, Champignons, Paprikaschoten in allen Farben, Salate aller Art, kleine Artischocken, kleine grüne Zwiebeln, Saubohnen, Radieschen, Blumenkohl, Karotten, Fenchel etc.

Stellen Sie die Gemüse in einem nicht allzu tiefen Weidenkorb zu einer farblich fein abgestimmten Komposition zusammen. Geben Sie eventuell auch hart- oder weichgekochte Eier, einige Zitronenviertel und schwarze Oliven dazu.

Die anchoïade *und ein Sortiment frischer Gemüse aus der Provence.* ▷

Zubereitung

*** Die Anchovissauce kann einige Stunden im voraus zubereitet werden. Aber die Gemüse dazu dürfen höchstens zwei Stunden vor dem Servieren gewaschen werden. Um Sie frisch zu halten, sollten sie in ein feuchtes Tuch gewickelt werden. Wenn eine Küchenmaschine oder ein Mixer verwendet wird, alle Zutaten (bis auf die Gemüse) hineingeben und solange zerkleinern, bis ein Püree entstanden ist. In einer Keramikschüssel servieren.

Wenn ein Fleischwolf mit Gemüsevorsatz verwendet wird, die Anchovis, den gehackten Knoblauch, das gehackte Basilikum, den Thymian, die gehackte Petersilie und den Anisschnaps in den Fleischwolf geben und über einer großen Schale oder Terrine durchdrehen. Den Fleischwolf zum Schluß mit etwas Olivenöl ausspülen und die Reste aus der Vorsatzscheibe herausholen. Frisch gemahlenen Pfeffer, Zitronensaft und das restliche Olivenöl dazugeben. Das Ganze mit dem Schneebesen gut durchschlagen, bis eine homogene Sauce entstanden ist, und zusammen mit den rohen Gemüsen servieren.

Die Anchovissauce hält sich sehr lange frisch in einem gut verschlossenen Einweckglas. Man kann zum Beispiel zwei Portionen zubereiten und eine davon im Kühlschrank für ein anderes Essen oder zur Würzung von Salaten aufbewahren.

Le biscuit au chocolat fourré de marmelade d'oranges amères

Schokoladenkuchen, gefüllt mit bitterer Orangenmarmelade

Zeitaufwand:
*** *Vorbereitung: 20 Minuten*
Backzeit: 20 Minuten
Schwierigkeit: *gering*
Kosten: *gering*

Zutaten für 6 Personen

150 g bittere Schokolade
150 g Butter
40 g Mehl
150 g feiner Zucker
4 Eier
4 El Orangenlikör
100 g bittere Orangenmarmelade
3 El ungesüßtes Kakaopulver
3 El Puderzucker

Küchengeräte

1 runde Kuchenform mit einem Durchmesser von 15 bis 18 cm
1 große Rührschüssel
1 großer Topf für das Wasserbad
2 Schneebesen
1 Kunststoffspatel
1 Satinband, 80 cm lang und ca. 3 cm breit
Pergamentpapier

Zubereitung

*** Dieser Kuchen kann am Vortrag zubereitet werden.

Mit einer Schere ein Dutzend Streifen aus festem Papier in 1 cm Breite und 20 cm Länge schneiden.

Den Backofen auf 150° vorheizen. Einen großen Topf zur Hälfte mit Wasser füllen und zum Kochen bringen. Die große Rührschüssel hineinsetzen. Unter häufigem Schlagen mit dem Schneebesen Butter und Schokolade schmelzen. Die Schüssel aus dem Wasserbad nehmen und das Mehl, den Puderzucker und die Eigelb mit dem Schneebesen darunterschlagen.

Die Eiweiß zu steifem Schnee schlagen und in die oben beschriebene Mischung vorsichtig unterziehen. Das Eiweiß darf dabei nicht zusammenfallen.

Die Kuchenform ausbuttern, leicht mit Mehl bestreuen und die Teigmischung hineinschütten.

Ungefähr 50 Minuten im vorgeheizten Ofen backen lassen. Nach 15 Minuten bis 20 Minuten Backzeit ein Stück Aluminiumfolie (mit der glänzenden Seite nach unten) auf den Kuchen legen, damit er nicht austrocknet. Wenn er fertig gebakken ist, aus der Form holen, auf ein Gitter legen und auskühlen lassen. Sobald er abgekühlt ist, auf ein rundes Stück Karton der gleichen Größe oder auf ein Blech setzen, von dem er sich leicht auf die Tortenplatte schieben läßt, sobald er fertig zubereitet ist. Wenn man ihn sofort auf die Platte legt, auf der er serviert werden soll, hat man alle Mühe, beim Füllen und Dekorieren des Kuchens die Servierplatte nicht zu beschmutzen.

Den Kuchen horizontal in zwei Teile schneiden. Jede Hälfte mit 2 Eßlöffeln Orangenlikör beträufeln. Anschließend die untere Hälfte des Kuchens mit einer Schicht bitterer Orangenkonfitüre bestreichen und dann die obere Hälfte darauflegen.

Den Kuchen mit Hilfe einer Streudose oder eines sehr feinen Siebes mit Kakao bestreuen. Die Papierstreifen in 1 cm großen Abständen nebeneinander oder im Schachbrettmuster auf den Kuchen legen (siehe Zeichnung S. 313) und mit Puderzucker bestreuen. Die Bänder abziehen, rings um den Kuchen eine Satinschleife binden und ihn vorsichtig auf die Servierplatte setzen.

Den Kuchen nicht über Nacht in den Kühlschrank stellen, wenn er am Vortag zubereitet wurde. Am besten in ein Tuch wickeln und erst am nächsten Tag mit Kakao und Puderzucker bestreuen.

Für 6 Personen

Ein Sonntag auf dem Lande

Zeitaufwand:
*** *Vorbereitung: 2 1/2 Stunden*
** *Vor dem Servieren: 1 Stunde*
Schwierigkeit: *hoch*
Kosten: *durchschnittlich*

Als ich Kind war und die Ferien auf einem Bauernhof von Verwandten im Allier verbrachte, wo ich geboren bin, war es üblich, das Essen am Sonntag ebenso wie alle Feststagsessen in einem der typischen, großen dunklen Räume einzunehmen, der gleichzeitig als Küche, Backstube, Eßzimmer, ›Salon‹ oder sogar als Schlafzimmer im Winter diente, weil dies der einzig heizbare und der größte Raum des ganzen Hofes war.

Zu dieser Zeit wurden der rote und der weiße Wein in 5 bis 6 Liter fassenden Fäßchen gelagert. Im Sommer hängte man sie am Tag, bevor sie getrunken werden sollten, in den Brunnen, um sie zu kühlen. Obgleich ich wegen meines Alters zu Wasser verdammt war, erinnere ich mich sehr gut an das wohlige »Gluckern« des Weines, wenn er aus den Fäßchen floß. Übrigens brauchte ich nur die fröhlichen Gesichter der Gäste anzusehen, um sie zu beneiden und mir fest vorzunehmen, es ihnen später gleichzutun. Was ich auch getan habe; das können Sie mir glauben!

La terrine de lotte en gelée et sa sauce d'herbes fines

L'entrecôte de Charolais à la fondue d'anchois et de citron

Les beignets d'aubergines croustillants

La tarte fine aux reinettes à la compote d'abricots

Einkäufe

Wenn Sie bei Ihrem Fischhändler eine Lotte kaufen, dann werden Sie den Fisch niemals ganz zu Gesicht bekommen. Die Lotte heißt nämlich nicht zufällig in Amerika »Mönchsfisch«, da sie eine Mönchskapuze auf dem Kopf zu tragen scheint. Aus diesem Grunde wird dieser Fisch im allgemeinen ohne Kopf gezeigt. Es ist nämlich tatsächlich seltsam, ihn mit diesem Kopfschmuck betrachten zu müssen, aber er hat einen sehr feinen Geschmack.

Im Haus meines Freundes César.

Getränke

Als Aperitif reichen Sie einen trockenen Weißwein (Saint-Véran, Sancerre oder Sauvignon) mit etwas Hartwurst, rohem Schinken, usw., oder aber einen Weißwein, in dem Sie 2 geviertelte Pfirsiche (mit den Steinen), einige Erdbeeren und Himbeeren und 2 Eßlöffel Zucker einige Stunden im Kühlen vor dem Servieren haben ziehen lassen.

Zur Fischterrine wählen Sie einen fruchtigen Weißwein, z. B. einen Chablis oder einen weißen Hermitage, und zum Entrecôte servieren Sie einen guten Bordeaux (Margaux) oder einen Wein aus dem Rhônetal (Châteauneuf-du-Pape).

Geschirr und Gläser

Benutzen Sie ein schönes, rustikales Fayencegeschirr.
6 gekühlte flache Teller für die Fischterrine
6 vorgewärmte flache Teller für das Entrecôte
6 große Teller für die Torte
1 Sauciere für die Kräutersauce
1 Sauciere für das Aprikosenkompott
1 Platte und 1 Küchentuch für die Auberginenbeignets
18 rustikale Gläser für Wasser, Weiß- und Rotwein

Bestecke

6 Fischgabeln und 6 Fischmesser
6 Gabeln und 6 Messer für das Entrecôte
6 Dessertgabeln und 6 Dessertlöffel
2 Saucenlöffel
3 Servierlöffel und 3 Serviergabeln
1 Tortenheber

Tischdekoration

Ein Haus auf dem Land ist oft mit ein wenig zufällig zusammengewürfelten Möbelstücken eingerichtet und dekoriert. Zögern Sie also nicht, Stile und Sorten zu mischen.

Wählen Sie Tischwäsche in weißer oder karierter Baumwolle. Schmücken Sie den Tisch mit Feldblumen, Kornähren oder Blättern ... oder lassen Sie ihn ganz schlicht. Verwenden Sie irdene Krüge und Brotkörbe, Untersetzer usw. aus Rohrgeflecht. Stellen Sie vielleicht mitten auf den Tisch einen prächtigen Blumenkohl, in den Sie Kerzen stecken.

Schreiben Sie das Menu mit Filzstift auf Platanen-, Ahorn- oder Feigenblätter.

Zeiteinteilung und Organisation

*** Einige der zu diesem Menu gehörenden Gerichte können schon am Vortag zubereitet werden, wie die Fischterrine, die dazugehörende Sauce, der Blätterteig, der Mandelteig und das Aprikosenkompott. Nicht vergessen, den Weißwein kaltzustellen.

** 1 Stunde vor dem Essen 6 flache Teller warmstellen. Die Auberginen und Äpfel schälen, den Ausbackteig zubereiten und die Torte herrichten.

30 Minuten vor dem Servieren den Backofen auf 200° vorheizen. Mit dem Ausbacken der Beignets beginnen. 15 Minuten später das Kompott aus dem Kühlschrank nehmen, dann die Fischterrine in Scheiben schneiden, das Fleisch braten und warmhalten.

Die Anchovissauce zubereiten und im Wasserbad warmhalten.

Kurz vor dem Servieren des Fleischs die Torte in den Ofen schieben und 20 bis 25 Minuten lang backen.

Eine glückliche Zusammenstellung von Früchten, Wein und einigen Scheiben Wurst.

La terrine de lotte en gelée et sa sauce d'herbes fines

Fisch-Terrine in Gelee mit frischer Kräutersauce

Zeitaufwand:
*** *Vorbereitung (12 Stunden im voraus): 40 Minuten*
Kochzeit: 20 Minuten
** *Vor dem Servieren: 10 Minuten*
Schwierigkeit: *durchschnittlich*
Kosten: *mäßig*

Zutaten für 6 Personen

TERRINE
- 1/4 l Brühe aus Kalbsknochen
- 600 g Filet von der Lotte oder jedem anderen Fisch mit festem Fleisch wie Seebarsch, Heilbutt, Daurade oder Seezunge
- 1 frischer Zweig Estragon
- je 2 El gehackter Estragon, gehackte Minze, gehackte Petersilie, gehackter Kerbel
- 200 g reife Tomaten
- Salz, Pfeffer

SAUCE
- 300 g reife Tomaten
- je 2 El gehackte Petersilie, gehackte Minze, gehackter Estragon
- 8 El kaltgepreßtes Olivenöl
- 1 Tl Anisschnaps
- 1 Zitrone
- Salz, Pfeffer

Küchengeräte

- 1 Couscoustopf oder 1 Schmortopf mit Rost
- 1 Küchenbrett
- 1 langes dünnes, biegsames Messer
- 1 großes Küchenmesser
- 1 feines Sieb
- 1 Topf von 2 l Inhalt
- 2 mittelgroße Rührschüsseln
- 1 Pastetenform, 12 bis 15 cm lang
- 1 großer Bräter, in dem die Pastetenform Platz hat
- Aluminiumfolie

Zubereitung

*** Das ganze Gericht muß am Vortag oder am Morgen vor dem Essen zubereitet werden.

TERRINE. 1 frischen Zweig Estragon in der heißen Brühe 30 Minuten lang ziehen lassen. Die Fischfilets in 1 cm dicke Scheiben schneiden. Anschließend der Länge nach in 1 cm breite Streifen schneiden. Salzen und zur Seite stellen. Wasser in den Couscoustopf oder in den Schmortopf füllen, den oberen Einsatz des Couscoustopfes oder den Rost daraufsetzen. Die Fischstreifen auf den Einsatz oder den Rost legen. Den Couscoustopf schließen oder den Fisch über der Schmorpfanne mit Aluminiumfolie bedecken. Den Fisch 2 bis 3 Minuten lang bei hoher Temperatur über kochendem Wasser dämpfen. Den Fisch aus dem Couscoustopf oder vom Rost nehmen und abkühlen lassen. Reichlich pfeffern.

2 Eßlöffel Petersilie, Estragon, Kerbel und Minze kleinhacken. 1 Liter Wasser zum Kochen bringen, die Tomaten hineingeben und einige Sekunden lang ziehen lassen. Anschließend unter kaltes Wasser halten und die Haut abziehen. Die Tomaten halbieren und vorsichtig Kerne und Saft herauspressen. In Würfel schneiden und in eine Rührschüssel geben. Die gehackten Kräuter dazugeben und gut miteinander vermengen.

Den Backofen auf 200° vorheizen.

Den Boden der Pastetenform mit einer Schicht der Tomaten-Kräuter-Mischung belegen, dann eine Schicht Fischfilet darauflegen, anschließend eine neue Schicht Tomaten-Kräuter-Mischung, usw., bis alle Zutaten aufgebraucht sind. Das Ganze mit der Kalbsbrühe überziehen. Anschließend die Terrine mit Aluminiumfolie zudecken, in ein Wasserbad stellen (d.h. in einen großen, bis zur Hälfte mit Wasser gefüllten Bräter) und 20 Minuten lang im vorgeheizten Ofen backen. Die Terrine aus dem Ofen nehmen und abkühlen lassen. Mindestens 4 bis 5 Stunden vor dem Servieren in den Kühlschrank stellen.

Sauce. Die Tomaten wie oben beschrieben enthäuten. Anschließend halbieren, Kerne und Saft herauspressen und in Würfel schneiden. Petersilie, Estragon und Minze feinhacken. Mit den gewürfelten Tomaten in eine Rührschüssel geben, Anisschnaps, Zitronensaft, Olivenöl und Salz und Pfeffer dazugeben und gut durchmischen.

** Eine Viertelstunde vor dem Servieren 6 Teller in den Kühlschrank stellen.

Kurz vor dem Servieren die Pastetenform schnell unter heißes Wasser halten und die Fischterrine auf ein Küchenbrett stürzen und mit einem dünnen, scharfen Messer in 12 Scheiben schneiden. Auf jeden gekühlten Teller etwas von der Kräutersauce geben. Den Rest in eine Sauciere füllen. 2 Scheiben Fischterrine auf jeden Teller legen und zusammen mit der Kräutersauce servieren.

Als zusätzliches Raffinement können Sie zu der Terrine einen kleinen Salat reichen aus grünen Bohnen, neuen kleinen Karotten, Artischockenherzen, feinen Erbsen oder auch aus ganz dünn geschnittenen, mit Salz bestreuten Gurken.

L'entrecôte de Charolais à la fondue d'anchois et aux herbes

Entrecôte in Anchovis und frischen Kräutern

Zeitaufwand:
*** Vor dem Servieren: 20 Minuten*
Schwierigkeit: *gering*
Kosten: *ziemlich hoch*

Zutaten für 6 Personen

3 Entrecôtes (von Charolais-Rindern), jedes 500 g schwer (ohne Fett und Sehnen)
210 g Butter
18 Anchovisfilets in Olivenöl
1 Zitrone
1 Tl sehr fein gehackter Knoblauch
1 El gehackte frische Petersilie
1/2 Tl Thymianblüten, frischer Thymian oder 1/4 Tl getrockneter Thymian
1/2 Tl frisches, fein gehacktes Bohnenkraut
1/2 Tl Worcestershiresauce
Salz, Pfeffer

Küchengeräte

3 große Pfannen
1 großer Teller
1 kleiner Teller
1 mittelgroßes Messer
1 Küchenbrett
1 Schale

Zubereitung

*** 15 bis 20 Minuten vor dem Servieren jeweils 30 g Butter in jede Pfanne geben. Die Entrecôtes auf beiden Seiten salzen und pfeffern. Wenn die Butter braun zu werden beginnt, die Entrecôtes hineinlegen und 2 bis 3 Minuten lang auf jeder Seite braten. Eventuell, je nach Geschmack und Dicke der Stücke, länger braten. Vom Herd nehmen, auf einen umgedrehten, kleinen Teller legen, der wiederum auf einen größeren Teller gestellt wird. Auf diese Weise wird verhindert, daß das Fleisch in seinem eigenen Saft liegt. Mit Aluminiumfolie zudecken und warmhalten. Den Bratensaft aus den Pfannen gießen, in eine Pfanne die Anchovisfilets hineinlegen und bei mittlerer Hitze ›zergehen‹ lassen. 120 g Butter, Saft von 1 Zitrone, Thymian, Bohnenkraut, Petersilie, Knoblauch und Worcestershire-Sauce dazugeben.

Reichlich pfeffern und den Saft, der sich auf dem Teller unter den Entrecôtes gesammelt hat, dazufügen. Alle Zutaten in der Pfanne heiß werden lassen, aber nicht kochen. Die 3 Entrecôtes halbieren, auf die gewärmten Teller legen und mit Sauce übergießen.

Les beignets d'aubergines croustillants

Knusprige Auberginenbeignets

Zeitaufwand:
*** Vor dem Servieren: 30 Minuten*
Schwierigkeit: *gering*
Kosten: *gering*

Zutaten für 6 Personen

6 El Mehl
1 Flasche gut gekühltes Bier
2 feste und nicht zu große Auberginen
1 l Fritieröl (Erdnußöl oder ein anderes)

Küchengeräte

1 Gabel
1 Messer
1 Fritiertopf
1 Rost
Küchenkrepp
1 Schaumlöffel
1 Rührschüssel
1 Schneebesen
1 Küchenthermometer

Zubereitung

** 30 Minuten vor dem Essen Mehl und Bier in eine Rührschüssel geben und gut mit dem Schneebesen durchschlagen. Der Teig muß die Konsistenz eines etwas dickflüssigen Eierkuchenteigs haben. Den Teig kühlstellen.

Die Auberginen schälen und in 1 cm dicke Scheiben schneiden. 15 Minuten vor dem Servieren das Öl im Fritiertopf auf 180° erhitzen. Mit einer Gabel die Auberginenscheiben nacheinander in den Teig tauchen und anschließend in heißem Öl ausbacken. Nicht zuviele Auberginenscheiben gleichzeitig in den Topf geben.

Die Auberginenscheiben auf beiden Seiten ungefähr 3 bis 4 Minuten lang goldbraun backen. Auf dem Rost ein Stück Küchenkrepp ausbreiten. Die fertigen Auberginenbeignets mit dem Schaumlöffel aus dem Fett nehmen und zum Abtropfen auf den Rost legen. Warmhalten und erst kurz vor dem Servieren salzen, damit sie nicht durch das sich auflösende Salz weich werden. Die Beignets auf einer Platte, die mit einem zusammengefalteten Küchentuch bedeckt ist, servieren.

Dieser Beignetteig ist wunderbar einfach zuzubereiten. Außerdem ist er leicht und knusprig – einfach köstlich.

Manchmal schneide ich vor dem Essen eine große Zwiebel in ganz dünne Scheiben, die ich in diesem Beignetteig ausbacke. Manchmal besteht unser Essen in der Familie nur aus diesen knusprigen Beignets mit zarten Gemüsen und frischen Kräutern aus dem Garten.

Dieses Rezept macht deutlich, wie einfach gute Küche sein kann. Nelly hat mir dieses Rezept auf Schloß Vignelaure bei meinen Freunden Georges und Cathérine Brunet gegeben. Vielen Dank, Nelly! Du weißt gar nicht, wieviele Male ich und meine Freunde diese köstlichen Beignets genossen haben (ich hätte ja sagen sollen »meine Freunde und ich«, aber ich habe wesentlich mehr davon profitiert!).

La tarte fine aux reinettes à la compote d'abricots

Feine Apfeltörtchen mit Aprikosenkompott

Zeitaufwand:
*** *Vorbereitung: 1 1/2 Stunden*
** *Vor dem Servieren: 20 Minuten*
Backzeit: 25 Minuten
Schwierigkeit: *hoch*
Kosten: *ziemlich hoch*

Zutaten für 6 Personen

BLÄTTERTEIG
375 g Mehl
375 g Butter
3 gestrichene Tl Salz
150 ml kaltes Wasser

MANDELCREME UND APFELBELAG
1 kg Äpfel (Reinetten)
120 g Butter
100 g Zucker
60 g fein gemahlene Mandeln
2 Eier
geschlagene Sahne (nach Wunsch)

APRIKOSENKOMPOTT
1 kg reife Aprikosen (oder 2 große Dosen)
200 g feiner Zucker

Küchengeräte

1 kleines Messer
1 Kartoffelschälmesser
2 große Rührschüsseln
1 Teigausstecher von 15 cm Durchmesser
1 großes Küchenmesser
2 oder 3 Backbleche
1 Schneebesen
1 Nudelholz
1 Pinsel

Zubereitung

*** Der Blätterteig und das Aprikosenkompott können am Vortag zubereitet werden. Beginnen Sie mit dem Blätterteig, den Sie alle halbe Stunde wieder vornehmen müssen, während Sie das Aprikosenkompott und die Fischterrine zubereiten.

BLÄTTERTEIG. Die angegebenen Mengen ergeben das doppelte Quantum an Blätterteig, das Sie für die Aprikosentorte brauchen. Es ist aber schwierig, eine kleinere Menge Blätterteig herzustellen. Sie können die andere Hälfte 2 bis 3 Wochen lang im Gefrierfach aufbewahren und für ein anderes Rezept verwenden.

Zuerst die Butter aus dem Kühlschrank nehmen und weich werden lassen. Anschließend das Mehl, 190 g Butter, das Salz und das Wasser in eine große Rührschüssel geben und mit einem elektrischen Mixer oder dem Schneebesen gut durchschlagen, bis ein homogener Teig, die sogenannte *détrempe*, entstanden ist.

Diesen Teig zu einer Kugel formen, der kreuzweise mit einem Messer eingeschnitten wird (siehe Zeichnung S. 312), damit er atmen kann. Die Teigkugel 30 Minuten lang in einem leicht angefeuchteten Tuch im Kühlschrank ruhen lassen.

Die restliche Butter zwischen 2 Bogen gewachstem Papier oder Pergamentpapier mit einem Nudelholz ausrollen und die Butterplatte in den Kühlschrank legen.

Wenn der Teig und die Butter 30 Minuten lang im Kühlschrank geruht haben (sie müssen genau die gleiche Temperatur und Konsistenz haben), den Teig auf eine leicht bemehlte Arbeitsfläche legen und zu einem großen, gut 1 cm dicken Quadrat ausrollen. Die Butterplatte auf die Mitte des Teiges legen. Die 4 Ecken des Teigs über die Butter klappen (siehe Zeichnung S. 312) und dieses Mal zu einem Rechteck von 1/2 cm Dicke ausrollen. Beim Ausrollen nicht zuviel Druck ausüben, damit sich die Butter nicht durchdrückt oder an den Seiten herausquillt. Das Rechteck dritteln und wie einen Brief zusammenklappen. Die Ränder zusammendrücken und wieder zu einem Rechteck ausrollen. Dann hälfteln und wieder zu einem Rechteck ausrollen. Wieder dritteln und dann noch einmal hälfteln. Sie haben jetzt den Vorgang zweimal ausgeführt. Um sich daran zu erinnern, drücken Sie leicht mit 2 Fingern auf den Teig.

Den Teig wieder 30 Minuten lang in einem feuchten Tuch im Kühlschrank ruhen lassen. Den oben beschriebenen Vorgang ein zweites Mal zweimal wiederholen (Viereck ... dritteln ... hälfteln und wiederholen).

Jetzt drücken Sie zur Erinnerung viermal mit dem Finger in den Teig und lassen ihn noch einmal 30 Minuten lang ruhen. Danach wird der Teig zum letzten Mal in der oben beschriebenen Weise gehälftelt und gedrittelt, so daß Sie zum Schluß sechsmal insgesamt die beschriebene Prozedur durchgeführt haben. Den Teig wieder in den Kühlschrank legen, bis er verwendet werden soll.

APRIKOSENKOMPOTT. Die Aprikosen waschen und mit Steinen in einen Topf geben. Den Zucker und das Wasser dazugeben, zum Kochen bringen und bei mittlerer Hitze 10 Minuten lang köcheln lassen. Vom Feuer nehmen, leicht abkühlen lassen und die Steine entfernen. Die Aprikosen mit ihrer Kochflüssigkeit in einem elektrischen Mixer oder in einen Fleischwolf mit Gemüsevorsatz pürieren.

Wenn Sie Aprikosen aus der Dose verwenden, pürieren Sie die Früchte mit der Hälfte des Sirups im Mixer oder im Fleischwolf. Das Kompott muß die Konsistenz einer flüssigen Konfitüre haben. Ansonsten muß noch etwas Sirup hinzugefügt werden.

MANDELCREME UND APFELBELAG. In einer Rührschüssel 60 g Butter so lange schlagen, bis sie leicht und cremig ist. 60 g Zucker hinzufügen und mit dem Schneebesen zu einer homogenen Masse verbinden. 60 g fein gemahlene Mandeln dazu-

SEL

geben und gut mit der Creme vermischen. Dann 2 Eier nacheinander hineinschlagen, und die Mandelcreme ist fertig!

** Ungefähr 1 Stunde vor dem Essen den Teig halbieren und eine Hälfte einfrieren. Den Teig 2 mm dick ausrollen. Mit einem Teigausstecher oder einer umgedrehten Schale, die man mit einer Messerspitze umfährt, 6 runde Teigplatten von 15 cm Durchmesser ausschneiden und in den Kühlschrank stellen.

10 Minuten später die Teigplatten auf ein Backblech legen, jeweils in der Mitte mit einer Gabel einstechen, die Mandelcreme daraufgeben und mit einem Löffelrücken glattstreichen.

Die Äpfel schälen, ihr Gehäuse entfernen und in feine, regelmäßige Scheiben schneiden. In Rosettenform auf den Teigplatten mit der Mandelcreme anordnen. Die restliche Butter in einem Topf zergehen lassen und mit einem Pinsel über die Äpfel streichen. Den restlichen feinen Zucker darüberstreuen. 20 bis 25 Minuten im vorgeheizten Backofen backen lassen.

Die fertigen heißen Apfeltörtchen mit dem gekühlten Aprikosenkompott, das getrennt in einer Sauciere gereicht wird, servieren.

Wenn Sie wollen, können Sie noch eine Schale mit geschlagener Sahne dazu auf den Tisch stellen. Und dann lassen Sie es sich schmecken!

Eine ebenso köstliche Variante dieses Rezepts kann statt mit Äpfeln mit Birnen zubereitet werden.

Für 6 Personen

An einem schönen Herbstabend

Zeitaufwand:
*** *Vorbereitung: 2 Stunden*
** *Vor dem Servieren: 1 Stunde*
Schwierigkeit: *durchschnittlich*
Kosten: *ziemlich hoch*

La truite farcie «Mado de Vienne»

Le filet de bœuf en chevreuil sauce poivrade, avec la mousseline d'épinards aux poires

La tarte aux pommes caramélisée

Ich muß gestehen: ich komme nicht von Point. Übrigens, Michel Guérard auch nicht. Dagegen können sich Paul Bocuse, Pierre und Jean Troisgros, Alain Chapel, Louis Outhier und einige andere rühmen, Schüler dieses unbestrittenen Meisters unserer Kunst, Fernand Point, gewesen zu sein. Und wie sie sich rühmen!

Eines Tages, als sie wieder einmal darüber vor mir und Guérard sprachen und wir uns ein wenig ärgerten, an der Unterhaltung nicht teilnehmen zu können, sagte Michel zu mir: »Hör mal! Wir werden eine Gesellschaft der Köche gründen, die nicht in der Schule von Point gewesen sind.«

Wir konnten zwar über diese Bemerkung herzlich lachen, aber trösten konnte sie uns dennoch nicht. In Wahrheit war es nicht so sehr die Küche dieses Mannes, die ihn zum größten Koch dieses Jahrhunderts gemacht hat, sondern vielmehr der Mann selbst, der durch seine Noblesse, seine Liebenswürdigkeit, seine Großzügigkeit und seinen feinen Geschmack all diese großen Küchenchefs zu beeindrucken wußte. So hat Paul Bocuse einmal von ihm gesagt: »Fernand Point war ein großer Herr, der wußte, wie er seinesgleichen zu empfangen hatte – und seinesgleichen waren alles Könige.«

Aber Fernand Point hinterließ uns mehr als eine wunderbare Erinnerung. Seine Frau Mado Point hat es verstanden, sein Werk fortzuführen.

Einkäufe

Sie sollten alles am Vortag einkaufen. Die Forellen müssen unbedingt einen Tag vor der Zubereitung getötet worden sein, damit sie sich beim Kochen nicht krümmen. Das Rinderfilet muß mindestens 24 Stunden mariniert werden.

Ein Toast auf Mado, der wir dieses Forellen-Rezept verdanken!

COTE-ROTIE
1983
menu

Getränke

Als Aperitif reichen Sie einen süßen Portwein oder Sherry, oder aber, wie es Fernand Point gemocht hätte, einen sehr guten Champagner, den er in einem Mörser aus Marmor zu kühlen pflegte, in dem leicht 4 bis 5 Flaschen mit viel Eis Platz hatten.

Zum Fisch reichen Sie einen weißen Côtes-du-Rhône, z.B. einen Condrieu, dessen Veilchenparfüm sich sehr gut mit dem Geschmack des Portweins verbindet.

Zum Rinderfilet servieren Sie einen kräftigen Rotwein wie einen Pommard oder einen Côte-Rôtie.

Geschirr und Gläser

Verwenden Sie ein Fayencegeschirr mit einem Dekor von Herbstblättern oder mit Jagdmotiven.

6 vorgewärmte flache Teller für die Forellen
6 vorgewärmte flache Teller für das Filet
6 Dessertteller für die Torte
1 vorgewärmte Platte für das Filet
1 vorgewärmte Sauciere für die Sauce zum Filet
1 vorgewärmte Gemüseterrine für den Spinat
1 flache Platte für die Torte
18 Gläser für Wasser, Rot-und Weißwein

Bestecke

6 Fischmesser und 6 Fischgabeln
6 Messer und 6 Gabeln für das Filet
6 Dessertlöffel
2 Servierlöffel und 2 Serviergabeln für die Vorspeise und das Filet
1 Tortenheber

Tischdekoration

Schmücken Sie ihren Tisch in herbstlichen Farben. Verwenden Sie naturfarbene Tischwäsche mit einem Herbstblätterdekor. Legen Sie kleine Rechaudkerzen in ein Glas, das sie mit etwas Wasser gefüllt haben.

Das Menu schreiben Sie auf einen Bogen Pergamentpapier, auf das Sie einige Herbstblätter geklebt haben. Sie können den Pergamentbogen auch aufrollen, mit einem Satinband umwickeln und einen Zweig mit Herbstblättern hineinstecken.

Organisation und Zeiteinteilung

*** Am Vortag legen Sie das Rinderfilet in die Marinade und bereiten den Teig für den Apfelkuchen zu, den Sie in einem feuchten Tuch im unteren Teil des Kühlschranks aufbewahren. Sie können auch schon das Gemüse für die Forelle vorbereiten und kühl aufbewahren.

2 Stunden vor dem Servieren das Rinderfilet aus der Marinade nehmen, zum Abtropfen beiseite stellen und die Marinade auf kleinem Feuer einkochen lassen.

Die Forellen entgräten und füllen.

Anschließend den Spinat kochen.

** 1 Stunde vor dem Servieren 12 flache Teller, 1 Sauciere, 1 Platte und 1 Gemüseterrine warmstellen. Die Äpfel vorbereiten, die Caramelcreme für die Torte zubereiten und den Teig ausrollen.

Den Backofen auf 250° vorheizen. Nach dem Vorheizen das Filet 20 bis 25 Minuten braten.

Nach Beendigung der Bratzeit den Herd nicht abstellen.

Das Fleisch aus der Bratpfanne nehmen, warmstellen und mit der eingekochten Marinade ablöschen. Die Sauce fertig zubereiten und im Wasserbad warmstellen.

10 Minuten, bevor man sich zu Tisch setzt, die Forellen in den Ofen schieben. Die Sauce kurz vor dem Servieren der Forellen zubereiten. Den Ofen auf 200° herunterschalten und den Kuchen hineinschieben.

Nach dem Verzehr der Forellen die Torte aus der Form nehmen, den Spinat zu Ende zubereiten und servieren.

La truite farcie »Mado de Vienne«

Gefüllte Forelle nach Mado aus Vienne

Zeitaufwand:
**** Vorbereitung: 45 Minuten*
*** Vor dem Servieren: 25 Minuten*
Kochzeit: 10 Minuten
Schwierigkeit: *durchschnittlich*
Kosten: *durchschnittlich*

Zutaten für 6 Personen

120 g Karotten
90 g Staudensellerie
120 g Lauch (nur die weißen Teile)
195 g Butter
130 ml Portwein
Salz, Pfeffer
230 ml leichte Crème fraîche (30 %)
2 Eigelb
6 Forellen, jede 180 g schwer
75 g Schalotten
200 ml Weißwein
2 Tl gehackte Petersilie

Küchengeräte

1 Küchenbrett
1 scharfes dünnes Messer
1 Küchenschere
1 mittelgroßes Messer
1 Holzlöffel
2 Töpfe von 2 l Inhalt mit Deckel
1 Omelettenwender oder Schaumlöffel
1 Schneebesen
1 feuerfeste Form (möglichst aus Gußeisen)

Zubereitung

*** Einige Stunden im voraus, oder sogar am Vortag, kann das Gemüse zubereitet werden.

Den Lauch gründlich waschen und putzen. Alles Grün entfernen. Karotten und Sellerie putzen. Mit einem mittelgroßen scharfen Messer die drei Gemüse in Juliennestreifen schneiden, d. h. in feine Stäbchen, die ungefähr so dick wie Gabelzinken sein sollen. 75 g Butter in einem Topf zergehen lassen, die Gemüse hineingeben, den Deckel schließen und 5 Minuten lang schmoren lassen. Von Zeit zu Zeit mit einem Holzlöffel umrühren, damit das Gemüse nicht anbrennt.

Nach 5 Minuten den Deckel abnehmen, 3 Eßlöffel Portwein sowie 3 Eßlöffel Crème fraîche und Salz und Pfeffer hinzufügen. Ohne Deckel noch einmal 8 Minuten lang kochen lassen. Anschließend den Topf vom Feuer nehmen und vorsichtig 2 Eigelb mit dem Schneebesen unterziehen. Abkühlen lassen und in den Kühlschrank stellen.

1 bis 2 Stunden vor dem Servieren die Forellen bratfertig machen: mit einem biegsamen, sehr scharfen Messer entlang des Rückgrats auf beiden Seiten des Fisches das Fleisch von den Gräten lösen (siehe Zeichnung S. 313). Dabei bis zur Bauchhaut schneiden, diese selbst aber nicht einschneiden. Mit einer Küchenschere die beiden Enden des Rückgrats abschneiden und das Rückgrat entfernen. Anschließend den Fisch ausnehmen.

Wenn Ihnen das alles zu kompliziert erscheint, dann schenken Sie Ihrem Fischhändler ein freundliches Lächeln, und er wird Ihnen sicherlich gern den Fisch entgräten und ausnehmen.

** 30 Minuten vor dem Servieren den Backofen auf 250° vorheizen. Die Forellen salzen und pfeffern und jede mit 1 Eßlöffel Juliennegemüse füllen. Die feuerfeste Form gut ausbuttern, den Boden mit den gehackten Schalotten bestreuen und die Forellen darauflegen. Den Weißwein und den Portwein hinzufügen, im vorgeheizten Ofen 8 bis 10 Minuten lang backen.

Kurz vor dem Servieren die Forellen aus dem Ofen nehmen und auf die vorgewärmten Teller legen.

Den Bratensaft in einen Topf gießen und zur Hälfte einkochen lassen. Die Crème fraîche hinzufügen und kräftig kochen lassen. Nach einigen Sekunden 120 g Butter mit dem Schneebesen hineinschlagen. Die gehackte Petersilie dazugeben, noch einmal abschmecken und jeweils eine gute Menge über die Forellen gießen.

Sie können auch die Haut der Forellen abziehen. Aber geben Sie acht, daß sie beim Umwenden nicht durchbrechen.

Le filet de bœuf en chevreuil sauce poivrade

Rinderfilet in schwarzer Pfeffermarinade

Zeitaufwand:
*** *Vorbereitung: 24 Stunden lang marinieren*
** *Vor dem Servieren: 15 Minuten*
Schwierigkeit: *gering*
Kosten: *hoch*

Zutaten für 6 Personen

MARINADE
1 große Zwiebel
2 Karotten
1 Zweig Staudensellerie
2 El zerstoßener schwarzer Pfeffer
8 Wacholderbeeren

4 Knoblauchzehen
3 El Olivenöl
100 ml Weinessig
1 Flasche korsischer Rotwein oder ein anderer kräftiger Rotwein (Côte-Rôtie, Pommard oder Bandol)
1 großes *bouquet garni*, bestehend aus 2 Lorbeerblättern, 1 Bund Thymian und den Stielen eines Bundes Petersilie, alles zusammengebunden
1,2 kg Rinderfilet, ohne Haut und Fett

ZUBEREITUNG DES FLEISCHES UND DER SAUCE
1 Würfel Geflügelbrühe
1 Tl Tomatenmark
100 g Butter
2 El Kartoffel- oder Maismehl
1 Tl Johannisbeergelee
Salz, Pfeffer

Küchengeräte

1 Küchenbrett
1 mittelgroßes Messer
1 Gefäß für die Marinade und das Filet (kaum größer als das Filet, damit es ganz von der Marinade bedeckt wird)
1 Bräter, in dem das Filet Platz hat
1 feines Sieb
1 kleiner Topf von 1 l Inhalt
1 Schneebesen
1 Servierplatte
1 flacher Topf von 3 l Inhalt
1 Holzlöffel
1 Sauciere
1 großer und 1 kleiner Teller

Zubereitung

*** Das Fleisch muß am Vortag mariniert werden.

Die Marinade wird folgendermaßen zubereitet: Die Zwiebel, die Karotten, den Sellerie und die Knoblauchzehen schälen und in winzige Würfel schneiden.

Die kleingeschnittenen Gemüse mit 3 Eßlöffeln Olivenöl in einen flachen Topf geben. Bei mittlerer Temperatur schmoren, bis die Gemüse zu bräunen beginnen. In diesem Moment den Weinessig hinzufügen, 5 Minuten kochen lassen und anschließend den Rotwein dazuschütten.

Den zerstampften schwarzen Pfeffer, die Wacholderbeeren und das *bouquet garni* dazugeben. Den Topf schließen und bei schwacher Hitze 20 Minuten lang köcheln lassen.

Die Marinade in ein Gefäß schütten, das nicht viel größer als das Filet ist, und abkühlen lassen.

Wenn sie kalt ist, das Rinderfilet hineinlegen. Wenn es nicht vollständig von der Marinade bedeckt ist, nach 12 Stunden umdrehen. Die Schüssel mit einem Deckel oder mit Klarsichtfolie abdecken und ungefähr 24 Stunden lang kühl stellen.

2 Stunden vor dem Essen das Rinderfilet auf einem Rost über einem großen Topf, in den die Marinade geschüttet wird, abtropfen lassen. Wenn das Fleisch gut abgetropft ist, einen Würfel Hühnerbrühe und das Tomatenmark in die Marinade geben und bei starker Hitze auf 1/4 l einkochen lassen.

** 1 Stunde vor dem Essen sollten Sie schon mit dem Braten des Rinderfilets beginnen, damit es noch ruhen kann. Auf diese Weise hat das Blut Zeit, im Fleisch zu gerinnen, was bewirkt, daß es schmackhafter wird und das Blut nicht herausläuft, wenn man das Fleisch aufschneidet. Dieser Rat gilt übrigens für alles rote Fleisch, das aufgeschnitten werden soll.

1 Stunde vor dem Servieren also den Backofen 20 Minuten lang auf 250° vorheizen. Das abgetropfte Fleisch gut abtrocknen. Auf beiden Seiten salzen und pfeffern.

2 Eßlöffel Butter in den Bräter geben und in den vorgeheizten Ofen schieben. Sobald die Butter heiß ist, das Rinderfilet

hineinlegen und anbraten. Anschließend wenden und 20 bis 25 Minuten lang, je nach Dicke des Filets, braten lassen. Nach Beendigung der Bratzeit das Fleisch herausnehmen und auf einen umgedrehten kleinen Teller legen, den Sie wiederum auf einen großen Teller stellen. Mit Aluminiumfolie bedecken und warmstellen.

Den Bratensatz mit der eingekochten Marinade ablöschen. Mit einem Spatel oder Holzlöffel die Bratenreste, die sich am Boden und den Rändern der Pfanne abgesetzt haben, lösen. Die Sauce durch ein feines Sieb in einen kleineren Topf passieren und auf schwache Hitze stellen. Zwei Eßlöffel Kartoffelmehl mit etwas Wein oder Wasser vermischen und in kleinen Mengen in die kochende Sauce geben, bis sie die gewünschte Konsistenz hat. Schütten Sie aber nicht auf einmal das angerührte Kartoffelmehl hinein, da die Sauce sonst viel zu dick werden könnte.

Vom Herd nehmen, mit Salz abschmekken und mit einem Schneebesen 100 g Butter und 1 Teelöffel Johannisbeergelee hineinschlagen. Die Sauce im Wasserbad warmhalten.

Kurz vor dem Servieren das Filet aufschneiden und auf eine gewärmte, aber nicht heiße Platte legen, da sonst das Fleisch noch weiter garen würde. Frischen Pfeffer darüber mahlen und zusammen mit der Sauce, die getrennt in einer Sauciere gereicht wird, servieren.

La mousseline d'épinards aux poires

Spinatcreme mit Birnen

Zeitaufwand:
*** *Vorbereitung: 20 Minuten*
** *Vor dem Servieren: 20 Minuten*
Schwierigkeit: *gering*
Kosten: *gering*

Zutaten für 6 Personen

- 1 kg Blattspinat, frisch oder tiefgefroren
- 250 g Williamsbirnen in Sirup
- 100 g Butter
- 1 Messerspitze geriebener Muskat
- grobes und feines Salz

Küchengeräte

- 1 großer Topf
- 1 Topf von 3 l Inhalt
- 1 Sieb
- 1 Mixer oder 1 Fleischwolf mit Gemüsevorsatz
- 1 Holzlöffel

Zubereitung

*** Einige Stunden im voraus kann der Spinat entstielt und mehrmals in frischem Wasser gewaschen werden. In einem großen Topf 3 Liter Wasser mit 2 Eßlöffeln grobem Salz zum Kochen bringen. Den Spinat sorgfältig abtropfen lassen und in

Rinderfilet mit Spinatcreme.

das kochende Wasser geben. Den Spinat einmal aufkochen lassen und sofort in ein Sieb abgießen. Den Topf mit kaltem Wasser füllen und den Spinat hineingeben, damit er sich abkühlt. Wieder abtropfen lassen. Mit den Händen zu einer Kugel formen und fest zusammendrücken. Anschließend kühl stellen.

** Vor dem Essen die Dose Williamsbirnen öffnen. Den Sirup abgießen. Die Birnen mit dem Spinat in einem Mixer oder in einem Fleischwolf mit Gemüsevorsatz ganz fein pürieren.

Kurz vor dem Servieren 100 g Butter in einen Topf von 3 Litern Inhalt geben. Die Butter heiß und schaumig werden lassen. Wenn der Butterschaum zusammenfällt, nimmt die Butter eine schöne, nußbraune Farbe an, und genau in diesem Moment hat sie ihr Aroma am stärksten entwickelt. Genau zu diesem Zeitpunkt den Spinat schnell in die Butter geben. Salzen, 1 Messerspitze Muskatnuß hinzufügen und den Spinat bei niedriger Temperatur mit einem Holzlöffel gut umrühren, bis er heiß ist. In einer gewärmten Gemüseterrine servieren.

Dieser Spinat kann nur kurz vor dem Servieren zubereitet werden, da er sonst seine schöne dunkelgrüne Farbe verlieren würde.

Sie können zu diesem Herbstmenu noch Käse reichen. Aber Vorsicht: Bestimmte Sorten mögen keine allzu große Kälte. Bewahren Sie ihren Käse daher nicht im Kühlschrank, sondern in einem Vorratsschrank oder in der Speisekammer auf!

La tarte aux pommes caramélisées

Karamelisierte Apfeltorte

Zeitaufwand:
*** *Vorbereitung: 1 Stunde*
** *Vor dem Servieren: 15 Minuten*
Schwierigkeit: *gering*
Kosten: *mäßig*

Zutaten für 6 Personen

200 g Butter
200 g Mehl
200 g Zucker
100 ml süße Sahne
1,5 kg Äpfel (Reinetten)
Salz

Küchengeräte

1 Tortenform von 25 cm Durchmesser und mindestens 5 cm Höhe
2 Töpfe von 2 l Inhalt
1 Backblech
1 elektrisches Rührgerät und 1 Rührschüssel
1 Nudelholz
1 Küchenmesser
1 Schneebesen
1 Kartoffelschälmesser
1 große runde Servierplatte

Zubereitung

*** Am Vortag oder einige Stunden im voraus kann der Teig zubereitet werden.

In einem Topf 100 ml Wasser mit 100 g Butter und 1 Messerspitze Salz zum Kochen bringen. 200 g Mehl in eine Rührschüssel geben. Sofort die kochende Butter-Wasser-Mischung in das Mehl schütten und so lange mit der Hand oder dem elektrischen Rührgerät durchschlagen, bis sich aus dem Teig eine homogene Kugel gebildet hat. Die Teigkugel in ein leicht angefeuchtetes Tuch wickeln und im unteren Teil des Kühlschranks ruhen lassen.

Die Karamelcreme und die Äpfel können ebenfalls einige Stunden im voraus zubereitet werden.

Den Backofen auf der höchsten Stufe vorheizen.

200 g Zucker mit 100 ml Wasser in einen Topf geben. Bei großer Hitze kochen lassen, bis der Zucker dunkelbraun karamelisiert ist. Genau zu diesem Zeitpunkt 100 ml flüssige Sahne schnell mit dem Schneebesen hineinschlagen.

Während des Schlagens vom Herd nehmen und 100 g Butter in kleinen Stückchen hinzufügen. Sofort die noch heiße Karamelcreme in die Form schütten, in der der Teig backen soll. Abkühlen lassen.

Die Äpfel schälen. In Viertel schneiden und Kerne und Gehäuse entfernen. Auf einem Backblech verteilen, mit 2 Eßlöffeln Zucker bestreuen und für höchstens 10 Minuten in den vorgeheizten Ofen schieben. Aus dem Ofen nehmen und abkühlen lassen.

Die Äpfel auf der Karamelcreme verteilen und abkühlen lassen. Den Teig 2 cm dick ausrollen und mit den Zinken einer Gabel mehrmals einstechen. Anschließend auf die Äpfel legen und sorgfältig ringsherum an den Rändern festdrücken.

** Zu Beginn des Essens den Backofen auf 200° vorheizen.

Nach 15 bis 20 Minuten Vorheizen die Torte in den Ofen schieben und ungefähr 10 bis 15 Minuten backen lassen.

Wenn die Torte eine schöne goldbraune Farbe angenommen hat, aus dem Ofen nehmen und 2 Minuten lang auf eine heiße Kochstelle setzen, damit sich die Karamelcreme von der Kuchenform löst. Anschließend die Tortenplatte, auf der die Apfeltorte serviert werden soll, umgekehrt auf die Backform legen, den Atem anhalten und mit einem Schwung die Torte stürzen.

Warmhalten und lauwarm servieren.

Inzwischen haben Sie sicher gemerkt, daß ich mich bei diesem Rezept von der berühmten *Tarte Tatin*, diesem unsterblichen Meisterwerk der Schwestern Tatin aus Lamotte-Beuvron, habe inspirieren lassen.

Diese, so behauptet man, hätten eines Tages dieses Rezept erfunden, als ihnen ein ganz gewöhnlicher Apfelkuchen zerbrochen war. Um die Katastrophe zu vertuschen, entschlossen sie sich kurzerhand, den Kuchen umgekehrt zu servieren. Die Gäste waren davon so angetan, daß die Schwestern Tatin beschlossen, die Torte stets so zu präsentieren.

Oh, ihr Schwestern Tatin, welche Verbrechen sind schon in Eurem Namen mit all diesem fälschlicherweise mit »Tatin« bezeichneten schwammigen, mehligen oder viel zu süßen Zeug begangen worden! Das Nachahmen ist eine sehr schwierige Kunst, denn es verlangt Einfühlungsvermögen und Bescheidenheit ... zwei eher seltene Qualitäten!

Vorsicht, daß Sie sich nicht verbrennen, wenn Sie die Torte auf die Servierplatte stürzen.

MENU 11

Für 6 Personen

Ein Jagdessen

Zeitaufwand:
*** *Vorbereitung: 2 1/2 Stunden*
** *Vor dem Servieren: 50 Minuten*
Schwierigkeit: *durchschnittlich*
Kosten: *hoch*

Ich erinnere mich an unsere Abendessen nach der Jagd in Afrika, an denen wir z. B. Perlhühner verzehrten, die einfach über dem offenen Lagerfeuer gebraten wurden. Mit den Fingern zog ich Stücke des festen, goldbraun gebratenen Fleisches ab. Dann leckte ich mir die Finger sowohl im wahren als auch im übertragenen Sinn des Wortes. Endlich wischte ich meine Hände an den Stiefeln ab, die von unzähligen Kratzern der Dornen blankgerieben waren, und beendete meine Toilette an den von der Sonne gebleichten Shorts. Das ganze Vergnügen an diesem Augenblick hatte sicher etwas mit dem gestillten Hunger zu tun, aber auch – und das vielleicht zu allererst – mit der wollüstigen Freude, die viele Menschen empfinden, wenn sie von Zeit zu Zeit mit den Händen essen und sie an ihrem Hemd oder ihrer Hose abwischen können. Aber ein Jagdessen kann auch äußerst raffiniert sein. Ich verrate Ihnen meine afrikanischen Rezepte ein anderes Mal. Schauen wir uns zunächst ein etwas zivilisierteres Menu an!

La quiche crémeuse aux morilles

Le suprême de poule faisane au poivre et aux fruits

Les petits grillons de Chavignol aux brins de sarriette

Le soufflé léger aux reinettes

Einkäufe

Bestellen Sie zur Sicherheit im voraus die Fasane, die getrockneten Birnen, die frischen Morcheln und die *Crottins de Chavignol* (Ziegenkäse).

Getränke

Als Aperitif servieren Sie einen Wermut-Cassis, der aus 1 Eßlöffel Cassis auf 1 Glas Wermut besteht, oder Sie reichen einfach ein Glas von dem Weißwein, den Sie auch zu Beginn des Essens zur Quiche trinken werden.

Geschirr und Gläser

Für dieses Essen eignet sich besonders ein Fayencegeschirr mit Jagdmotiven oder in herbstlichen Farben.

1 große runde Platte für die Quiche
6 vorgewärmte flache Teller für die Morchel-Quiche

6 vorgewärmte flache Teller für den Fasan
6 vorgewärmte flache Teller für die Ziegenkäse-Toasts
6 Souffléförmchen
6 kleine flache Dessertteller zum Anrichten der Soufflés
18 Gläser für Wasser, Weiß- und Rotwein

Bestecke

6 Gabeln und 6 Messer für die Quiche
1 Tortenheber und 1 großes Messer für die Quiche
6 Gabeln, 6 Messer und 6 Dessertlöffel für den Fasan
6 Dessertgabeln und 6 Dessertmesser für die Käsetoasts
6 Dessertlöffel für die Soufflés
1 Servierlöffel und 1 Serviergabel

Tischdekoration

Wählen Sie graubraune Tischwäsche aus grobem Leinen.

Ihren Tisch können Sie mit Fasanenfedern, Herbstblättern von echten und falschen Kastanien und deren äußeren Schalen schmücken. Stecken Sie dicke Kerzen in Stücke von Baumrinden.

Schreiben Sie das Menu auf graubraunes Papier, das Sie zusammenrollen und in (leere) Jagdkartuschen stecken.

Eine Variante des traditionellen Kir: ein Wermut-Cassis.

Organisation und Zeiteinteilung

*** Der Teig für die Quiche kann am Vortag zubereitet werden. Einige Stunden vor dem Essen den Weißwein kaltstellen und mit der Zubereitung des Fasans und der Soufflés beginnen.

** 50 Minuten vor dem Essen den Backofen auf 200° vorheizen. 12 große flache Teller und 6 kleine Teller warmstellen. Den Belag für die Quiche zubereiten.

Nach 20 Minuten Vorheizen die Quiche für 30 Minuten in den Ofen schieben. Inzwischen die Fasane fertig zubereiten und warmstellen. Anschließend mit der Zubereitung der Käsetoasts beginnen. Wenn die Quiche fertig ist, den Ofen nicht abschalten.

Die Quiche servieren. Nach dem Verzehr der Quiche die Fasanenbrüste für 2 Minuten in den Ofen schieben und auf die gewärmten Teller legen.

Wenn der Fasan gegessen ist, in die Küche zurückkehren, den Herd auf »Grillen« einstellen und die Käsetoasts hineinschieben. Vor dem Servieren den Backofen auf 210° schalten, die Soufflés zubereiten und anschließend backen.

Die Käsetoasts servieren, aber nicht vergessen, rechtzeitig in die Küche zurückzukehren, um den Ofen auf 150° zurückzuschalten und die Soufflés zu Ende zu backen. Nach 10 Minuten herausnehmen und servieren.

La quiche crémeuse aux morilles

Quiche mit Morcheln

Zeitaufwand:
*** *Vorbereitung (mindestens 6 Stunden vor dem Essen): 20 Minuten*
Backzeit: 15 Minuten
** *Vor dem Servieren: 25 Minuten*
Backzeit: 30 Minuten
Schwierigkeit: *gering*
Kosten: *ziemlich hoch*

Zutaten für 6 Personen

Teig
300 g Mehl
125 g Butter
1 Ei
1 Tl Salz
500 g getrocknete Bohnen

Belag
30 g getrocknete oder 400 g frische Morcheln
2 El gehackte Schalotten
25 g Butter
350 ml süße Sahne
2 El gehackter Schnittlauch
2 Eier
2 Eigelb
frisch geriebener Muskat
Salz, Pfeffer

Küchengeräte

1 elektrisches Rührgerät und 1 Rührschüssel
1 Nudelholz
1 Kuchenform von 25 cm Durchmesser und 3 cm Höhe
1 Backblech
1 kleines Messer
1 mittelgroße Pfanne
1 Schüssel von 2 l Inhalt
1 Schneebesen
Pergamentpapier

Zubereitung

*** Der erste Teil dieses Rezeptes muß unbedingt mindestens 6 Stunden im voraus zubereitet werden. Man kann aber auch schon am Vortag damit beginnen.

Mehl, Salz, die in Stücke geschnittene Butter, 1 ganzes Ei und 5 Eßlöffel Wasser in eine Rührschüssel geben und bei kleiner Geschwindigkeit mit dem elektrischen Rührgerät durchschlagen. Wenn der Teig zu trocken erscheint, etwas Wasser zugeben.

Falls Sie kein Rührgerät besitzen, ins Mehl eine Vertiefung eindrücken und langsam die einzelnen Zutaten hineinrühren.

In beiden Fällen den Teig nicht zu lange durcharbeiten, damit er nicht zu elastisch wird.

Den fertigen Teig zu einer Kugel formen, in ein leicht angefeuchtetes Tuch wickeln und mindestens 6 Stunden im unteren Teil des Kühlschranks ruhen lassen.

Für dieses Rezept wird nicht die ganze Menge Teig benötigt, aber es ist schwierig, eine kleinere Menge zuzubereiten. Es läßt sich übrigens auch auf einmal eine viel größere Menge Teig herstellen, den man in eine Klarsichtfolie eingewickelt, gut eine Woche im Kühlschrank und viel länger noch im Tiefkühlfach aufbewahren kann.

Dieser Teig eignet sich gut für Pasteten, Obsttörtchen oder Quiches, die man mit poschierten oder geschlagenen Eiern und Spinat oder Spargelspitzen, mit einer Schinken-Mousse, mit geräuchertem Lachs etc. garniert.

Nach einer Ruhezeit von mindestens 6 Stunden den Teig ungefähr 2 mm dick ausrollen. Die Teigplatte in die Kuchenform legen, am Boden und den Seiten der Form gut festdrücken, ohne ihn zu zerreißen, und über den Rand der Form hängen lassen. Mit dem Nudelholz schnell und fest über den Rand der Kuchenform rollen, um auf diese Weise den überhängenden Teig sauber abzuschneiden. Den Rand der Teigplatte ringsherum mit Daumen und Zeigefinger zu einer Krempe zusammendrücken. Die Kuchenform mindestens 1 Stunde ins Tiefkühlfach stellen. Auf diese Weise stabilisiert sich der Teig und kann sich während des Backens nicht zusammenziehen.

Den Backofen auf 200° vorheizen. Ein rundes Stück Pergamentpapier in Größe der Torte ausschneiden und auf den Teigboden legen. Die getrockneten Bohnen darauf verteilen. Sie verhindern, daß der Teigboden beim Backen Blasen wirft (›blindbacken‹).

15 Minuten lang backen lassen, ohne daß der Teig Farbe bekommt. Nach dem Backen das Pergament ablösen und die Bohnen für die nächste Torte aufheben. Den vorgebackenen Teig zur Seite stellen. (Dieses Vorbacken ist nicht unbedingt notwendig, aber es verhindert, daß die Ränder der Torte zusammenfallen und der Boden durchnäßt und glasig wird.)

Wenn getrocknete Morcheln verwendet werden sollen, müssen sie 1 Stunde lang mindestens in lauwarmem Wasser eingeweicht werden.

** 50 Minuten vor dem Essen den Backofen auf 200° vorheizen.

Die Morcheln aus dem Wasser nehmen und vorsichtig das überschüssige Wasser herausdrücken. Frische Morcheln auf keinen Fall waschen, da sie sich mit Wasser vollsaugen. Die Erde einfach abpusten,

das erdige Stielende abschneiden und anschließend die Morcheln vorsichtig abwischen.

Die kleingehackten Schalotten mit 25 g Butter in einen Topf geben und bei starker Hitze leicht bräunen lassen. Die Morcheln hinzufügen, gut durchrühren, bis die Flüssigkeit der Morcheln ganz verdampft ist (das dauert übrigens bei frischen Morcheln länger).

Wenn keine Spur Wasser mehr im Topf ist, 8 Eßlöffel Crème fraîche dazugeben, salzen, pfeffern und 4 bis 5 Minuten kochen lassen und zur Seite stellen.

In eine Rührschüssel 2 ganze Eier und 2 Eigelb 2 Minuten lang gründlich mit dem Schneebesen durchmischen. Anschließend die restliche Crème fraîche hineinrühren und Salz, etwas geriebene Muskatnuß, den gehackten Schnittlauch und 2 Umdrehungen aus der Pfeffermühle dazugeben. Alles sorgfältig miteinander vermischen. Eine halbe Stunde vor dem Servieren die Morchelcreme auf den vorgebackenen Teig geben, die Eiercreme-Mischung darüber verteilen und im vorgeheizten Ofen 30 Minuten lang backen lassen.

Um festzustellen, ob die Quiche fertig gebacken ist, den Belag mit einer Messerspitze einstechen. Wenn sie beim Herausziehen trocken ist, ist die Quiche gar.

Auf einer runden Tortenplatte anrichten und servieren.

Le suprême de poule faisane aux poivres et aux fruits

Fasanenbrüste mit gestoßenem Pfeffer und Früchten

Zeitaufwand:
*** *Vorbereitung: 50 Minuten*
Backzeit: 45 Minuten
** *Vor dem Servieren: 35 Minuten*
Schwierigkeit: *durchschnittlich*
Kosten: *ziemlich hoch*

Zutaten für 6 Personen

- 6 Dörrpflaumen
- 2 El Rosinen
- 4 Schalotten
- 1 *bouquet garni*, bestehend aus 1 Thymianzweig, 1 Bund Petersilie, 1 Lorbeerblatt und 1 kleinen Zweig Staudensellerie
- 1 feiner Streifen Orangenschale von 1 cm Breite und 5 bis 6 cm Länge
- 6 kleine getrocknete Birnen oder 3 nicht zu reife Williams-Birnen
- 100 g Butter
- 5 El Cognac
- 3 El gestoßener Pfeffer
- 3 Fasane, geputzt und ausgenommen (eventuell auch Perlhühner oder Auerhähne)
- 10 El Erdnußöl
- 1 El Mehl
- 2 Flaschen kräftiger Rotwein (wie Côtes-du-Rhône)

Küchengeräte

1 mittelgroßes Messer
1 Topf von 4 l Inhalt
2 Töpfe von 2 l Inhalt
1 feines Sieb
1 große Pfanne
1 Holzlöffel
1 Gabel
1 flacher Teller
1 Schale
1 Kartoffelschälmesser

Zubereitung

*** Der erste Teil dieses Gerichts kann mehrere Stunden im voraus zubereitet werden.

Dörrpflaumen und Rosinen in einer Schüssel in lauwarmem Wasser einweichen. Die Schalotten schälen und in feine Scheiben schneiden.

Das *bouquet garni* zusammenstellen.

Von einer Orange einen dünnen Streifen von 1 cm Breite und 5 bis 6 cm Länge abschälen.

Den schwarzen Pfeffer in ein Küchentuch binden und mit dem Boden eines schweren Topfes oder einer Flasche grob zerstoßen. Zur Seite stellen. Die Filets und die Flügel von den Fasanen ablösen (siehe Zeichnung S. 313). Die Flügelspitzen abschneiden und die Haut von den Flügeln und Filets abziehen. Die Keulen vom Rückgrat abtrennen, die Füße abschneiden und wegwerfen. Die Rückenknochen grob zerhacken.

10 Eßlöffel Erdnußöl in einen Topf von 4 Litern Inhalt geben und erhitzen. Wenn das Öl heiß ist, die grob gehackten Knochen und die Keulen hineingeben. Ungefähr 15 Minuten mit einem Holzlöffel gut umrühren, bis die Knochen goldbraun

Die Früchte verstärken das Aroma des Pfeffers, mildern aber gleichzeitig seine Schärfe.

sind. Anschließend die gehackten Schalotten, das *bouquet garni* und die Orangenschale hinzufügen.

Gut umrühren, mit 1 Eßlöffel Mehl bestreuen und von neuem umrühren. 1 1/2 Flaschen Rotwein dazuschütten, 1 gute Messerspitze Salz dazugeben und 5 Minuten kochen lassen. Wenn danach die Knochen nicht vollständig mit Wein bedeckt sind, ein wenig Wasser hinzuschütten.

Ungefähr 30 Minuten ohne Deckel bei schwacher Hitze kochen lassen. Darauf achten, daß die Knochen nicht zu stark kochen, damit die Flüssigkeit nicht zu sehr einkocht.

Inzwischen die kleinen getrockneten Birnen (die Stiele nicht abschneiden!) in einen Topf von 2 Litern Inhalt legen und mit dem restlichen Rotwein bedecken. Bei mittlerer Hitze zum Kochen bringen und ein wenig Wasser zufügen, falls die Früchte nicht vollständig vom Wein bedeckt sind. Nach 30 Minuten Kochzeit die abgetropften Pflaumen (aber nicht die Rosinen) dazugeben und noch einmal 10 Minuten kochen lassen. Den Topf vom Herd nehmen, die Früchte darin lassen.

Wenn Williams-Birnen verwendet werden, die Früchte schälen, halbieren und die Kerne entfernen. Mit den Pflaumen in den Topf geben, mit Wein bedecken und bei mittlerer Hitze nur 10 Minuten lang kochen lassen.

Die Rosinen abtropfen lassen.

Wenn Knochen und Keulen 30 Minuten lang gekocht haben, die Sauce durch ein feines Sieb in einen Topf schütten und so lange einkochen lassen, bis 150 ml Flüssigkeit übrigbleiben.

Den öligen Film, der sich auf der Oberfläche gebildet hat, abschöpfen und die Sauce zur Seite stellen.

Die Keulen in eine Schüssel legen und mit etwas Sauce bedecken. Man kann sie für ein anderes Essen verwenden, indem man sie wieder erwärmt und etwa mit Butternudeln anrichtet.

An diesem Punkt angelangt, sollten Sie folgendes vor sich haben: die Sauce, die Pflaumen und Birnen in ihrer Kochflüssigkeit, die abgetropften Rosinen und den in einem Küchentuch gestoßenen Pfeffer.

** 35 Minuten vor dem Essen die Flügel und die Filets auf beiden Seiten salzen und ringsherum in dem gestoßenen Pfeffer wälzen. 2 Eßlöffel Butter in die Pfanne geben und erhitzen. Wenn die Butter braun zu werden beginnt, die Filets hineinlegen, 3 bis 4 Minuten auf der einen Seite und noch einmal 2 Minuten auf der anderen Seite braten lassen.

Die Flügel und Filets aus der Pfanne nehmen und auf einem Teller warmhalten. Dann die Rosinen in die Pfanne geben, in der Bratbutter umrühren und 5 Eßlöffel Cognac dazuschütten.

Flambieren, die beiseitegestellte eingekochte Sauce dazuschütten und kochen lassen. Die restliche Butter (ungefähr 70 g) in kleinen Stücken hinzufügen.

Mit dem Holzlöffel umrühren, bis die Butter vollständig von der Sauce aufgenommen ist. Abschmecken, eventuell nachsalzen, die Sauce vom Herd nehmen und warmhalten.

Kurz vor dem Servieren die Flügel und die Filets auf den gut gewärmten Tellern verteilen, jeweils mit einer abgetropften Pflaume und Birne dekorieren und mit Sauce überziehen.

Wenn notwendig, die Teller vor dem Servieren 2 Minuten lang in den heißen Ofen schieben.

Les petits grillons de Chavignol aux brins de sarriette

Ziegenkäse-Toasts mit Bohnenkraut

Zeitaufwand:
** *Vor dem Servieren: 15 Minuten*
Schwierigkeit: *gering*
Kosten: *gering*

Zutaten für 6 Personen

18 1 1/2 cm dicke Scheiben Baguette
6 El Olivenöl
6 kleine halbtrockene *Crottins de Chavignol* oder 4 trockene *Rigottes*
2 frische Zweige Bohnenkraut
schwarzer Pfeffer
einige Blätter eines leicht bitteren Salats wie Radicchio (nach Wunsch)

Küchengeräte

1 kleines scharfes Messer
1 Backblech, auf dem 18 Brotscheiben Platz haben

Zubereitung

*** Der erste Teil dieses Rezeptes kann einige Stunden im voraus zubereitet werden.

Den Backofen auf Grillstufe oder Oberhitze einstellen. 18 Baguette-Scheiben auf das Backblech legen und leicht mit Olivenöl beträufeln. Das Backblech in den Ofen schieben. Das Brot nur auf einer Seite bräunen lassen.

Jeden Käse in drei Scheiben schneiden und auf die Brotscheiben verteilen. Etwas Bohnenkraut darüberstreuen, reichlich schwarzen Pfeffer darübermahlen und mit dem restlichen Olivenöl beträufeln.

** Vor dem Servieren den Grill im Backofen vorheizen, das Backblech in den Ofen schieben.

Wenn der Käse leicht gebräunt ist, jeweils 3 Brotscheiben auf die mit Salatblättern dekorierten Teller verteilen und sofort servieren.

Le soufflé léger aux reinettes

Leichtes Apfelsoufflé

Zeitaufwand:
**** Vorbereitung: 20 Minuten*
*** Vor dem Servieren: 30 Minuten*
Backzeit: 15 Minuten
Schwierigkeit: *durchschnittlich*
Kosten: *mäßig*

Zutaten für 6 Personen

4 Reinetten (eventuell auch andere Äpfel)
11 El feiner Zucker
60 g Butter
12 Eier
6 El Calvados

Küchengeräte

1 mittelgroße Pfanne
1 Topf von 3 l Inhalt
2 Rührschüsseln von 3 bis 4 l Inhalt
1 Schneebesen
1 elektrisches Rührgerät
1 Holzlöffel
1 großer Saucenlöffel
1 Kartoffelschälmesser
1 mittelgroßes Messer
1 Küchenpinsel
1 kleiner Topf
6 Souffléförmchen
1 Backblech

Zubereitung

*** Einige Stunden im voraus die Reinetten schälen, in Viertel teilen und die Gehäuse entfernen. 8 Viertel mit 2 Eßlöffeln Wasser und 2 Eßlöffeln Zucker in einen Topf geben. Zugedeckt kochen lassen, bis die Äpfel zu zerfallen beginnen. Mit dem Schneebesen zu einer kompottähnlichen Masse schlagen und kaltstellen.

Die 2 anderen Äpfel in 7 bis 8 mm große Würfel schneiden. 30 g Butter in einer Pfanne erhitzen. Wenn sie schaumig zu werden beginnt, die Apfelstücke hineingeben und 3 bis 4 Minuten bei großer Hitze schmoren lassen.

Kaltstellen.

30 g Butter weich werden lassen und damit das Innere der Souffléförmchen auspinseln. 50 g Zucker in die erste Souffléform schütten, die Form hin- und herdrehen, damit die ganze Innenfläche mit Zucker bedeckt ist, anschließend den überschüssigen Zucker in eine zweite Form schütten. Den Vorgang so lange wiederholen, bis alle Formen mit Zucker ausgekleidet sind.

Die Souffléförmchen auf einem Backblech verteilen und kaltstellen.

** 25 Minuten vor dem Servieren den Backofen auf 210° vorheizen.

Die Eiweiß von den Eigelb trennen und jeweils in 2 große Rührschüsseln geben. Darauf achten, daß beim Trennen keine Spur Eigelb im Eiweiß zurückbleibt (die Eier sollten nicht zu kalt sein, da sich das Eiweiß sonst schlecht schlagen läßt).

4 Eßlöffel Zucker zu den Eigelb geben und 5 Minuten lang mit dem Schneebesen schlagen, bis eine leicht schaumige Masse entsteht. Dann die zerkochten Äpfel (Ap-

felkompott, nicht die in Würfel geschnittenen Äpfel!) und 6 Eßlöffel Calvados dazugeben. Gut mit dem Schneebesen vermischen und anschließend vorsichtig die Apfelwürfel mit einem Holzlöffel unterrühren.

Das Eiweiß schlagen, zunächst langsam, dann schneller. Wenn es fest ist, 1/3 vorsichtig unter die Apfelmischung rühren und dann den Rest sehr behutsam mit einem Holzlöffel unterziehen, damit die Eiweißmasse nicht zusammenfällt.

In jede Souffléform soviel von dieser Mischung füllen, daß sie etwas über den Rand reicht. Mit dem Daumen über den Rand der Förmchen fahren, um sie zu säubern (und scheuen Sie sich nicht, Ihren Daumen abzulecken, wenn gerade niemand hinschaut!).

Die Souffléformen auf einem Backblech verteilen und darauf achten, daß sie sich gegenseitig nicht berühren.

Nach etwa 20minütigem Vorheizen die Soufflés in den Ofen schieben. Nach 3 bis 4 Minuten die Temperatur auf 150° herunterschalten. Noch 10 Minuten backen lassen, aber den Ofen nicht öffnen!

Die Dessertteller mit Spitzendeckchen oder zusammengefalteten Servietten belegen, die gut aufgegangenen Soufflés aus dem Ofen holen, auf die Teller stellen und sofort servieren.

12 MENU

Für 6 Personen

Ein rustikales Menu

Zeitaufwand:
*** *Vorbereitung:*
2 1/4 Stunde
** *Vor dem Servieren:*
35 Minuten
Schwierigkeit: *gering*
Kosten:
ziemlich hoch

Es gibt immer noch Leute, die mit spitzen Lippen, mit denen sie nur die Gabelspitzen berühren, den kleinen Finger abgespreizt, mit steifem Rückgrat und etwas einfältigem Gesichtsausdruck ein gutes Essen kaum genießen. Das ist nichts für mich. Bei einer köstlichen Mahlzeit zählen bei mir nur Wohlbefinden und Zufriedenheit. Wie kann man ein exquisites Menu genießen, ohne sich natürlich zu geben? Seien Sie also ein Feinschmecker ohne Einschränkung, d. h., seien Sie ganz Sie selbst, einfach und natürlich. Ich bin jedenfalls glücklich, ein Feinschmecker zu sein oder vielmehr glücklich, weil ich ein Feinschmecker bin.

Le tourin d'ail doux

La pièce de faux-filet au poivre noir à la façon d'Eddie

La salade de cocos frais à la menthe

Les croûtes de roquefort

Les pêches ou poires au vin de poivre et de laurier

Einkäufe

Die einzige Schwierigkeit bei diesem Menu besteht in der Auswahl des ›falschen Filets‹. Nehmen Sie ein schönes kräftig rotes Stück Rindfleisch, durchzogen von feinen Fettspuren und gut abgehangen.

Getränke

Zu einem Essen mit frischen, kräftigen Zutaten gehört auch ein guter, kräftiger Rotwein wie ein Cahors oder ein Côtes-Rôties. Als Aperitif servieren Sie einen *Cardinal*, d. h. einen echten Kir, der sich aus 15 ml Johannisbeerlikör (Cassis) auf 100 ml Rotwein zusammensetzt. Sie können sogar vorher einige Pfefferkörner in dem Rotwein ziehen lassen. Sie stellen dann den Rotwein kühl und filtern ihn, bevor Sie den Cassis dazuschütten.

Geschirr und Gläser

Servieren Sie dieses Menu auf einem rustikalen Steingut- oder Fayence-Geschirr.

6 vorgewärmte Suppenteller für die Knoblauchsuppe
6 vorgewärmte flache Teller für das falsche Filet
6 kleinere Teller für die weißen Bohnen
6 kleinere Teller für die Roquefort-Toasts

Auch die Amerikaner haben Weine, die es verdienen, zu einem guten Menu serviert zu werden, wie zum Beispiel diesen Zinfandel aus Kalifornien.

1982
ZINFANDEL
SAUCELITO
CANYON

6 Schalen für die Pfirisiche
1 große Suppenterrine
1 vorgewärmte Platte für das falsche Filet
1 vorgewärmte Sauciere
2 Salatschüsseln für die Bohnen und die Pfirsiche

6 Gläser für den Rotwein
(Wasser? Daran denken Sie bestimmt nicht!)

Bestecke

6 Suppenlöffel für die Knoblauchsuppe
6 Gabeln und 6 Messer für das falsche Filet
6 Dessertlöffel und 6 Dessertmesser für die Pfirsiche in Wein
1 großer Schöpflöffel für die Knoblauchsuppe
1 Servierlöffel und 1 Serviergabel
2 Löffel, 1 für die Sauciere und 1 für die Bohnen
1 kleiner Schöpflöffel für die Pfirsiche

Tischdekoration

Wenn Sie einen schönen rustikalen Holztisch haben, dann servieren Sie Ihr Essen auf der nackten Tischplatte. Wenn nicht, dann sollten Sie ein Tischtuch und große Servietten aus grobem, ungebleichten Leinen auswählen.

Die Tischdekoration sollte einfach sein, mit schönen dicken Kerzen, einem großen Weidenkorb fürs Brot und Feldblumen.

Das Menu schreiben Sie nicht extra auf Kärtchen, sondern lesen es laut vor.

Zeiteinteilung und Organisation

*** Wenn Sie für den Bohnensalat getrocknete Bohnen verwenden, müssen Sie diese 24 Stunden vorher einweichen.

Einige Stunden vor dem Essen können der Salat, die Pfirsiche oder Birnen in Wein und zum großen Teil die Roquefort-Toasts zubereitet werden.

Eine Stunde vor dem Essen den Backofen auf die höchste Stufe einschalten und 6 Suppenteller, 6 flache Teller, 1 Platte und 1 Sauciere warmstellen.

Das falsche Filet bratfertig machen und in den heißen Ofen schieben.

30 Minuten vor dem Essen, wenn das Fleisch noch brät, mit der Zubereitung der Knoblauchsuppe beginnen.

Das Fleisch aus dem Ofen nehmen und warmstellen. Die Suppe servieren.

Die Sauce für das falsche Filet kurz vor dem Servieren fertig zubereiten, d. h. den Cognac in die Schmorpfanne schütten und bei schwacher Hitze umrühren.

Für die Roquefort-Toasts benötigen Sie unmittelbar vor dem Servieren 5 Minuten Arbeitszeit.

Alles andere ist schon im voraus fertig.

Le tourin d'ail doux

Milde Knoblauchsuppe

Zeitaufwand:
*** *Vor dem Servieren: 35 Minuten*
Schwierigkeit: *gering*
Kosten: *mäßig*

Zutaten für 6 Personen

150 g Brot ohne Kruste
250 g geschälte Knoblauchzehen
2 Würfel Geflügelbrühe
300 ml süße Sahne
30 g Butter
6 Eigelb (nach Wunsch)
Salz, Pfeffer

Küchengeräte

1 Topf von 3 l Inhalt
1 Sieb
1 Mixer
1 Suppenterrine
1 Küchenmesser

Zubereitung

** Dieses Rezept kann erst im letzten Moment, d. h. 35 Minuten vor dem Essen zubereitet werden.

Die Knoblauchzehen schälen und zusammen mit 2 Litern Wasser in einen Topf geben. Zum Kochen bringen und abtropfen lassen. Das Wasser erneuern, die Knoblauchzehen noch einmal zum Kochen bringen und abtropfen lassen.

Die auf diese Weise blanchierten Knoblauchzehen in einen Topf mit 800 ml Wasser geben, 1 Messerspitze Salz und die 2 Würfel Geflügelbrühe hinzufügen.

Bei schwacher Hitze ungefähr 7 bis 8 Minuten köcheln lassen, bis die Knoblauchzehen weich zu werden beginnen. Das Brot hineingeben, zum Kochen bringen und die Sahne dazuschütten. Die Suppe noch einmal aufkochen lassen und sofort in den Mixer geben. Die Butter dazugeben, alles gut durchschlagen und mit Salz abschmecken.

Zwei gute Umdrehungen frischen Pfeffer aus der Pfeffermühle hineinmahlen und sofort in der Suppenterrine anrichten.

Wenn Sie diese Suppe in Portionsschalen servieren wollen, können Sie kurz vor dem Auftragen jeweils 1 frisches Eigelb hineinrühren.

Sie brauchen keine Angst zu haben, daß der Geruch dieser Suppe Ihren Gästen unangenehm sein könnte. Durch das zweimalige Vorkochen der Knoblauchzehen wird ihr schweres Aroma stark gemildert.

Und vergessen Sie nicht, daß Knoblauch eine Medizin gegen viele Krankheiten ist. Als ich Kind war, kannte ich ein altes Ehepaar, das das ganze Dorf mit seiner Vitalität in Erstaunen versetzte. Sie ernteten jedes Jahr in ihrem Garten 800 Knoblauchzwiebeln für ihren eigenen Gebrauch! Davon verzehrte jeder pro Tag eine. Sie sind 90 Jahre alt geworden.

Essen Sie den Pfeffer nicht mit! Das ist das Geheimnis bei diesem Gericht, zu dem mein Freund Eddi die Anregung gab.

La pièce de faux-filet au poivre noir à la façon d'Eddie

Falsches Filet mit schwarzem Pfeffer nach Eddies Art

Zeitaufwand:
*** *Vorbereitung (mindestens 1 Stunde im voraus): 30 Minuten*
Backzeit: 30 Minuten
** *Vor dem Servieren: 10 Minuten*
Schwierigkeit: *gering*
Kosten: *ziemlich hoch*

Zutaten für 6 Personen

- 120 g schwarzer Pfeffer
- 2 kg falsches Filet, ohne Fett und Sehnen, ungespickt
- 120 g frische Butter
- 100 ml Cognac
- Salz

Küchengeräte

1 nicht zu großer Schmortopf
1 große Platte
1 tiefer Teller
1 feines Sieb
1 Sauciere
1 Schneebesen

Zubereitung

*** Das Fleisch muß unbedingt mindestens 1 Stunde vor dem Servieren gebraten werden, damit es lange genug ruhen kann. Andernfalls kann das Blut im Fleisch nicht gerinnen, und der ganze Saft, der den guten Geschmack des Fleisches ausmacht, läuft heraus, wenn es aufgeschnitten wird.

15 bis 20 Minuten lang, und mindestens 1 1/2 Stunden im voraus, den Backofen auf die höchste Stufe einschalten und vorheizen.

120 g schwarzen Pfeffer in einem zusammengefalteten Küchentuch mit dem Boden eines schweren Topfes zerstoßen.

Das Fleisch auf allen Seiten gut einsalzen und in dem gestoßenen Pfeffer wälzen, bis es ringsherum vollständig damit bedeckt ist.

30 g Butter in dem Schmortopf erhitzen. Wenn die Butter heiß ist, das Fleisch von allen Seiten gut darin anbraten und anschließend in den Backofen schieben.

Ungefähr 30 Minuten braten lassen, das Fleisch dabei einmal umdrehen. Nach dieser Zeit ist das Fleisch noch sehr blutig. Es kann dann noch während der Ruhezeit weiter garen. Wie lange das Fleisch gebraten werden muß, hängt natürlich von der Dicke des Stücks ab. Man erkundigt sich am besten beim Metzger danach.

Nach dem Braten das Fleisch auf einen umgekehrten Teller legen, den man auf eine größere Platte gestellt hat. Auf diese Weise kann das Fleisch ruhen, ohne im eigenen Saft zu baden. Mit einer Aluminiumfolie oder einer umgekehrten Salatschüssel bedecken und in den halb geöffneten, ausgeschalteten Ofen schieben.

Das Fett abschöpfen, das sich im Schmortopf auf der Oberfläche des Bratensaftes gesammelt hat, den Topf vom Herd nehmen und den Cognac hineinschütten. Bei schwacher Hitze (damit sich der Cognac nicht entzündet) durchziehen lassen. Pfeffer und Bratenreste lösen sich dann im Cognac.

** Vor dem Servieren das Blut, das sich unter dem Fleisch gesammelt hat, in den Schmortopf geben und erhitzen. Den Topf vom Herd nehmen und die restliche Butter (90 g) nacheinander in kleinen Stückchen mit dem Schneebesen hineinschlagen, bis sie vollständig von der Sauce aufgenommen worden ist. Anschließend durch ein Sieb in die Sauciere schütten.

Das Filet in etwa 1 cm dicke Scheiben schneiden, auf einer Platte anrichten und die Sauce getrennt dazu servieren. Bei dieser Art der Zubereitung verleiht der Pfeffer dem Fleisch seine ganze Würze.

Eddie Barclay, der vor allem als hervorragender Musiker bekannt ist, verfügt auch noch über andere Talente. Auch die Küche zählt zu seinen Leidenschaften, und er widmet sich dem Kochen mit der gleichen Intensität wie allen anderen Dingen, mit denen er sich beschäftigt.

Ich erinnere mich an ein wunderbares Treffen bei meinen Freunden Jean und Kiki. Eddi hatte buchstäblich die Küche übernommen, um für uns einige seiner Spezialitäten, unter anderem dieses Filet, zuzubereiten.

Die Köchin war geflohen. Nicht Eddie, sondern der starke Pfeffergeruch hatte sie vertrieben. Ich rate Ihnen also im voraus, in Ihrer Küche für Durchzug zu sorgen, wenn Sie dieses Rezept zubereiten wollen. Wenn nämlich der Pfeffer heiß wird, wird auch die Luft heiß und feurig. Wundern Sie sich also nicht, wenn Ihnen die Augen brennen, die Kehle kratzt und Sie niesen müssen. Machen Sie es wie Eddie, der alle diese kleinen Unannehmlichkeiten mit Hilfe eines Glases guten Rotweins vergißt.

La salade de cocos frais à la menthe

Weißer Bohnensalat mit frischer Minze

Zeitaufwand:
*** *Vorbereitung: 45 Minuten*
Koch- und Ruhezeit: 2 1/2 Stunden
Schwierigkeit: *gering*
Kosten: *mäßig*

Zutaten für 6 Personen

1,2 kg frische weiße Bohnen in der Schote oder 400 g getrocknete weiße Bohnen
1 Lauchstange
1 Karotte
1 Zwiebel
1 Gewürznelke
das Herz eines Staudenselleries
30 Blätter frische Minze
1 kleines Bund Petersilie
1 kleine Knoblauchzehe
1 1/2 Tl scharfer Dijonsenf
3 El Weinessig
7 El kalt gepreßtes Olivenöl
Salz, Pfeffer

Küchengeräte

1 Topf von 5 l Inhalt mit Deckel
1 Schneebesen
1 Rührschüssel
1 Schaumlöffel
1 Gemüsesieb
1 Schälmesser
1 Teller
1 Gabel

Zubereitung

*** Falls getrocknete Bohnen verwendet werden, müssen sie 24 Stunden vorher in kaltem Wasser eingeweicht werden.

Dieses Rezept kann auf jeden Fall einige Stunden im voraus zubreitet werden.

Wenn frische Bohnen verwendet werden, die Schoten entfernen.

Den Lauch gründlich putzen und waschen. Die Karotte schaben. Die Zwiebel schälen und die Gewürznelke hineinstekken. Die Gemüse mit den Bohnen in einen Topf von 5 Liter Inhalt geben und soviel Wasser dazuschütten, daß sie 2 bis 3 cm hoch bedeckt sind.

Bei großer Hitze zum Kochen bringen. Den Schaum abschöpfen, 1 großen Eßlöf-

Salat nach Art von César, der die gute Küche schätzt, auch gerne selbst kocht und gerne darüber spricht.

fel Salz hineingeben und den Topf mit einem Deckel verschließen. Bei schwacher Hitze kochen lassen, bis die Bohnen auf der Zunge zergehen. Bei frischen Bohnen beträgt die Kochzeit ungefähr 30 bis 40 Minuten, bei getrockneten Bohnen ungefähr 1 1/2 Stunden.

Während des Kochens das Sellerieherz putzen und in sehr feine Stückchen schneiden (bei dieser Gelegenheit sollten Sie Ihr eigenes Selleriesalz herstellen, indem Sie die Blätter im Dunkeln trocknen lassen. Wenn sie gut getrocknet sind, legen Sie die Blätter in ein Einweckglas, das Sie mit ganz trockenem Meersalz auffüllen und fest verschließen).

Die Minzeblätter und die Petersilie grob hacken. Zur Seite stellen.

Den Knoblauch schälen und auf einem Teller mit einer Gabel zerdrücken (siehe Zeichnung S. 313).

Die fertig gekochten Bohnen auf einem Sieb abtropfen lassen. 1 Eßlöffel Bohnen mit dem Knoblauch in eine Rührschüssel geben und mit einer Gabel zu einem feinen Püree zerdrücken. Senf, Weinessig und 1 Messerspitze Salz dazugeben. Mit dem Schneebesen gut durchmischen. Das Olivenöl in einem sehr dünnen Strahl hineinlaufen lassen und dabei die Mischung immer weiter kräftig durchschlagen. Auf diese Weise entsteht eine Sauce, die die Konsistenz einer Mayonnaise hat.

Die abgetropften Bohnen, den kleingeschnittenen Sellerie, die Petersilie und die Minze dazugeben. Mit frischem Pfeffer würzen, gut umrühren und in einer Salatschüssel zu dem gebratenen Filet servieren.

Dieses Rezept, das so einfach, aber voll der wunderbarsten Aromen ist, die sich unter südlicher Sonne entwickeln, verdanke ich meinem Freund César, der nicht nur ein großer Bildhauer ist, sondern überhaupt alles sehr gut kennt, was die Sinne eines Menschen erfreuen kann. Muß man einen solchen Menschen nicht lieben und zum Freund haben?

Les croûtes de roquefort

Roquefort-Toasts

Zeitaufwand:
*** *Vorbereitung: 10 Minuten*
** *Vor dem Servieren: 10 Minuten*
Schwierigkeit: *sehr gering*
Kosten: *mäßig*

Zutaten für 6 Personen

50 g Frischkäse
25 g Butter
75 g Roquefort
1 Messerspitze Selleriesalz
Pfeffer
1/2 Bund gehackter Schnittlauch
18 Baguettescheiben, 1 cm dick
1 Knoblauchzehe
ein wenig kalt gepreßtes Olivenöl
6 grüne Blätter Romanasalat
einige Blätter vom Staudensellerie

Sellerie ist ein wunderbarer Begleiter zum Käse.

Küchengeräte

1 Schüssel von 2 l Inhalt
1 Schneebesen
1 flacher Teller
1 Gabel oder 1 Mixer
1 Sieb
6 Dessertlöffel

Zubereitung

*** Der größte Teil dieses Rezepts kann einige Stunden im voraus zubereitet werden.

Den Frischkäse zum Abtropfen in ein Sieb legen.

Falls ohne Mixer gearbeitet wird, die Butter in einer Schüssel weich werden lassen und mit einem Schneebesen cremig schlagen.

Den Roquefort auf einem Teller mit einer Gabel zerdrücken, zu der Butter in die Schüssel geben, mit 1 Messerspitze Salz und einigen Umdrehungen aus der Pfeffermühle würzen. Alles gut vermischen, bis aus der Roquefort-Butter-Masse eine homogene Creme geworden ist. Frischkäse und Schnittlauch hinzufügen und gut vermischen.

In einem Mixer läßt sich alles auf einen Schlag erledigen.

Die Brotscheiben toasten und mit Knoblauch einreiben. Mit kalt gepreßtem Olivenöl beträufeln.

** Vor dem Essen die Salatblätter waschen, abtrocknen und auf die Teller verteilen.

Mit 2 Dessertlöffeln die Käsemischung zu kleinen ovalen Klößchen formen. Mit dem einen Löffel etwas von der Käsemischung nehmen, den anderen Löffel darauf setzen und umdrehen, so daß der Käse in diesen Löffel gleitet (siehe Zeichnung S. 313). Diesen Vorgang mehrmals wiederholen, bis ein schönes, festes Klößchen entstanden ist. Auf jede Toastscheibe ein Klößchen legen.

Die 18 Roquefort-Toasts auf die 6 Teller verteilen und die Käseklößchen mit Blättern vom Staudensellerie garnieren.

Les pêches ou poires au vin de poivre et de laurier

In Wein gedünstete Pfirsiche oder Birnen, gewürzt mit Pfeffer und Lorbeerblättern

Zeitaufwand:
*** *Vorbereitung: 30 Minuten*
Schwierigkeit: *gering*
Kosten: *ziemlich hoch*

Zutaten für 6 Personen

1/2 l roter Portwein
Schale von 1 Zitrone
2 El schwarzer Pfeffer in einem Leinensäckchen
1 Flasche kräftiger Rotwein, wie Côtes-du-Rhône oder Pinot Noir
1 Vanilleschote
5 El Blütenhonig
6 Lorbeerblätter, wenn möglich frisch
12 mittelgroße Pfirsiche oder 12 Williamsbirnen

Küchengeräte

2 große flache Töpfe
1 Küchenmesser
1 große Schale
1 Holzlöffel

Zubereitung

*** Das ganze Rezept muß mindestens 2 Stunden vor dem Servieren (oder noch länger) zubereitet werden, damit es genügend Zeit zum Abkühlen hat.

In einen großen flachen Topf 1/2 Liter roten Portwein gießen. Die Schale einer Zitrone, eine Vanilleschote, die Lorbeerblätter, das Leinensäckchen mit dem schwarzen Pfeffer und die Flasche Wein hinzufügen.

Zum Kochen bringen und den Honig hineingeben. Den Topf vom Herd nehmen, zudecken und zur Seite stellen.

Wenn Pfirische verwendet werden sollen, 2 Liter Wasser zum Kochen bringen, Sobald es kocht, die Pfirsiche 2 Minuten

Der dicke Sirup, der auf der Basis von Wein zubereitet wird, verleiht den Früchten diesen schönen Glanz.

lang darin ziehen lassen und anschließend in kaltes Wasser tauchen. Dann läßt sich die Haut leichter abziehen.

Wenn statt Pfirsichen Birnen verwendet werden, die Birnen einfach schälen, ohne die Stiele zu entfernen.

Die geschälten Früchte sofort in den noch warmen Wein legen. Die Früchte auf mittlerer Hitze zum Kochen bringen, die Hitze reduzieren und dann noch 10 Minuten lang köcheln lassen.

Anschließend den Topf vom Herd nehmen und die Früchte zugedeckt abkühlen lassen. Nach dem Erkalten die Früchte in eine Schale legen. Aus dem Pfeffersäckchen den Saft herausdrücken. Die Lorbeerblätter aus dem Wein nehmen und an den Stielenden in die Früchte stecken, um den Eindruck zu erwecken, als seien es die eigenen Blätter der Früchte.

Wenn Pfirsiche verwendet werden, die Vanilleschote in 12 Stäbchen schneiden und in die einzelnen Pfirsiche stecken, um echte Stiele vorzutäuschen.

An einen kühlen Ort, aber nicht in den Kühlschrank stellen. Der Pfeffer in Verbindung mit dem Wein und dem Portwein verleiht den Früchten ein ausreichend frisches Aroma.

Als ich Kind war, bereitete meine Tante Célestine ein ähnliches Dessert zu, dem sie kurz vor dem Servieren ein gutes Glas Crème de cassis beifügte. Merkwürdig daran war, daß ich zwar nichts von den Früchten essen durfte, daß man mir aber ein wenig von dem guten Johannisbeerlikör zugestand, in den ich einige Löffelbisquits tauchte . . .

Wie hätte ich bei einer solchen Erziehung kein Feinschmecker werden sollen!

Pfirsiche oder Birnen . . . aber vor allem Wein!

13 MENU

Für 6 Personen

Ein Bistro-Menu

Zeitaufwand:
*** *Vorbereitung:*
1 1/2 Stunden
** *Vor dem Servieren:*
15 Minuten
Schwierigkeit:
durchschnittlich
Kosten: *mäßig*

Das folgende Menu ist zweifellos sehr einfach. Aber Trotzdem schmeckt es ganz köstlich. Heute gibt es nur noch wenige Restaurants aus der damaligen Zeit, als die Hallen noch das Zentrum von Paris prägten. Zweifellos hatten sich in diesem Viertel Armut und Verfall ausgebreitet, aber es war ein echtes Universum, wo sich alles traf, Lastträger, Großhändler, Metzger, Gemüsehändler, Fischhändler, Käufer und die unvermeidlichen Touristen am frühen Morgen, die hier ihre Nacht nach Schließung der eleganten Nachtlokale ausklingen ließen. Menschen aus allen Gesellschaftsschichten versammelten sich hier in den Bistros.

Es war nicht einfach, sich zur Theke vorzuarbeiten durch die Menge Menschen, die sich mindestens in Dreierreihen mit einem Glas Wein, einer Tasse Kaffee oder auch einem Glas Rum dort aufgebaut hatten. Die Karte war immer dieselbe: Zwiebelsuppe, Schweinsfüßchen, Schnecken, Gemüsesuppe, Nieren, Steak. Auf allen Tischen standen natürlich Flaschen mit frisch gezapftem Wein und große Körbe mit Brot.

Zu dieser Stunde und angesichts einer so handfesten Nahrung war man nicht aufgelegt, gesittet zu essen. Man stürzte sich voller Appetit auf die Gerichte, die nicht nur köstlich schmeckten, sondern auch sehr reichhaltig waren. Auch Brot gab es im Übermaß. Lassen Sie also die »gute alte Zeit« wieder aufleben, indem Sie die Atmosphäre der alten Bistros nachempfinden.

La soupe à l'oignon

L'omelette aux crottins de Chavignol

Les pieds de cochon

Les pommes de terre rôties

La salade aux lardons

La tarte aux pommes et aux noix

Abgesehen von ihrem folkloristischen Wert sind diese Rezepte übrigens wirklich gute, schmackhafte traditionelle Zubereitungen. Ich muß gestehen, daß ich sie lieber mag als viele exotische und kompliziertere Gerichte.

Laden Sie also Ihre guten Freunde zu einem Bistro-Menu ein, Freunde, die wie Sie die einfachen und natürlichen Dinge lieben. Oder aber laden Sie gerade die Leute ein, die so snobistisch sind, daß sie annehmen, diese ein wenig rustikalen Gerichte seien der absolute Höhepunkt an Raffinesse!

Einkäufe

Dieses Menu kann schnell zusammengestellt werden, abgesehen von den Schweinsfüßchen, die man sicher einige Tage im voraus beim Metzger bestellen muß.

Getränke

Als Aperitif bietet sich im Bistro ein Kir an. Aber Sie können auch variieren, indem Sie andere Kirs als den traditionellen zubereiten.

Um den originalen Kir zuzubereiten, geben Sie 1 Teelöffel Crème de Cassis auf 100 ml Wein (Sancerre, Maĉon oder sogar Champagner). Den Cassis (Johannisbeerlikör) können Sie durch einen Campari, einen Erdbeerlikör oder Himbeerlikör usw. ersetzen. Ein leichter, kühler Rotwein paßt auch zu diesen verschiedenen Zutaten.

Wenn Sie nur einen Wein zum Essen reichen wollen, dann wählen Sie einen Weißwein aus, der auch zur Zubereitung der Schweinsfüße verwendet wird. Nehmen Sie einen Sancerre oder einen Mâcon, der nicht älter als zwei Jahre ist, und servieren Sie ihn sehr kalt (6° bis 8°).

Wenn Sie einen Rotwein vorziehen, um mit der Zwiebelsuppe einen *chabrot* zu machen, nehmen Sie einen Beaujolais Villages, einen Beaujolais nouveau, den Sie kalt trinken (10° bis 12°), einen Morgon, einen Brouilly oder einen Côtes-du-Rhône, der ziemlich jung und leicht temperiert (13° bis 15°) sein muß.

Der Beaujolais nouveau wird übrigens von Ende November an serviert. Er verliert seinen Geschmack, sobald das Frühjahr gekommen ist.

Menukarte in Form eines würdevollen Bistro-Kellners.

Geschirr und Gläser

Wählen Sie ein dickes, rustikales weißes Geschirr aus.

6 feuerfeste Schalen für die Zwiebelsuppe
6 Dessertteller, um die Schalen darauf anzurichten
12 vorgewärmte flache Teller für das Omelette und die Schweinsfüßchen
6 Fingerschalen
6 flache Teller für den Salat
6 Dessertteller für die Törtchen
1 große ovale Platte für das Omelette
1 große feuerfeste Form für die Schweinsfüßchen
1 große Salatschüssel
1 Platte, um die Salatschüssel darauf anzurichten
1 Brotkorb mit einer zusammengefalteten Serviette für die Kartoffeln
12 Gläser für Wein und Wasser

Speiseraum im »Café de la Poste« in Biot. ▷

Roger
1982
Roger
1984
Moulin-à-Ven
Appellation Moulin-à-Vent Contrôlée
Roger Vergé
Mâcon-Villages
Appellation

IMAGES DU TRAVAIL EN FRANCE
PEINTURES ET DESSINS
DU 6 JUILLET AU 7 OCTOBRE 1985
MUSÉE NATIONAL FERNAND LEGER BIOT 06

Bestecke

6 Suppenlöffel
12 Gabeln
6 Messer
6 Dessertgabeln und 6 Dessertlöffel
3 Servierlöffel und 3 Serviergabeln
1 Salatbesteck

Tischdekoration

Zu diesem Menu paßt am besten ein Marmortisch. Es kann sogar ein Tisch mit einer Kunststoffplatte sein wie in dem Bistro von Biot, in dem das abgebildete Foto aufgenommen wurde. Wenn Sie keinen solchen Tisch besitzen, dann decken Sie Ihren Tisch am besten mit einem rotweißen, einem ganz weißen oder einem gewachsten Tischtuch.

Wählen Sie dazu Servietten in der passenden Farbe, die Sie in Serviettenringe stecken, die Sie vorher aus farbigem Karton zurecht geschnitten haben (siehe Zeichnung S. 312).

Das Menu schreiben Sie mit Kreide auf kleine Schiefertafeln oder auf altmodische Bistro-Menukarten.

Den Tisch schmücken Sie mit dem traditionellen Zubehör aus den Bistros: Brotkorb aus Metall, Wasserkaraffen und Aschenbechern mit aufgedruckter Reklame usw.

Organisation und Zeiteinteilung

*** Der größte Teil des Essens kann einige Stunden im voraus zubreitet werden. Vergessen Sie aber nicht, den Weißwein kaltzustellen.

45 Minuten vor dem Essen den Backofen auf 200° vorheizen. 12 flache Teller warmstellen.

** 15 Minuten vor dem Servieren der Suppe die Kartoffeln in den Ofen schieben. Die Zwiebelsuppe bei schwacher Hitze wieder heiß machen (nicht einkochen lassen!) und zu den Gästen zurückkehren, um mit ihnen den Aperitif zu Ende zu trinken.

5 Minuten vor dem Servieren die Kartoffeln aus dem Ofen nehmen und mit einer Aluminiumfolie oder einem Backblech zudecken. Den Grill (oder die Grillstufe im Ofen) einschalten, die Suppe in den Schalen garnieren und gratinieren.

Die Gäste zu Tisch bitten und die Zwiebelsuppe servieren, sobald sie goldbraun ist.

Nach der Suppe in die Küche zurückkehren und das Omelette zubereiten. Vor dem Servieren des Omelettes aber die Schweinsfüßchen in den Ofen schieben, in dem schon die Kartoffeln backen (die Kartoffeln nach 40 Minuten aus dem Ofen nehmen, nachdem man mit einer Messerspitze überprüft hat, ob sie gar sind).

Für die Zubereitung des Salats ist etwas mehr Zeit nötig (10 bis 15 Minuten). Vor dem Servieren die Törtchen in den ausgeschalteten Ofen schieben, diesen wieder schließen, damit sie lauwarm serviert werden können.

Bevor sie zu Suppe verarbeitet werden, treiben Ihnen die Zwiebeln die Tränen in die Augen.

La soupe à l'oignon

Zwiebelsuppe

Zeitaufwand:
*** *Vorbereitung: 40 Minuten*
Backzeit: 30 Minuten
** *Vor dem Servieren: 15 Minuten*
Schwierigkeit: *durchschnittlich*
Kosten: *mäßig*

Zutaten für 6 Personen

2 1/2 l Rinder- oder Hühnerbouillon
600 g Zwiebeln
3 El Butter
6 Knoblauchzehen
1 Zweig frischer Thymian (oder 1/2 Tl getrockneter Thymian)
1 1/2 El Mehl
1/2 Baguette
350 g Käse (Gruyère, Comté oder Emmentaler . . .)
Salz, Pfeffer

Küchengeräte

1 Küchenmesser
1 Küchenbrett
1 Topf von 3 l Inhalt
1 gußeiserner Schmortopf von 4 l Inhalt
1 Holzlöffel

Die berühmteste Zwiebelsuppe stammt sicherlich aus den *Halles de Paris.*

Früher drängelten sich Nachtschwärmer und Frühaufsteher, die zur Arbeit mußten, an der Theke der Bistros und Brasserien und schlürften gemeinsam die heiße Zwiebelsuppe. Kurz bevor sie ihre Suppe aufgegessen hatten, rührten sie etwas frischen Pfeffer aus der Mühle hinein und gossen ein volles Glas Rotwein dazu. Sie bereiteten sich einen sogenannten *chabrot* zu. Und glauben Sie mir, wenn Sie das um 4 oder 5 Uhr morgens tun, brauchen Sie sich nicht mehr um den Rest der Nacht zu sorgen.

Heute ist das ehemalige Hallenviertel nicht mehr das, was es einmal war. Aber die Zwiebelsuppe ist immer noch die gleiche, köstlich, ehrlich und einfach. Einfach? Vielleicht nicht ganz! Sie verlangt Geduld und Aufmerksamkeit, damit sie nicht wie Spülwasser aussieht, in dem nur einige geröstete Brotkrusten herumschwimmen.

Zubereitung

*** Sie können einen Teil dieses Rezepts schon einige Stunden im voraus zubereiten.

Falls keine Rinder- oder Hühnerbrühe vorrätig ist, 6 Bouillonwürfel in 3 Litern heißem Wasser auflösen. Schöne Zwiebeln auswählen, schälen und in sehr feine Scheiben schneiden. Die feingeschnittenen Zwiebeln mit 3 Eßlöffeln Butter in einen gußeisernen Schmortopf geben und zunächst zugedeckt, dann abgedeckt leise köcheln lassen.

Inzwischen 6 Knoblauchzehen schälen und zerdrücken.

Wenn die Zwiebeln weich und leicht gebräunt sind, 1 1/2 Eßlöffel Mehl hinzufügen. Mit einem Holzlöffel gut durchmischen. Die zerquetschten Knoblauchzehen dazugeben und die Rinder- oder Hühnerbrühe hineinschütten. Einen großen Zweig frischen Thymian hineinlegen. Nicht zu stark salzen, da die Bouillon schon gesalzen ist. Die Suppe 1/2 Stunde bei mittlerer Temperatur kochen lassen und währenddessen 1/2 Baguette in feine Scheiben schneiden. Die Brotscheiben leicht toasten. Den Gruyère (oder anderen Käse) mittelfein reiben.

Wenn Sie die Suppe im voraus zubereiten, hier zunächst unterbrechen.

** 15 Minuten vor dem Servieren die Suppe zugedeckt bei schwacher Hitze in 5 Minuten heiß werden lassen. Den Grill im Backofen einschalten. Die Suppenschalen auf ein Backblech stellen und randvoll mit Suppe füllen. Jede Suppenschale vollständig mit getoasteten Weißbrotscheiben bedecken. Eine Umdrehung frischen Pfeffer aus der Mühle darübermahlen. Dann reichlich geriebenen Käse darüberstreuen, so daß das Brot auf der Suppe vollständig davon bedeckt ist und der Käse noch etwas über den Rand reicht. Die Suppenschalen unter den Grill schieben und 2 bis 3 Minuten überbacken lassen, bis der Käse geschmolzen ist und sich eine goldbraune Kruste gebildet hat.

Man kann die Zwiebelsuppe abwandeln, indem man verschiedene andere Zutaten hinzufügt. Zum Beispiel kann man einen Teil der Brühe durch einen trockenen Weißwein oder ein Glas halbtrockenen Sherry ersetzen. Oder man läßt jeweils ein Eigelb über die goldgelben Käsekrusten gleiten, sobald man die Suppenschalen aus dem Ofen genommen hat. Oder man schüttet ein Glas süßen Portwein oder Kirsch über jede Käsekruste ...

Alles ist sehr gut. Aber ich persönlich mag die Zwiebelsuppe am liebsten ganz einfach, so wie sie aus dem Ofen kommt.

L'omelette aux crottins de Chavignol

Omelette mit Ziegenkäse

Zeitaufwand:
*** *Vorbereitung: 10 Minuten*
** *Vor dem Servieren: 10 Minuten*
Schwierigkeit: *gering*
Kosten: *mäßig*

Zutaten für 6 Personen

4 *Crottins de Chavignol* oder andere sehr trockene Ziegenkäse
20 Scheiben Baguette, 6 bis 7 mm dick
5 El Olivenöl
12 frische Eier
3 Tl frische wilde Thymianblüten oder frischer Thymian, oder 1 Tl getrockneter Thymian
Salz, Pfeffer

Küchengeräte

1 Rührschüssel
1 Schälmesser
1 Backblech
1 große Pfanne von 30 cm Durchmesser

Zubereitung

*** Käse und Brotscheiben können schon im voraus zubereitet werden. Den Schimmel von den Crottins leicht abkratzen und die Käse in sehr feine Scheiben schneiden. In einer Aluminiumfolie zur Seite stellen. Das Baguettebrot in 6 bis 7 mm dicke Scheiben schneiden, auf ein Backblech legen, mit 3 Eßlöffeln Olivenöl beträufeln und mit Thymian bestreuen.

** 10 Minuten vor dem Servieren die Weißbrotscheiben auf beiden Seiten im Ofen grillen. Inzwischen die Eier in eine große Rührschüssel geben, leicht salzen und mit einer Gabel durchschlagen. Den Ziegenkäse und 1/2 Teelöffel Thymian hinzufügen, gut durchmischen.

2 Eßlöffel Olivenöl in einer Pfanne von 30 cm Durchmesser heiß werden lassen. Die Eier-Käse Mischung hineinschütten und kurz mit einer Gabel umrühren. Bei mittlerer Hitze backen lassen, bis die Eier gerade fest geworden sind.

Das fertige Omelette zusammenrollen und auf einer länglichen Platte anrichten. Mit den heißen, von Olivenöl durchtränkten Weißbrotscheiben umlegen und sofort servieren.

Das ist alles! Einfach und absolut köstlich!

Sie müssen natürlich keine Croutons zum Omelette reichen, wenn Sie der Meinung sind, daß dieses Menu schon zuviel Brot enthält. Aber sie schmecken sehr gut!

Les pieds de cochon au four

Gebackene Schweinsfüßchen

Zeitaufwand:
*** *Vorbereitung: 20 Minuten*
Backzeit: 20 Minuten
** *Vor dem Servieren: 10 Minuten*
Schwierigkeit: *gering*
Kosten: *mäßig*

Zutaten für 6 Personen

3 Tl frische wilde Thymianblüten oder frischer Thymian, oder 1 Tl getrockneter Thymian
Salz, Pfeffer
10 El trockener Weißwein (Sauvignon, Mâcon, Pouilly oder Saint-Véran)
4 El milder Dijon-Senf

Küchengeräte

1 Küchenmesser
1 große feuerfeste Form aus Steingut oder Porzellan, in der die halbierten Schweinsfüßchen Platz haben
1 großer Topf zum Kochen der Schweinsfüßchen (wenn Sie keine vorgekochten bekommen können)

Zubereitung

Ein Schweinsfüßchen-Rezept aus den *Halles!* Ein Essen am Abend, das man mit den Fingern verzehren muß . . . (Bitte nicht die Fingerschalen vergessen!)

*** Ein großer Teil dieses Rezeptes kann schon einige Stunden im voraus zubereitet werden.

Den Backofen auf 200° vorheizen. Rechnen Sie – mindestens – 2 halbe Schweinsfüßchen pro Person. Kaufen Sie sie schon vorgekocht, in ein wenig Gelee. Sie sollten auf keinen Fall paniert sein, da das nicht zu diesem Rezept passen würde.

In die feuerfeste Form 2 gut gehäufte Eßlöffel Butter und die gehackten Schalotten geben. Die halben Schweinsfüßchen, mit der Haut nach oben, darauflegen. Weißwein darüberschütten und das ganze für 20 Minuten in den vorgeheizten Backofen schieben. Den Backvorgang überwachen und eventuell noch Weißwein dazuschütten, wenn die Flüssigkeit zu schnell eingekocht ist. Am Ende der Backzeit sollte sich eine sirupartige Sauce gebildet haben. Die Form aus dem Ofen nehmen.

Jedes halbe Schweinsfüßchen mit Senf bestreichen, die Bratensauce darüberschütten und einige Butterstückchen darauf verteilen.

Wenn Sie die Schweinsfüßchen im voraus zubereiten, dann machen Sie an dieser Stelle Halt und stellen die Schweinsfüßchen kalt.

** Vor dem Servieren die Schweinsfüßchen noch einmal für 10 Minuten in den Ofen schieben, der die gleiche Temperatur wie vorher haben sollte. Nicht salzen, das hat der Metzger schon vorher besorgt.

Die Form, so wie sie ist, auf den Tisch stellen. Servieren Sie dazu den gleichen

Schweinsfüßchen wie in den Hallen.

Wein, den Sie auch zur Zubereitung der Schweinsfüßchen verwendet haben.

1) Wenn Sie die Schweinsfüßchen ungekocht kaufen, dann lassen Sie sich von ihrem Metzger den Mittelknochen herauslösen, damit Sie sie besser halbieren können. Sie müssen schon vorher vom Metzger abgesengt und gereinigt worden sein. Aber achten Sie darauf, daß keine Borsten mehr daran sind. Sonst rasieren Sie diese (natürlich mit dem Rasierapparat!) weg. Anschließend unter Salzwasser abspülen und abtrocknen.

In einen schweren Suppentopf legen, mit Wasser bedecken und 2 Gläser Weißwein, 1 *bouquet garni*, 1 mit einer Gewürznelke gespickte Zwiebel und 2 geschabte und in Stücke geschnittene Karotten hinzufügen. Pfeffern und zum Kochen bringen. 4 Stunden lang mit geschlossenem Deckel bei niedriger Temperatur köcheln lassen.

Die Schweinsfüßchen abtropfen und abkühlen lassen, der Länge nach halbieren und so zubereiten, wie auf Seite 207 angegeben.

Les pommes de terre rôties

Gebackene Kartoffeln

Zeitaufwand:
**** Vorbereitung: 10 Minuten*
*** Direkt vor dem Servieren: 40 Minuten*
Schwierigkeit: *gering*
Kosten: *mäßig*

Zutaten für 6 Personen

30 neue Kartoffeln
10 El Milch
40 g Butter (nach Wunsch)
Salz

Küchengeräte

1 große, flache Schale für die Kartoffeln und die Milch
1 Kartoffelschälmesser
1 Schmorpfanne für die Kartoffeln

Zubereitung

*** Die Kartoffeln können im voraus, sollten aber nicht zu früh zubereitet werden, da sie sonst schwarz werden.

Kartoffeln (am besten neue) verwenden, die so groß wie Hühnereier sind.

Die Kartoffeln vor dem Schälen waschen. Wenn die Kartoffeln ungleich groß sind, sollten sie beim Schälen auf etwa die gleiche Größe zugeschnitten werden.

Die Kartoffeln in eine Schüssel legen und 10 Eßlöffel Milch dazuschütten. Die Kartoffeln in der Milch wälzen und abtropfen lassen. Anschließend ohne weitere Zutaten in eine Schmorpfanne legen. Kaltstellen, wenn sie einige Stunden im voraus geschält werden.

** 1 Stunde vor dem Servieren den Backofen auf 200° vorheizen. Nach 20 Minuten die Kartoffeln für 40 Minuten in den Ofen schieben und während des Backens hin und wieder umdrehen, damit sie auf allen Seiten eine schöne goldbraune Farbe annehmen. Direkt vor dem Servieren salzen und auf einem zusammengefalteten Küchentuch oder einer karierten Serviette

Mit oder ohne Butter – diese Kartoffeln sind in jedem Fall köstlich.

in einem Weidenkorb anrichten. Sie ersetzen das Brot und saugen sich mit der Sauce voll, wenn Sie sie auf Ihrem Teller zerdrücken. Sie können den Kartoffeln auch ein glänzendes Aussehen verleihen, wenn Sie sie nach dem Backen in einem Topf in 3 Eßlöffeln geschmolzener Butter wälzen. In diesem Fall servieren Sie sie am besten in einer flachen Schale.

Das ist ein so einfaches und gutes Rezept, und meine Mutter bereitete es mit soviel Liebe zu . . .

La salade aux lardons

Frischer Salat mit Speckstreifen

Zeitaufwand:
*** *Vorbereitung: 15 Minuten*
** *Vor dem Servieren: 15 Minuten*
Schwierigkeit: *gering*
Kosten: *mäßig*

Zutaten für 6 Personen

250 g schwach gesalzener, frischer durchwachsener Speck
6 Eier (nach Wunsch)
1 Tl Dijonsenf
1 El Weinessig
4 El Olivenöl oder Nußöl
1 Knoblauchzehe
700 g Salat (Endivien, Löwenzahn, Frisée)
Salz, Pfeffer

Küchengeräte

1 Küchenmesser
1 große Salatschüssel
1 Salatbesteck aus Holz oder Horn
1 Topf für die Eier
1 Bratpfanne für den Speck

Zubereitung

*** Ein Teil dieses Rezepts kann im voraus zubereitet werden.

SALAT. Man sollte einen möglichst knackigen Salat verwenden, wie z. B. Frisée, Löwenzahn oder Endivien. Diese Salate können auch mit anderen Salaten oder untereinander vermischt werden. Aber damit sie sich harmonisch verbinden, sollten sie in etwa den gleichen Biß haben.

Den Salat erst kurz vor dem Servieren würzen!

SPECK UND EIER. Man sollte einen mild gesalzenen, frischen Brustspeck von rosiger Farbe verwenden. Die Schwarte abschneiden und die kleinen Knochen herauslösen, in 1/2 cm dicke und 3 cm lange Streifen schneiden.

Die Eier in kochendes Wasser geben und nur 7 Minuten lang kochen lassen. Um zu vermeiden, daß sie beim Kochen platzen, sollten Sie die Eier vorher auf haarfeine Risse untersuchen und in jeweils 1 Liter Kochwasser 2 Eßlöffel Salz geben oder aber einige Streichhölzer auf die Hälfte abbrennen lassen und in das Kochwasser werfen (Sie brauchen es nicht zu glauben. Es klappt wirklich. Ich habe es selbst ausprobiert!)

Nach dem Kochen die Eier unter fließendem kalten Wasser abpellen.

SAUCE. Eine möglichst große Schüssel verwenden. Den Senf mit 1 Messerspitze Salz und 1 Eßlöffel Weinessig vermischen. Gut umrühren und das Olivenöl oder Nußöl dazufügen. Den Pfeffer erst im letzten Moment hineinmahlen.

** Kurz vor dem Servieren die Speckstreifen ohne Butter oder Öl in einer Pfanne ausbraten. Aus der Pfanne nehmen und abtropfen lassen.

Den gewaschenen und abgetropften Salat zu der Sauce in die Salatschüssel geben. Die Eier kleinschneiden und mit den Speckstreifen unter den Salat mischen.

Eine Knoblauchzehe mit einer Gabel zerdrücken (siehe Zeichnung S. 313) und in den Salat geben. Pfeffern.

Den Salat sorgfältig mit einem Besteck aus Holz oder Horn (niemals Metall!) durchmischen. Es schadet nichts, wenn die weichen Eier dabei noch weiter zerfallen. Das ist unvermeidlich und trägt dazu bei, die Sauce zu binden und ihr einen cremigen Geschmack zu verleihen.

Normalerweise enthält der Salat mit Speckstreifen Brotwürfel aus altbackenem Weißbrot, die mit einer Knoblauchzehe eingerieben wurden, aber im Rahmen dieses Menus haben Sie schon geröstete Weißbrotscheiben auf der Zwiebelsuppe und zum Omelette gegessen, und das reicht für eine Mahlzeit.

La tarte aux pommes et aux noix

Apfeltörtchen mit Nüssen

Zeitaufwand:
*** *Vorbereitung: 25 Minuten*
Backzeit: 20 Minuten
** *Vor dem Servieren: 10 Minuten*
Schwierigkeit: *gering*
Kosten: *mäßig*

Zutaten für 6 Personen

75 g Walnüsse
150 g Butter
150 g Zucker
3 Eier
150 g Mehl
3 Äpfel (Reinetten) oder 20 in Wein gedünstete Dörrpflaumen
75 g Puderzucker

Küchengeräte

1 mittelgroße Schüssel
1 Küchenbrett
1 mittelgroßes Messer
1 Kartoffelschälmesser
1 Holzlöffel
6 Tortenförmchen von 9 bis 10 cm Durchmesser
1 Puderzuckerstreuer
1 Pinsel
1 Nudelholz

Zubereitung

*** Sie können diese Törtchen einige Stunden im voraus zubereiten.

Den Ofen auf 180° vorheizen. Die Nüsse mit einem mittelgroßen Küchenmesser zerkleinern. Dann die Butter in einer Rührschüssel weich werden lassen und mit einem Holzlöffel zuerst den Zucker, dann nach und nach die Eier, anschließend das Mehl und zum Schluß die Nüsse hineinrühren und alles gut vermischen.

Die 6 Förmchen ausbuttern und den Teig in die Förmchen verteilen.

Die Äpfel mit dem Kartoffelschälmesser schälen und die Gehäuse entfernen. In dünne Scheiben schneiden und auf die Teigmasse in den Förmchen verteilen (siehe Zeichnung S. 313).

In den vorgeheizten Backofen schieben und ungefähr 20 Minuten backen lassen. Die Törtchen mit Puderzucker bestreuen und noch einmal 5 bis 10 Minuten backen lassen, bis sie goldbraun sind.

** Die Törtchen schmecken am besten, wenn sie lauwarm gegessen werden. Man kann sie im letzten Moment noch einmal aufwärmen. Wenn Sie keine Reinetten haben, können Sie diese durch in Wein gekochte Dörrpflaumen ersetzen.

Die Pflaumen werden folgendermaßen zubereitet: 20 Pflaumen in einen Topf geben. Mit 1/4 Liter Wasser und 1/4 Liter Wein bedecken. 2 Eßlöffel Puderzucker und 1 Zitronenschale hinzufügen. Bei schwacher Hitze 10 Minuten lang kochen lassen. Nach dem Kochen die Pflaumen entsteinen und abtropfen lassen. Anschließend 3 oder 4 Pflaumen, je nach Größe, auf die einzelnen mit dem Nußteig belegten Tortenförmchen verteilen.

MENU 14

Für 6 Personen

Diner bei Kerzenlicht

Zeitaufwand:
*** *Vorbereitung: 4 1/2 Stunden*
** *Vor dem Servieren: 30 Minuten*
Schwierigkeit: *hoch*
Kosten: *hoch*

Ich kann nicht an ein Diner bei Kerzenlicht denken, ohne mich an ein ganz besonderes weihnachtliches Festessen zu erinnern. Es fand damals in der Nähe der grandiosen Viktoria-Wasserfälle von Sambesi statt, in einem Land, das früher Nordrhodesien hieß und jetzt wieder Zimbabwe heißt.

Ich war mit einem Dutzend Freunden eingeladen, das Weihnachtsfest bei englischen Farmern zu feiern. In diesem Teil der Erde ist es zu Weihnachten ungefähr so heiß wie bei uns im Juli. Nichts erinnert an die Temperaturen unserer kalten, mitunter schneereichen Weihnachtstage.

Um dennoch diese vertraute Weihnachtsatmosphäre entstehen zu lassen, war der Tisch mit einer feinen Spitzendekke gedeckt, die schönen, weißen Teller hatten ein Golddekor, und das Besteck war aus feinstem Silber, für das die Engländer so berühmt sind. Der Weihnachtsbaum erinnerte mehr an eine Mimose als an einen echten Tannenbaum, aber sein Schmuck verwandelte ihn in einen recht stattlichen Weihnachtsbaum.

Aber was den eigentlich festlichen Charakter ausmachte, waren die 6 schönen Silberleuchter mit den elfenbeinfarbenen Kerzen, die dem geräumigen Eßzimmer einen solchen Glanz verliehen, daß ich mich immer noch daran erinnern kann.

Les escalopes de saumon cru avec la crème aux graines de moutarde et le bouquet de champignons

Les huîtres chaudes en crème safranée

Les filets d'agneau en croûte en duxelles de cèpes

Le gâteau tout chocolat

Dieses sanfte Licht war die einzige Lichtquelle im Raum, und sie reichte aus, uns weit fortzutragen aus dieser tropischen Nacht mit den geheimnisvollen Geräuschen der Insekten und dem Quaken der Frösche.

Als es Mitternacht schlug, erklang »Stille Nacht, Heilige Nacht« von einem Plattenspieler, und die Gäste und Angestellten der Farm stimmten im Chor darin ein.

Das war vielleicht meine schönste Weihnachtsnacht und mein schönstes Essen bei Kerzenschein.

Einkäufe

2 Lammfilets vorbestellen und vom Metzger Fett, Sehnen und Haut entfernen lassen. Auch den Lachs und die Austern vorbestellen.

Das sanfte Licht der Kerzen verleiht dem Raum eine unvergleichliche Atmosphäre von Wärme und Geborgenheit.

Getränke

Als Aperitif reichen Sie einen Champagner oder einen Cocktail auf der Grundlage von Champagner.

Als Weißwein empfehle ich Ihnen einen trockenen Weißwein zum Lachs und den Austern, z. B. einen Blanc de Palette, einen Graves oder einen Wein aus der Champagne. Zu den Filets reichen Sie einen guten Bordeaux wie einen Margaux.

Geschirr und Gläser

Wählen Sie ein elegantes und unaufdringliches feines Porzellan mit einem Blumenmuster oder ganz in Weiß mit Goldrand.

6 gekühlte, große flache Teller für den Lachs
6 große flache Teller für die Austern (oder Austernteller)
6 vorgewärmte, große flache Teller für die Lammfilets im Teigmantel
6 Dessertteller für den Kuchen
1 großes und 2 kleine Küchenbretter für die Filets
1 große runde Platte für den Kuchen
1 vorgewärmte Sauciere
18 Gläser für Wasser, Weiß- und Rotwein

Bestecke

6 Fischmesser und 6 Fischgabeln für den Lachs
6 Austerngabeln
6 Teelöffel für die Austernsauce
6 Messer und 6 Gabeln für die Filets im Teigmantel
6 Dessertgabeln für den Kuchen
2 Tortenheber (für die Filets und den Kuchen)
1 Suppenlöffel zum Anrichten
1 großes Messer

Tischdekoration

Gestalten Sie ein festliches Abendessen mit vielen Kerzen, die geheimnisvolle Schatten auf die Wände des Eßzimmers werfen und deren zarter Wachsgeruch sich mit dem Duft der Blumen und der Speisen harmonisch verbindet.

Schmücken Sie den Raum mit Kandelabern, und stellen Sie Kerzenleuchter auf den Tisch. Verwenden Sie kein elektrisches Licht. Wählen Sie Ihre Kerzen sorgfältig aus, d. h. verwenden Sie nur Kerzen mit einem großen Anteil Wachs. Schließlich sollen sie bis zum Ende des Abends brennen. Stellen Sie die Kerzen niemals in den Durchzug. Sonst brennen sie zu schnell ab.

Wenn Sie keine gläsernen oder metallenen Tropfenfänger für die Kerzen haben, dann schneiden Sie kleine runde Manschetten aus Karton aus, dessen Farbe Sie passend zu den Kerzen aussuchen. Es gibt auch kleine Kränze aus getrockneten oder künstlichen Blumen, die dieselbe Funktion erfüllen.

Wenn Sie diese Vorsichtsmaßnahmen getroffen haben, können Sie Ihre kostbarsten Spitzen- und Damasttischtücher und Ihr ganzes Silber aus den Schränken holen: Bestecke, Kerzenleuchter, Brotkörbe usw. . . .

Sie können das Menu mit einem schwarzen Filzstift auf goldene Papierspitzendeckchen schreiben, die Sie auf die Teller legen. Auch die Namen Ihrer Gäste können Sie auf kleine herzförmige Papierspitzendeckchen malen.

Organisation und Zeiteinteilung

*** Den Kuchen und den Blätterteig für das Lamm können Sie schon am Vortag zubereiten und mit dem größten Teil der Rezepte schon einige Stunden im voraus beginnen. Vergessen Sie nicht, den Weißwein einige Stunden vor dem Essen kaltzustellen. Ich rate Ihnen, das Lamm einige Stunden vorher zuzubereiten und im Kühlschrank aufzubewahren.

** 30 Minuten vor dem Essen 6 Teller warmstellen. Den Lammfond fertig zubereiten, im Wasserbad warmhalten und ein zweites Mal den Blätterteig mit Eigelb bestreichen.

Den Grill im Backofen einschalten.

Das Gemüse und die Austernsauce im Wasserbad wieder heiß machen. Die Creme und die Eier für die Austernsauce mit dem Schneebesen schlagen. Auf ein Backblech eine Schicht grobes Salz streuen und die Austernschalen darauflegen.

Die Algen auf den 6 Tellern verteilen.

Kurz vor dem Beginn des Essens den Kuchen aus dem Kühlschrank nehmen.

Den Lachs fertig zubereiten und servieren.

Nach dem Lachs die Creme und die Eigelb in die Austernsauce schlagen.

Die Austern in die Schalen verteilen, mit der Gemüsejulienne bedecken, die Sauce darübergießen und unter den Grill schieben. Sobald sie goldbraun sind, den Grill auf 240° herunterschalten.

Den Blätterteig ein letztes Mal mit Eigelb bestreichen und die Filets im Blätterteigmantel für 20 Minuten in den Ofen schieben.

Die Austern servieren.

Was die Filets anbetrifft, so brauchen Sie nur noch 60 g Butter unter den Lammfond zu ziehen, den Sie im Wasserbad gewärmt haben; dann in eine Sauciere schütten und servieren.

Les escalopes de saumon cru avec la crème aux graines de moutarde et le bouquet de champignons

Rohe Lachsschnitzel mit Senfkörnercreme und frischen Champignons

Zeitaufwand:
*** *Vorbereitung: 25 Minuten*
** *Vor dem Servieren: 10 Minuten*
Schwierigkeit: *gering*
Kosten: *ziemlich hoch*

Zutaten für 6 Personen

6 El süße Sahne
1 Eigelb
1 Tl Dijonsenf
8 El Olivenöl
1 1/2 Tl Senf mit ganzen Körnern
600 g frischen Lachs oder jeden anderen frischen Meeresfisch mit weißem Fleisch wie Loup de mer oder Daurade etc.
6 große weiße Zuchtchampignons
2 Zitronen
einige Blätter Petersilie oder Kerbel
Salz, Pfeffer

Küchengeräte

2 Schalen
1 Schneebesen
1 Teller
1 langes dünnes Messer

Zubereitung

*** Einige Stunden im voraus können Sie die Sahne schon in einer Schale schlagen. Sie soll dick, aber nicht ganz steif werden. Kühl stellen. In einer anderen Schale 1 Eigelb mit dem Saft von 1 Zitrone und 1 Teelöffel Senf vermischen, mit einer Messerspitze Salz und etwas frisch gemahlenem Pfeffer abschmecken. Das Öl in sehr dünnem Strahl hineinlaufen lassen. Dabei die Creme ständig mit dem Schneebesen schlagen, bis sie die Konsistenz von Mayonnaise bekommt. Danach den Senf mit ganzen Körnern und die geschlagene Sahne hineinrühren. Wenn notwendig, nachwürzen.

Den frischen Lachs wie geräucherten Lachs in hauchdünne Scheiben schneiden. Die Scheiben auf die 6 gut gekühlten Teller verteilen und schön ausbreiten. Salzen und pfeffern und mit der Senfcreme benetzen.

** Vor dem Servieren die Champignonköpfe waschen und in dicke Juliennestreifen schneiden. Mit Zitronensaft beträufeln, damit sie nicht dunkel werden. Salzen und pfeffern und in Form von kleinen Bouquets auf die einzelnenTeller legen. Mit Petersilie- oder Kerbelblättern dekorieren und servieren.

Les huîtres chaudes en crème safranée

Austern in Safrancreme

Zeitaufwand:
*** *Vorbereitung: 50 Minuten*
** *Vor dem Servieren: 35 Minuten*
Schwierigkeit: *durchschnittlich*
Kosten: *ziemlich hoch*

Zutaten für 6 Personen

200 g Karotten
100 g Lauch (nur den weißen Teil)
100 g Staudensellerie (nur das Herz)
1 Bund Petersilie
1 Tl Butter
36 Austern (mit flachen Schalen), vom Typ Belon oder Marennes (Austern mit gewölbten Schalen sind genauso gut, aber weniger praktisch)
1 Knoblauchzehe
10 El trockener Weißwein
2 Tl gehackte Schalotten
150 ml süße Sahne
2 Eigelb
1 Mokkalöffel Safran
2 oder 3 Handvoll Algen oder 500 g grobes Meersalz
Salz, Pfeffer

Küchengeräte

1 Küchenmesser
1 Kartoffelschälmesser
2 mittelgroße Töpfe
1 Austernmesser
1 Backblech
1 mittelgroße Rührschüssel

Zubereitung

*** Sie können einige Stunden im voraus die Karotten, den Lauch und die Sellerieherzen waschen und putzen. In Juliennestreifen, d. h., in 3 cm lange, dünne Stäbchen schneiden. Die Gemüse in einen Topf geben und mit Wasser füllen, bis sie gut bedeckt sind. Salzen, 1 Teelöffel Butter hinzufügen und zum Kochen bringen. Ohne Deckel so lange kochen lassen, bis das ganze Wasser verdampft ist. Zur Seite stellen.

Während des Kochens die Petersilie waschen, abtropfen lassen und 36 schöne Blätter abzupfen. Eine Knoblauchzehe schälen und leicht mit einer Messerklinge zerdrücken. Eine Schalotte kleinhacken.

Die Sahne in den Kühlschrank stellen, damit sie ganz kalt wird.

Die Austern öffnen und die darin enthaltene Flüssigkeit in einem Gefäß auffangen. Beim Öffnen darauf achten, daß das Austernfleisch nicht beschädigt wird. Die stärker gewölbte Hälfte einer jeden Austernschale unter kaltem Wasser abspülen und auf ein mit grobem Salz beschichtetes Backblech legen. Bei einer Temperatur von weniger als 100° im Backofen trocknen lassen (wenn der Ofen heißer ist, kann eventuell das Perlmutt von den Muschelschalen abplatzen). Wenn die Austernschalen erhitzt werden, entströmt ihnen ein warmer Algengeruch, der dann später das Austernfleisch und die Sauce durchdringt.

Die Austernflüssigkeit in ein feines Sieb schütten, um Schalenreste und Schmutz zu entfernen. Die Austern und ihre Flüssigkeit in einen mittelgroßen Topf geben. Den trockenen Weißwein, die gehackte Schalotte und die zerdrückte Knoblauchzehe hinzufügen. Kaltstellen. Die Austernschalen aus dem Ofen nehmen.

** Kurz vor dem Servieren den Topf mit den Austern einmal aufkochen lassen, die Austern sofort herausnehmen und auf einem Teller zur Seite stellen. Die Kochflüssigkeit so lange einkochen lassen, bis nur noch 3 bis 4 Eßlöffel davon übrig sind.

Das gleiche Quantum Sahne hinzufügen und die Sauce durch ein feines Sieb passieren.

Den Grill im Backofen anstellen.

Den Rest der gut gekühlten Sahne in einer Schale steif schlagen, 2 Eigelb und 1 Mokkalöffel Safran dazufügen, dann gut durchmischen. In jede warme Austernschale etwas Juliennegemüse füllen und eine Auster darauf legen.

Die geschlagene Sahne unter den eingekochten Weißwein und die eingekochte Austernflüssigkeit rühren. Mit Salz und Pfeffer abschmecken und die Creme gleichmäßig auf den Austern verteilen. Sofort in den Ofen unter den Grill schieben und goldbraun überbacken.

Die Algen auf den 6 vorgewärmten Tellern verteilen. Jeweils 6 Austern darauflegen, mit einem Petersilienblatt garnieren und sofort servieren.

Les filets d'agneau en croûte en duxelle de cèpes

Lammfilets im Blätterteigmantel mit einer Steinpilzfüllung

Zeitaufwand:
*** *Vorbereitung: 2 Stunden*
** *Vor dem Servieren: 10 Minuten*
Schwierigkeit: *hoch*
Kosten: *hoch*

Zutaten für 6 Personen

BLÄTTERTEIG
380 g Butter
375 g Mehl
3 gestrichene Tl Salz

LAMMFILET
500 g Lammfilet vom Lammrücken, ohne Fett, Haut und Knochen
1 El Butter
2 El Öl
Salz, Pfeffer

STEINPILZFÜLLUNG
350 g frische Steinpilze oder 30 g getrocknete Steinpilze und 350 g weiße Champignons
1 El Butter
1 El gehackte Schalotten
Salz, Pfeffer

GEFLÜGELFARCE
150 g rohes Geflügelfleisch (erbitten Sie von Ihrem Geflügelhändler einen Flügel)
1 1/2 Scheiben Weißbrot, in Milch eingeweicht
180 g leichte Crème fraîche (30 %)
Salz, Pfeffer

LAMMFOND
450 g Lammknochen
3 El Öl
75 g Schalotten
40 g grob gehackte Karotten
1 Thymianzweig
1 kleine Knoblauchzwiebel
1 1/2 Lorbeerblatt
1 1/2 Tl Tomatenmark
330 ml Rotwein, den Sie auch zum Lammfilet servieren
1 Würfel Geflügelbouillon
Salz, Pfeffer
einige Pfefferkörner
60 g Butter

FERTIGSTELLUNG
2 Eigelb
1 Tl feiner Zucker
2 El Wasser

Küchengeräte

FÜR DEN BLÄTTERTEIG
1 elektrische Küchenmaschine
1 Nudelholz
1 Bogen Pergamentpapier
1 Küchentuch

FÜR DAS FILET
2 Küchenbretter, ungefähr 12×25 cm groß
1 scharfes Messer
1 Pinsel
1 Holzlöffel
1 Backblech
1 Nudelholz
1 Topf von 3 l Inhalt
1 Topf von 1 l Inhalt
1 kleiner gußeiserner Schmortopf
1 elektrischer Fleischwolf
1 großes, feines Sieb
1 schwerer Suppentopf
1 schweres, dickes Messer
1 kleine Rührschüssel

Zubereitung

*** Der größte Teil der Gerichte kann einige Stunden im voraus zubereitet werden.

BLÄTTERTEIG. Zunächst mit dem Blätterteig beginnen, der jede halbe Stunde wieder bearbeitet werden muß. Währenddessen das Lammfilet und die Füllungen zubereiten.

Zuerst die Butter aus dem Kühlschrank nehmen, und wenn sie hart ist, mit einem Nudelholz auf einem Bogen Pergamentpapier ausrollen, um sie geschmeidig zu machen. Anschließend das Mehl, die Hälfte der Butter (die andere Hälfte wieder in den Kühlschrank legen), 2 gestrichene Teelöffel Salz und 150 ml frisches Wasser in der Rührschüssel der Küchenmaschine (oder auf Ihrer Arbeitsfläche) gut vermischen, bis ein homogener Teig, die sogenannte *détrempe*, entstanden ist.

Diesen Teig zu einer Kugel formen, der kreuzweise mit einem Messer eingeschnitten wird (siehe Zeichnung S. 312), damit er atmen kann. Die Teigkugel 30 Minuten lang in einem leicht angefeuchteten Tuch im Kühlschrank ruhen lassen.

Wenn der Teig und die restliche Butter 30 Minuten lang im Kühlschrank geruht haben (sie müssen die gleiche Temperatur und Konsistenz haben), den Teig auf eine leicht bemehlte Arbeitsfläche legen und zu einem großen , gut 1 cm dicken Quadrat ausrollen. Auf der Mitte der Teigplatte die andere Hälfte Butter (190 g) verteilen. Die 4 Ecken des Teigs über die Butter klappen und dieses Mal zu einem Rechteck von 1/2 cm Dicke ausrollen. Beim Ausrollen nicht zuviel Druck ausüben, damit sich die Butter nicht durchdrückt oder an den Seiten herausquillt.

Das Rechteck dritteln und wie einen Brief zusammenklappen. Die Ränder zusammendrücken und wieder zu einem Rechteck ausrollen. Dann hälfteln und wieder zu einem Rechteck ausrollen. Wieder dritteln und dann noch einmal hälfteln. Sie haben jetzt den Vorgang zweimal ausgeführt. Um sich daran zu erinnern, drücken Sie leicht mit 2 Fingern in den Teig. Den Teig wieder 30 Minuten lang in einem feuchten Tuch im Kühlschrank ruhen lassen. Den oben beschriebenen Vorgang ein zweites Mal durchführen (Viereck ... dritteln ... hälfteln und wiederholen).

Jetzt drücken Sie zur Erinnerung viermal mit dem Finger in den Teig und lassen ihn noch einmal 30 Minuten lang ruhen. Danach wird der Teig zum letzten Mal in der oben beschriebenen Weise gehälftelt und gedrittelt, so daß Sie zum Schluß insgesamt sechsmal die beschriebene Prozedur ausgeführt haben.

LAMMFOND. Vom Metzger die Lammknochen kleinhacken lassen.

3 Eßlöffel Olivenöl in einem schweren Suppentopf heiß werden lassen und die Knochen darin bräunen. Das überschüssige Fett der Bratflüssigkeit über dem Spülstein abgießen und den Topf wieder auf den Herd stellen. Die grob gehackten Schalotten und Karotten, den Thymian, den Knoblauch, die Lorbeerblätter und das Tomatenmark hinzufügen.

Alles zusammen bei schwacher Hitze köcheln lassen, den Rotwein und einige Pfefferkörner hineingeben und drei Viertel der Flüssigkeit einkochen lassen.

Anschließend soviel Wasser hineingeben, daß die Knochen bedeckt sind, den Würfel Hühnerbrühe hinzufügen und 40 Minuten lang köcheln lassen, bis die Flüssigkeit auf die Hälfte eingekocht ist.

Inzwischen ist eine Menge zu tun: Denken Sie daran, daß der Blätterteig darauf wartet, zweimal bearbeitet zu werden. Anschließend müssen die Steinpilzfüllung und die Lammfilets zubereitet werden.

Aber vergessen Sie dabei nicht den Lammfond, der still auf dem Ofen köchelt. Er muß nach 40 Minuten durch ein ganz feines Sieb in einen kleinen Topf passiert und dann kaltgestellt werden.

FILETS. Bitten Sie Ihren Metzger, Ihnen die 2 Filets eines Lammrückens bratfertig zu machen, d. h. sie vom Kochen zu lösen und Fett und Haut abzuschneiden.

Bei diesem Rezept können die frischen Steinpilze auch durch frische Champignons ersetzt werden.

In einer Schmorpfanne 2 Eßlöffel Öl und 1 Eßlöffel Butter erhitzen. Die Filets salzen und pfeffern und in das heiße Fett geben. Von allen Seiten gut anbraten. Das muß sehr schnell gehen. Das Fleisch soll ringsherum nur ganz kurz angebraten sein. Anschließend die Filets auf einem Teller ruhen lassen, während die Steinpilzfüllung und die Farce (den Blätterteig und den Fond nicht vergessen!) zubereitet werden.

STEINPILZFÜLLUNG. Die frischen Steinpilze kleinhacken. Wenn getrocknete Steinpilze verwendet werden, müssen Sie 15 Minuten in 1/2 Liter lauwarmem Wasser eingeweicht werden. Anschließend abtropfen lassen, das ganze Wasser gut herausdrücken und mit den Champignons kleinhacken.

In beiden Fällen 1 Eßlöffel Butter und 1 Eßlöffel gehackte Schalotten in einen Topf geben. Die gehackten Steinpilze hinzufügen, salzen und bei starker Hitze mit einem Holzlöffel so lange umrühren, bis das ganze Wasser der Pilze verdampft ist. Pfeffern und auf einem Teller in den Kühlschrank stellen.

GEFLÜGELFARCE. Das rohe Geflügelfleisch durch einen Fleischwolf drehen. Das in Milch eingeweichte Brot hinzufügen. Salzen, pfeffern und noch einmal durchdrehen.

Die Crème fraîche in zwei Teilen nacheinander hineinrühren, abschmecken und in eine Rührschüssel geben. Die Hälfte dieser Farce mit der gekühlten Steinpilzfüllung vermischen und kaltstellen.

Den Rest der Farce können Sie für kleine Geflügeltörtchen zu einer anderen Gelegenheit verwenden.

FERTIGSTELLUNG. In einer Schale Eigelb, Zucker und 2 Eßlöffel Wasser mit einer Gabel zusammenschlagen. Den Blätterteig in 4 gleiche Teile teilen und zu 4 Rechtecken von 2 mm Dicke ausrollen. Die Rechtecke müssen etwas größer als die Lammfilets sein. In die Mitte von 2 Rechtecken eine Schicht der Steinpilz-Geflügel-Mischung geben und jeweils ein Filet darauflegen. Die 2 anderen Teigrechtecke darauflegen. Die Ränder jeder Teigplatte mit Eigelb bestreichen, und die oberen und unteren Teigplatten gut zusammendrücken und eine Krempe bilden.

In die beiden Blätterteigdeckel einen »Schornstein« machen, d.h. in die Mitte jedes Deckels ein Loch von 1 cm Durchmesser bohren und eine Rolle aus Pergamentpapier hineinstecken.

Die 2 fertigen, in Blätterteig eingewikkelten Filets mit der Eigelbmischung bestreichen.

** 30 Minuten vor dem Servieren die Filets zum zweiten Mal mit Eigelb bestreichen. Den Backofen auf 220° vorheizen.

Den Topf mit dem Lammfond im Wasserbad heiß machen. Nach 15 bis 20 Minuten Vorheizen die Filets in den Ofen schieben und 15 bis 20 Minuten backen lassen.

Kurz vor dem Servieren 60 g Butter mit dem Schneebesen in den im Wasserbad erhitzten Lammfond schlagen und in die Sauciere schütten.

Die Filets im Blätterteigmantel auf 2 kleinen Küchenbrettern, die man auf ein großes Küchenbrett gelegt hat, anrichten und auftragen.

Anmerkung: Es ist schwierig, eine kleinere Menge Geflügelfarce zuzubereiten, als ich angegeben habe.

Geben Sie die überschüssige Menge Geflügelfarce in kleine Backförmchen, die Sie in einen Schmortopf stellen, den Sie zur Hälfte mit Wasser füllen. In den auf 150° vorgeheizten Backofen schieben und 20 Minuten backen lassen.

Sie können die Geflügelpastetchen mehrere Tage lang im Kühlschrank aufbewahren. Am besten reichen Sie sie zum Aperitif, indem Sie sie in kleine runde Scheiben schneiden und kleine getoastete, mit Senf bestrichene Weißbrotscheiben damit belegen.

Sie können die Geflügelfarce auch als Salat mit einer Vinaigrette aus Weinessig, Nußöl und sehr fein gehackten Kräutern (Estragon, Petersilie, Kerbel, Schnittlauch etc.) servieren (Farce und Vinaigrette zu gleichen Teilen). Und schließlich können diese kleinen Pastetchen zu einem Braten gereicht werden, nachdem Sie sie vorher im Wasserbad warm gemacht und mit der Bratensauce bedeckt haben.

Und wenn Sie schon einmal dabei sind, dann machen Sie gleich mehr davon.

Le gâteau tout chocolat

Schokoladenkuchen

Zeitaufwand:
*** *Vorbereitung: 30 Minuten*
Backzeit: 15 Minuten
Schwierigkeit: *gering*
Kosten: *mäßig*

Zutaten für 6 Personen

KUCHEN
5 Eier
110 g Zucker
110 g Mehl
50 g Kakao
1 Stück Butter für die Kuchenform
200 ml Rum (weißer oder brauner)
100 g Zucker

CREME
125 g bittere oder halbbittere Schokolade
90 g Butter
100 g Zucker
2 Eier

Küchengeräte

1 Kuchenform von 18 cm Durchmesser und 3 bis 4 cm Höhe
1 Spritztüte
1 große Rührschüssel
2 mittelgroße Rührschüsseln
1 großer Schneebesen
1 mittelgroßer Schneebesen
1 Teigschaber
1 mittelgroßer Topf
1 Pinsel

Zubereitung

*** Dieser Kuchen kann sehr gut einige Stunden im voraus oder sogar am Vortag zubereitet und im Kühlschrank aufbewahrt werden. Sie sollten ihn aber vor dem Beginn des Essens aus dem Kühlschrank nehmen, damit er nicht zu kalt ist, wenn er zum Nachtisch verzehrt werden soll.

KUCHEN. Den Backofen auf 230° vorheizen. In einer mittelgroßen Rührschüssel 5 Eigelb und den Zucker mit einem Schneebesen gut durchschlagen, bis die Mischung eine hellgelbe Farbe annimmt. In einer anderen Schüssel den Kakao und das Mehl sorgfältig vermischen. In einer großen Rührschüssel das Eiweiß zu steifem Schnee schlagen. Anschließend die Mehl-Kakao-Mischung und 1/4 des geschlagenen Eiweiß' unter die Eigelb-Zukker-Mischung ziehen. Wenn alle Zutaten gut vermischt sind, das restliche Eiweiß vorsichtig unterziehen.

Die Kuchenform ausbuttern und mit einer Spritztülle den Teig so hineingeben, daß er eine Kuppel bildet.

Ungefähr 15 Minuten im vorgeheizten Ofen backen. Den Kuchen auf einem Rost auskühlen lassen.

CREME. 125 g Schokolade und 90 g Butter im Wasserbad schmelzen lassen. 2 Eigelb hineinschlagen und vom Herd nehmen. 100 g Zucker hinzufügen. Das Eiweiß zu sehr steifem Schnee schlagen. 1/3 des Eiweiß mit der geschmolzenen Schokolade vermischen, dann vorsichtig die restlichen 2/3 Eiweiß unterziehen.

FERTIGSTELLUNG. Ein rundes Stück Karton in der Größe des Kuchens ausschneiden, den Kuchen darauflegen und auf ein Backblech setzen, von dem er sich nach seiner Fertigstellung leicht auf die Servierplatte schieben läßt. Wenn Sie den Kuchen vor seiner Fertigstellung auf die Tortenplatte setzen, haben Sie größte Schwierigkeiten, diese nicht zu beschmutzen, wenn Sie den Kuchen füllen und verzieren.

Den Kuchen einmal quer durchschneiden und folgendermaßen mit Rum tränken: 100 g Zucker und 80 g Wasser zum Kochen bringen, abkühlen lassen und den Rum hinzufügen. Diesen Rumsirup mit einem Pinsel auf den beiden Kuchenhälften verteilen.

Anschließend den unteren Teil des Kuchens mit einer Cremeschicht bedecken, die andere Kuchenhälfte daraufsetzen und mit der restlichen Creme bestreichen.

VERZIERUNG. Mit einem Kartoffelschälmesser kleine Schokoladenspäne herstellen und den Kuchen damit verzieren. Sie können aber auch fertige Schokoladenstückchen oder -röllchen im Laden kaufen und auf dem Kuchen garnieren.

Um die hier abgebildeten Schokoladenröllchen herzustellen, streichen Sie eine dünne Schicht geschmolzene Schokolade auf ein Marmorbrett. Lassen Sie die Schokolade abkühlen und rollen Sie sie mit einem biegsamen Messer auf.

15 MENU

Für 6 Personen

Am Kaminfeuer

Zeitaufwand:
*** *Vorbereitung: 3 Stunden*
** *Vor dem Servieren: 1 Stunde*
Schwierigkeit: *durchschnittlich*
Kosten: *hoch*

Seit Tausenden von Jahren bildet das Feuer das Herzstück der Behausungen aller Zivilisationen, was in dem französischen Wort *foyer* deutlich wird, das zugleich »der Ort, an dem man Feuer macht« und »Heim« und »Haus« bedeutet.

Ein halbes Jahrhundert ist es nun her, daß man angefangen hat, in Wohnungen ohne Kamin zu leben. Und wen wundert es dann, wenn sich seitdem die zwischenmenschlichen Beziehungen abgekühlt haben?

Ich bin praktisch neben dem Feuer groß geworden, da mein Vater Schmied war. Und ich habe mir eine so große Liebe zum Feuer bewahrt, so daß ich mir nur schwer ein Haus ohne offenen Kamin vorstellen kann.

Was gibt es Schöneres und Angenehmeres als Flammen, die sich auf den Gesichtern widerspiegeln, die Schatten auf den Wänden tanzen lassen und Menschen auf geheimnisvolle Weise verbinden und zum Träumen einladen!

Wissen Sie auch, wie gut eine Suppe ist, die über dem Kaminfeuer gekocht wurde? Der Rauch streicht um die Ränder des Topfes und verleiht der Suppe ein wunderbares Aroma von Holzfeuer.

Das ist der richtige Moment für eine kurze Ruhepause, die Sie wie eine große Katze mit halbgeschlossenen Augen und bebenden Nasenflügeln vor dem Feuer verbringen. Nach der Suppe reicht das Holz immer noch zum Grillen des Fleisches.

Oh, ich hätte es fast vergessen! Spießen Sie einige Scheiben Landbrot mit der Gabel auf und grillen Sie sie über dem Holzfeuer. Reiben Sie das Brot dann leicht mit einer Knoblauchzehe ein und beträufeln Sie es reichlich mit Olivenöl. Wenn die Suppe reichhaltig ist, können Sie sogar auf das Fleisch verzichten. Essen Sie die Suppe aus großen Schalen, die Augen auf die Flammen dieses Festmahls gerichtet.

Les huîtres aux agrumes

***La poule faisane rôtie
à la liqueur des Pères Chartreux***

La fondue de chicons à la bière

***Les meringues glacées
à l'infusion de grains de café
avec la sauce chocolat
à la cannelle***

Einkäufe

Wenn Sie die Meringuen (Baisers) nicht selbst zubereiten wollen, dann vergessen Sie nicht, sie einzukaufen.

Austern und Fasane vorher bestellen!

Getränke

Als Aperitif servieren Sie einen Champagner oder einen Cocktail aus einer Flasche Champagner, 100 ml frischem Orangensaft und 1 Mokkatasse Aprikosenlikör. Alle Zutaten müssen gut miteinander vermischt werden.

Zu den Austern reichen Sie entweder noch einmal Champagner oder einen Weißwein aus der Champagne. Zum Fasan servieren Sie am besten einen Rotwein wie einen Volnay, einen Mercurey oder einen Saint-Emilion.

Geschirr und Gläser

6 gekühlte flache Teller für die Austern
6 vorgewärmte flache Teller für die Fasane
6 vorgewärmte flache Teller für den Chicorée
6 Dessertschalen für das Eis, 6 Papierdeckchen und 6 Dessertteller für die Eismeringuen
1 vorgewärmte große Platte für die Fasane
1 vorgewärmte Sauciere für die Sauce zu den Fasanen
1 Sauciere für die Schokoladensauce
6 Champagnergläser
12 Gläser für Wasser und Rotwein

Bestecke

6 Austerngabeln oder Dessertgabeln und 6 Saucenlöffel
6 Gabeln und 6 Messer für die Fasane
6 Dessertlöffel für die Meringuen
2 Servierlöffel und 2 Serviergabeln

Tischdekoration

Wählen Sie Tischwäsche aus weißem Damast und verwenden Sie große Kerzenleuchter.

Wenn Sie dem Abendessen einen herbstlichen Charakter verleihen wollen, dann stellen Sie Kerzen in dunklen Farben auf (grüne oder braune) und schmücken den Tisch mit Zweigen, Blättern und einigen Blüten.

Schreiben Sie das Menu mit brauner Tinte auf Pergamentpapier, auf das Sie einige kleine Fasanenfedern kleben.

Wenn Sie einen Kamin haben, zünden Sie ein großes Feuer an.

Organisation und Zeiteinteilung

*** Sie können die Eismeringuen schon am Vortag zubereiten. Vergessen Sie nicht, den Weißwein einige Stunden vor Beginn des Essens kaltzustellen. Beginnen Sie mit der Zubereitung der Austern und der Fasane.

Am Kamin bei Denis Mornet, der viele Rezepte dieses Buches ausprobiert hat. ▷

Saran
RÉCOLTE
1981

** Eine Stunde vor dem Servieren den Backofen auf 250° vorheizen. 12 flache Teller, 1 große Platte und 1 Sauciere warmstellen. Die Fasane bratfertig machen und mit der Zubereitung des Chicorée beginnen. Wenn der Ofen heiß ist (nach 20 Minuten), die Fasane hineinschieben und den Chicorée zum Schmoren aufs Feuer stellen.

30 Minuten vor Beginn des Essens die Fasane aus dem Ofen holen und warmstellen. Die Sauce zu den Fasanen zubereiten und im Wasserbad warmhalten.

Die Austern garnieren und kurz vor dem Servieren in den Ofen schieben. Danach den Ofen auf 200° herunterschalten und den Chicorée hineinschieben.

Nach dem Verzehr der Austern die Fasane zerlegen, die Sauce fertigmachen und den Chicorée aus dem Ofen holen.

Für die Fertigstellung der Meringuen benötigen Sie nur einige Minuten.

Les huîtres aux agrumes

Austern mit Zitrusfrüchten

Zeitaufwand:
*** *Vorbereitung: 10 Minuten*
** *Vor dem Servieren: 30 Minuten*
Schwierigkeit: *gering*
Kosten: *ziemlich hoch*

Zutaten für 6 Personen

3 Orangen
3 Zitronen
30 Belon-Austern
2 Handvoll Algen oder 2 Bund Petersilie
einige Tropfen Olivenöl
einige Korianderkörner (Koriandersamen)

Küchengeräte

1 Küchenmesser
1 Austernmesser
1 große Rührschüssel
1 feines Sieb

Am besten eignen sich Belon-Austern der Größe 0 oder 00. Aber Marennes- oder Claires-Austern lassen sich ebensogut verwenden.

Dieses Rezept ist ganz einfach und ganz gesund. Die einzige Schwierigkeit besteht darin, die Austern zu öffnen. Achten Sie nur darauf, beim Öffnen das Fleisch nicht zu verletzen und die Austern dabei über ein Gefäß zu halten, um die Austernflüssigkeit aufzufangen.

Muß ich Sie daran erinnern, daß eine Auster, die offen ist und sich nicht wieder schließt, sobald man sie in die Hand nimmt, eine tote, nicht mehr eßbare Auster ist? Und wußten Sie übrigens, daß Sie Austern mehrere Tage lang im unteren Teil des Kühlschranks aufbewahren können, wenn die Temperatur nicht unter 10° fällt und Sie die Austern flach nebeneinander und zugedeckt, mit einem Gewicht beschwert, in den Kühlschrank stellen? Aus diesem Grund werden die Austernkörbe auch unter Druck verschlossen.

Zubereitung

*** Einige Stunden im voraus können schon die Orangen und Zitronen geschält werden. Darauf achtgeben, daß alle Schalenrestchen säuberlich entfernt werden.

Die Früchte in die einzelnen Schnitze aufteilen und den Saft auffangen.

** 30 Minuten vor dem Servieren (auf keinen Fall früher!) die Austern öffnen. Die Austernflüssigkeit in einer großen Schüssel auffangen und die Austern auf den einzelnen Tellern auf einem Bett von Algen (oder Petersilie) verteilen.

Den Backofen auf 250° vorheizen. Die Koriandersamen zu feinem Pulver zerstampfen. Den beim Schälen aufgefangenen Orangesaft und die Austernflüssigkeit zusammen auf die Hälfte einkochen lassen. Das Olivenöl und das Korianderpulver hinzufügen.

In jede Auster ein Stück Zitrone und ein Stück Orange legen. Frischen Pfeffer darübermahlen.

Kurz vor dem Servieren die Austern für 2 Minuten in den vorgeheizten Ofen schieben, um sie lauwarm werden zu lassen, und jede Auster mit 1 Mokkalöffel der Mischung aus Austernflüssigkeit, Orangen- und Zitronensaft und Olivenöl beträufeln.

La poule faisane rôtie à la liqueur des Pères Chartreux

Gebratener Fasan mit Chartreuse-Likör

Zeitaufwand:
*** *Vorbereitung: 30 Minuten*
** *Vor dem Servieren: 35 Minuten*
Backzeit: 30 Minuten
Schwierigkeit: *durchschnittlich*
Kosten: *hoch*

Zutaten für 6 Personen

3 junge zarte Fasane
6 petits suisses oder 3 abgetropfte Joghurts
4 El grüner Chartreuselikör
120 g Butter
5 El Portwein
1 Würfel Hühnerbrühe
40 g Butter
Salz, Pfeffer

Küchengeräte

1 Schmortopf, in dem 3 Fasane Platz haben
1 Küchenbrett
1 mittelgroßes Messer
1,50 m Zwirn zum Binden
1 kleiner Topf
1 Teller
1 kleines, feines Sieb
1 Gabel und Löffel
1 Tuch zum Abtropfen des Joghurts

Zubereitung

*** Falls Joghurt verwendet wird, einige Stunden im voraus ungefähr 2 Stunden lang abtropfen lassen.

Die Fasane rupfen und absengen. Anschließend ausnehmen, die Füße, Flügelspitzen und den Hals abschneiden. Die Flügelspitzen und Hälse aufbewahren und in grobe Stücke zerhacken. Die einzelnen Fasane zusammenbinden (siehe Zeichnung S. 313).

Auf einem Teller die *petits suisses* (oder den Joghurt) mit dem grünen Chartreuse, etwas frischem Pfeffer aus der Mühle und 1 Teelöffel feinem Salz mit einer Gabel zusammenmischen, bis eine homogene, teigartige Masse entsteht. Etwas von der Mischung in jeden Fasan füllen und damit die Bauchhöhle der Tiere mit Hilfe eines Löffelrückens ausstreichen.

** Eine Stunde vor dem Servieren den Backofen auf 250° vorheizen.

Den Schmortopf mit den Hälsen und Flügelspitzen auslegen. Die Fasane außen salzen und jeweils mit 1 Teelöffel weichgewordener Butter bestreichen; in den Schmortopf legen. Wenn der Ofen heiß ist (nach 15 bis 20 Minuten), die Fasane für 35 Minuten hineinschieben. Während des Bratens die Fasane umdrehen und mit der Bratbutter begießen.

Nach diesen 35 Minuten die Fasane mit dem Portwein begießen und noch einmal für 7 Minuten in den Ofen schieben. Danach die Fasane aus dem Schmortopf nehmen und im offenen (ausgeschalteten) Ofen warmhalten.

100 ml Wasser in die Schmorpfanne gießen und den Würfel Hühnerbrühe hinzufügen. 5 Minuten lang bei großer Hitze kochen lassen. Der Bratensaft darf dabei nicht einkochen. Die Sauce durch ein feines Sieb in einen kleinen Topf passieren und warmhalten.

Vor dem Servieren die Fasane zerlegen. Die Keulen und die Flügel auf eine gewärmte Platte legen und in den geöffneten Ofen schieben.

Mit einem Löffel die gesamte Farce aus dem Inneren der Fasane herausholen. Den Bratensaft in dem kleinen Topf zum Kochen bringen und die Farce hinzufügen. Gut durchmischen und dann 40 g Butter nach und nach in kleinen Stückchen mit dem Schneebesen sorgfältig hineinschlagen.

Mit Salz und Pfeffer abschmecken.

Etwas frischen Pfeffer über das Geflügel mahlen, die Sauce durch ein feines Sieb in eine Sauciere passieren und Fasane und Sauce zusammen mit dem Chicorée auf getrennten Tellern sofort servieren.

La fondue de chicons à la bière

In Bier geschmorter Chicorée

Zeitaufwand:
*** Vor dem Servieren: 25 Minuten*
Backzeit: 20 Minuten
Schwierigkeit: *gering*
Kosten: *mäßig*

Zutaten für 6 Personen

12 mittelgroße Chicorée
120 g Butter
1 kleine Flasche helles Bier
1 Würfel Zucker (oder 1 Tl Zucker)
1 Würfel Hühnerbrühe
4 El feines Semmelmehl
4 El geriebener Gruyère
Salz, Pfeffer

Küchengeräte

1 gußeiserner Schmortopf von 25 cm Durchmesser

1 große Auflaufform zum Überbacken

Zubereitung

Zubereitung

** 45 Minuten vor dem Essen die äußeren Blätter des Chicorée entfernen und die Enden und Blattspitzen abschneiden. Chicorée waschen und abtrocknen.

100 g Butter in den Schmortopf geben und den Boden damit ausstreichen. Die Chicorée nebeneinander hineinlegen, den Deckel schließen und den Topf auf mittlere Temperatur stellen. Wenn die Butter zischt und die Chicorée zu bräunen beginnen, müssen sie umgedreht werden.

Das Bier, 1 Stück Zucker, den Würfel Hühnerbrühe und 1 Messerspitze Salz hinzufügen. Den Topf wieder schließen und die Chicorée noch einmal 20 Minuten lang schmoren.

Danach den Deckel abnehmen und den Bratensaft so lange einkochen, bis er sirupartig geworden ist.

Den Backofen auf 200° vorheizen.

Die Chicorée nebeneinander in die Auflaufform legen und mit dem Bratensaft übergießen. Mit Semmelmehl und geriebenem Käse bestreuen. Einige Butterstückchen darauf verteilen. Kurz vor dem Servieren die Auflaufform in den Ofen schieben und die Chicorée so lange überbacken, bis ihre Kruste eine goldbraune Farbe angenommen hat. Sofort servieren.

Sie mögen keinen Chicorée? Dann probieren Sie dieses Rezept. Sie werden überrascht sein, wie gut es schmeckt.

Les meringues glacées à l'infusion de grains de café

Meringuen mit Kaffee-Eiscreme und Zimt-Schokoladensauce

Zeitaufwand:
*** *Vorbereitung: 1 Stunde*
Backzeit: 2 1/2 Stunden
** *Vor dem Servieren: 5 Minuten*
Schwierigkeit: *gering*
Kosten: *mäßig*

Zutaten für 6 Personen

MERINGUEN
4 Eiweiß
1 Messerspitze Salz
125 g feiner Zucker
125 g Puderzucker
30 g Butter
30 g Mehl

Kaffee-Eiscreme
3/4 l Milch
120 g grob gemahlener Kaffee
1/2 l süße Sahne
250 g Zucker
6 Eigelb

Schlagsahne
1/4 l süße Sahne
75 g feiner Zucker

Schokoladensauce
100 ml Milch
100 ml süße Sahne, sehr kalt
1 Messerspitze Zimtpulver
125 g Schokolade

Küchengeräte

1 elektrisches Rührgerät oder 1 Schneebesen
1 Rührschüssel zum Schlagen des Eiweiß'
1 Spritztüte mit einer Düse von 15 mm Durchmesser
2 sehr saubere Backbleche
1 Teigspatel
1 Topf von 2 l Inhalt mit Deckel
1 Topf von 1 l Inhalt
3 große Rührschüsseln
1 Schneebesen
1 feines Sieb
1 Eismaschine
1 Eisportionierer

Zubereitung

*** Dieses Dessert kann schon am Vortag oder am Morgen vor dem Abendessen zubereitet werden.

Zunächst 1/4 l süße Sahne in den Kühlschrank stellen.

Meringuen. Am einfachsten ist es zweifellos, die Meringuen beim Bäcker oder Konditor zu kaufen. In diesem Fall sollten Sie die nicht karamelisierten Meringuen wählen, die ungefähr die Größe eines dicken halben Eies haben sollten.

Sie können aber auch Meringuen selbst herstellen. Ihre Zubereitung ist nämlich äußerst einfach. Das Backen der Meringuen ist dagegen schon schwieriger. Wenn der Ofen zu heiß ist, nehmen die Meringuen Farbe an, und in ihrem Innern bildet sich eine klebrige Masse. Wenn der Ofen aber nicht heiß genug ist, dann bekommen sie die herrliche Konsistenz eines Kaugummis, dieses köstlichen Konfekts, das man unermüdlich kaut und nochmal kaut, um seinen Geschmack voll in sich aufzunehmen!

Aber lassen wir die Anspielungen! Krempeln wir die Ärmel hoch und machen wir uns an die Arbeit! Und wenn Ihnen die Meringuen mißlingen, denken Sie daran ... der Bäcker ist nicht weit!

Zunächst einige allgemeine Ratschläge zum Schlagen des Eiweiß'. Erstens darf das Eiweiß nicht kalt sein. Außerdem darf es keine Spur vom Eigelb aufweisen. Darüber hinaus dürfen die Küchengeräte nicht die geringste Spur von Fett an sich tragen. Es empfiehlt sich, sie mit 1/2 Zitrone oder mit Essig abzureiben, abzuspülen und mit einem sauberen Tuch abzutrocknen. Außerdem sollte man dem Eiweiß 1 Messerspitze Salz beigeben, damit es besser steif wird und nicht zusammenfällt.

Mitunter kann es passieren, daß Ihr Eiweiß »körnig« wird, d.h. daß sich winzige Kügelchen bilden, die sich nicht miteinander verbinden. Der Grund dafür ist zweifellos, daß es zu kalt war. Auf jeden Fall hat es dann gar keinen Zweck, es noch weiter zu schlagen. Werfen Sie es fort und beginnen Sie wieder von vorne!

Den Backofen auf 50° vorheizen.

Eiweiß, 1 Messerspitze Salz und 1 Eßlöffel Zucker in eine große Rührschüssel geben. Wenn Sie das Eiweiß mit der Hand

schlagen, dann schlagen Sie sie in vertikaler Richtung. Wenn Sie mit einem elektrischen Rührgerät arbeiten, dann beginnen Sie mit der Stufe 2 und schalten nach 3 Minuten auf die Stufe 3 um. In diesem Moment wieder 1 Eßlöffel Zucker dazugeben. Wenn das Eiweiß sehr fest ist, den Rest Zucker während des Schlagens dazugeben. Das Rührgerät abschalten und mit einem Teigspatel 125 g Puderzucker in einer langsamen, kreisenden, regelmäßigen Bewegung unterziehen, damit das Eiweiß nicht zusammenfällt.

Die Backbleche, die tadellos sauber sein müssen, sorgfältig ausbuttern und anschließend mit Mehl bestreuen, bis die Bleche vollständig weiß sind. Dann die Backbleche umdrehen und sanft darauf klopfen, damit das überschüssige Mehl abfällt.

Mit Hilfe einer Spritztüte Meringuen in der Größe eines dicken halben Eies auf die Bleche spritzen. Sie können übrigens ihre Größe vorher in dem Mehl auf den Backblechen markieren, indem Sie mit dem Rand eines kleinen Glases Kreise der gewünschten Größe hineindrücken.

Die Meringuen für 2 1/2 Stunden in den Ofen schieben und darauf achten, daß sie nicht braun werden. Aus dem Ofen nehmen und abkühlen lassen. In einer gut schließenden Dose aufbewahren. Sie halten sich über mehrere Wochen frisch. Nutzen Sie diesen Vorteil und backen Sie gleich mehr davon. Sie werden sich freuen, immer welche in Reserve zu haben.

KAFFEE-EISCREME, SCHOKOLADENSAUCE UND SAHNE. 3/4 l Milch zum Kochen bringen. Den grob gemahlenen Kaffee hinzufügen. Aufkochen lassen, den Deckel schließen, vom Herd nehmen und 45 Minuten lang ziehen lassen.

Inzwischen 1/4 l sehr kalte süße Sahne schlagen und dabei langsam 75 g Zucker dazugeben. Wenn die Sahne die Konsistenz einer dicken Creme hat, in den Kühlschrank stellen.

Jetzt die Schokladensauce zubereiten. Milch, süße Sahne und 1 Messerspitze Zimtpulver in einen Topf geben. Zum Kochen bringen und währenddessen die Schokolade in kleine Stückchen zerbrechen. Sobald Milch und Sahne zu kochen beginnen, die Schokolade hinzufügen, vom Herd nehmen und mit dem Schneebesen schlagen, bis die Schokolade vollständig aufgelöst ist. Die Schokoladensauce in eine große Rührschüssel gießen und zum Abkühlen in den Kühlschrank stellen.

Wenn die Sauce kalt ist, 2 bis 3 Minuten mit dem Schneebesen schlagen, bis sie schaumig geworden ist.

Nachdem der Kaffee 45 Minuten lang in der Milch gezogen hat, 6 Eigelb und 250 g Puderzucker in einer Rührschüssel vermischen. Gut durchschlagen und dann den ›Milchkaffee‹ durch ein feines Sieb darüberschütten. 1/2 l süße Sahne hinzufügen, alles gut vermischen, in die Eismaschine schütten und nach der angegebenen Vorschrift verfahren.

Sie können das fertige Eis mehrere Stunden lang im Tiefkühlfach aufbewahren, aber denken Sie daran, daß es um so fester wird, je länger Sie es darin lassen.

** Vor dem Servieren brauchen Sie nur noch jeweils 2 Eisbällchen zwischen 2 Meringuen auf den 6 Dessertschalen zu verteilen. Darüber spritzen Sie mit Hilfe einer Spritztüte ein dekoratives Band aus Sahne.

Die Schokoladensauce servieren Sie getrennt in einer Sauciere.

Kaffee, Schokolade und Zimt – drei Aromen, die sich wunderbar bei diesem Dessert verbinden.

Für 6 Personen

Menu aus kleinen Köstlichkeiten

Zeitaufwand:
*** *Vorbereitung: 3 1/2 Stunden*
** *Vor dem Servieren: 1 Stunde*
Schwierigkeit: *hoch*
Kosten: hoch

Bestimmte Menus, wie z. B. dieses, erscheinen Ihnen zweifellos etwas zu reichhaltig. Aber ich bin der Meinung, daß zu einem schönen Fest auch etwas Üppigkeit oder sogar ein gewisser Überfluß gehört.

Nehmen wir als Beispiel ein ganz einfaches Menu, das an einem gewöhnlichen Sonntag bei meiner Tante Célestine verzehrt wurde. Das war kurz vor dem Zweiten Weltkrieg. Mein Onkel und meine Tante standen ungefähr um 5 Uhr früh auf, um gegen 9 Uhr ihre Freunde zu empfangen.

Natürlich hatten sie gegen 7 Uhr ein kleines Frühstück eingenommen. Es gab für jeden ein kleines, mit Körnern gefüttertes Hähnchen, ein wenig Käse und viel weißen Wein.

Fragen Sie mich nicht, wie oft man in den Keller ging, um eine Flasche raufzuholen. Auf jeden Fall holte man immer gleich vier Flaschen auf einmal.

Gegen 9 Uhr trafen dann die Freunde ein, ausgehungert von einem langen Marsch. Man setzte sich sofort an den schön gedeckten Tisch, um mit Eisbein und Würsten, begleitet von sauren Gurken und kleinen Zwiebeln das Begrüßungsmahl zu beginnen. Dann folgten einige Entrecôtes oder Rumpsteaks, jeweils 300 bis 400 g schwer (pro Person natürlich), und zum Abschluß gab es etwas Käse. Alles wurde mit Weiß- und Rotwein vom Faß begossen. Gegen 10.30 Uhr stand man vom Tisch auf.

Les petites pommes au caviar pressé

Le gratin de homard aux macaroni, selon mon ami Jacques

Le sirop de tomate au citron vert

Le pâté chaud de cailles aux truffes, sauce foie gras

Le soufflé vanillé en confiture de fruits frais à l'Armagnac

Die Frauen hatten nur kurz den Herd verlassen, um schnell eine Kleinigkeit zu essen oder miteinander anzustoßen. Sie hatten unter lautem Reden das Mittagessen vorbereitet.

Die Männer gingen nun ins Dorf, wo sie jeden Sonntag im Café de la Place die gleichen Freunde wiedertrafen. Sie verbesserten die Welt bei einigen Gläsern Picon, Suze oder Gudron, wobei dies der wahrhaft bittere Teil ihres Lebens war, denn die Aperitive waren tatsächlich sehr bitter.

Um 12.30 Uhr begab man sich schließlich wieder zu Tisch. Die Frauen tranken einen Guignolet-Kirsch, und man brauchte sich nur noch hinzusetzen.

Man begann mit einer riesigen Schlachtplatte. Darauf lagen gut 10 bis 12 Sorten Pastete, Würste und andere Dinge. Dann folgte ein kalter Lachs mit Mayonnaise, dann Königinpastetchen, dann Perlhühner, Täubchen, Rebhühner oder anderes Geflügel in Sauce. Anschließend servierte man ein gebratenes Stück Fleisch mit einigen Gemüsen und Salaten, und zum Schluß gab es verschiedene Käse und Desserts, zu denen die traditionellen *Oeufs à la neige*, die *Mousse au chocolat*, die Obstkuchen (mindestens 3 oder 4), die Früchte in Sirup, die *Brioches* und die *Croquets aux noisettes* (Krokantplätzchen) gehörten.

Alles wurde reichlich mit einfachen Weinen begossen. Am Ende trank man dann noch Ströme von Kaffee und dazu einen alten Marc aus der Gegend.

Zweifeln Sie etwa daran, daß man nach alledem reif für ein Mittagsschläfchen war?

Ja, zu dieser Zeit wußte man das Leben zu genießen und auch noch alt zu werden. Mein Onkel starb mit 87 Jahren bei bester Gesundheit. Ich überlasse Ihnen die Wahl . . .

Große Weine, die wie große Herren mit Respekt und Feingefühl behandelt werden wollen.

Ariane

KRUG

Einkäufe

Die Wachteln und Hummer vorbestellen. Achten Sie darauf, daß die Hummer beim Einkauf noch leben. Sie können sie im Gemüsefach bei 10° aufbewahren.

Getränke

Als Aperitif bietet sich ein Champagner an. Auch zu den kleinen Kartoffeln mit Kaviar paßt wohl am besten ein Champagner. Zum Hummer reichen Sie einen großen Weißwein aus der Bourgogne wie einen Corton-Charlemagne oder einen Chassagne-Montrachet. Zu den Wachteln servieren Sie einen Margaux oder einen Châteauneuf-du-Pape eines guten Jahrgangs.

Und da es ein Festessen ist, stellen Sie zum Nachtisch einen guten Sauternes kalt.

Geschirr und Gläser

Wählen Sie ein feines weißes Geschirr aus Porzellan aus, das eventuell einen Goldrand oder zarte Muster hat.

6 mittelgroße Teller für die kleinen Kartoffeln mit Kaviar
6 Fingerschalen
6 vorgewärmte flache Teller für den Hummer (oder Schalen zum Überbacken)
6 Gläser und Untertassen für den Tomatensaft
6 vorgewärmte, große flache Teller für die Wachtelpastete
6 vorgewärmte, kleine flache Teller für die Soufflés
1 Silberplatte mit einer zusammengefalteten Serviette für die Kaviarkartoffeln
1 große Silberplatte für die Wachtelpastete
30 Gläser (Tulpengläser für den Champagner, Ballongläser für den weißen Burgunder, Tulpengläser für den Margaux und geeiste Tulpengläser für den Sauternes.)

Bestecke

6 kleine Löffel für die kleinen Kaviarkartoffeln
6 Fischgabeln und 6 mittelgroße Löffel für den Hummer
6 Gabeln und 6 Messer für die Wachtelpastete
6 Dessertlöffel für die Soufflés
1 großes Messer für die Wachtelpastete
1 Tortenheber für die Wachtelpastete
1 Sauciere für die Wachtelsauce

Tischdekoration

Wählen Sie weiße Tischwäsche, mit Blumen bestickt, aus Baumwollvoile oder Organdy. Stellen Sie Silberleuchter auf den Tisch und binden Sie kleine Samtbänder um die Kerzenenden, die die Farbe des Tellermusters aufnehmen. Schreiben Sie Ihr Menu auf ein schönes weißes Pergament, das Sie mit dem gleichen Samtband wie die Kerzen umwickeln.

Organisation und Zeiteinteilung

*** Der Tomatensaft, die Konfitüre für die Soufflés und der größte Teil der Wachtelpastete können am Vortag oder einige Stunden im voraus zubereitet werden.

1 1/2 Stunden vor dem Servieren den Hummer und die kleinen Kaviarkartoffeln zubereiten, die heiß oder lauwarm serviert werden können.

** 1 Stunde, bevor zu Tisch gegangen wird, 12 große Teller warmstellen.

Den Backofen auf 250° vorheizen. Nach 20 Minuten die Kartoffeln für 20 bis 30 Minuten hineinschieben. Direkt vor dem Servieren den Grill im Ofen einschalten. Den Hummer 5 Minuten vor dem Servieren unter den Grill schieben. Danach den Ofen auf 220° einstellen. Nach dem Hummer die Törtchen in den Ofen schieben. Nach dem Servieren der Törtchen den Ofen auf 150° herunterschalten. Das Eiweiß für die Soufflés schlagen und in die Förmchen verteilen. 20 Minuten vor dem Servieren in den Ofen schieben.

Les petites pommes au caviar pressé

Kleine neue Kartoffeln mit Kaviar

Zeitaufwand:
*** Vor dem Servieren: 1 Stunde 15 Minuten*
Schwierigkeit: *gering*
Kosten: *hoch*

Zutaten für 6 Personen

40 kleine neue Kartoffeln von der Größe eines Taubeneis
300 g grobes Meersalz
150 g Kaviar (Beluga oder Sewruga)
1 kleines Bund Schnittlauch
1 kleines Bund Blumen zum Dekorieren

Küchengeräte

1 Backblech, auf dem 40 kleine Kartoffeln Platz haben
1 kleines Messer mit Wellenschliff
2 Mokkalöffel
1 kleiner Topf
1 geeister Teller
40 Petits Fours-Förmchen aus Papier
1 große Servierplatte

Zubereitung

** Dieses Rezept nicht im voraus zubereiten, man sollte 1 Stunde 15 Minuten vor dem Essen mit der Zubereitung beginnen.

Den Backofen auf 250° vorheizen.

Einen Teller in die Tiefkühltruhe stellen. Die Kartoffeln sorgfältig waschen. Gut abtrocknen, aber nicht schälen.

Eine sehr schmackhafte Art, eine Kartoffel zu veredeln.

Das grobe Salz auf das Backblech streuen und die gut abgetrockneten Kartoffeln darauflegen. Das Backblech für 20 bis 30 Minuten in den vorgeheizten Ofen schieben.

Inzwischen einen kleinen Topf zur Hälfte mit Wasser füllen und zum Kochen bringen. Einen der beiden Mokkalöffel in das kochende Wasser tauchen und damit etwas Kaviar aus der Dose herauslöffeln. Den anderen Löffel in das kochende Wasser tauchen und auf den mit Kaviar gefüllten Löffel setzen. Mehrmals den Kaviar von einem Löffel in den anderen gleiten lassen (siehe Zeichnung S. 313), bis ein ovales Klößchen entsteht. Den Kaviar auf den eisgekühlten Teller legen. Auf diese Weise fortfahren, bis 40 ›Klößchen‹ zubereitet sind, mit einer Klarsichtfolie abdekken und in den Kühlschrank stellen.

Währenddessen den Backvorgang der Kartoffeln überwachen. Wenn sie gar sind, das Backblech aus dem Ofen nehmen, von den Kartoffeln alles Salz entfernen, das sich an ihnen festgesetzt hat. Den Ofen auf 100° herunterschalten.

Mit Hilfe eines Wellenschliffmessers das obere Viertel einer jeden Kartoffel abschneiden. Mit einem Mokkalöffel die Kartoffeln so weit aushöhlen, daß darin später ein Kaviarklößchen Platz hat. Die abgetrennten ›Hütchen‹ beiseite stellen. Die Kartoffeln in die kleinen gefältelten Papierförmchen legen und im Backofen warmhalten.

Den Schnittlauch in Stückchen von 3 cm Länge schneiden.

Kurz vor dem Servieren die Kartoffeln aus dem Ofen nehmen, den Kaviar in die dafür vorgesehenen Aushöhlungen legen und 2 bis 3 Schnittlauchstückchen hineinstecken. Mit den Kartoffel-›Hütchen‹ wieder bedecken.

Die Mitte der Servierplatte mit einem kleinen Sträußchen Blumen dekorieren und die Kartoffeln ringsherum anordnen.

Diese Platte sollte unbedingt heiß oder lauwarm serviert werden.

Le gratin de homard aux macaroni selon mon ami Jacques

Hummergratin mit Makkaroni nach meinem Freund Jacques

Zeitaufwand:
*** *Vorbereitung: 45 Minuten*
Backzeit: 15 Minuten
** *Vor dem Servieren: 15 Minuten*
Schwierigkeit: *gering*
Kosten: *hoch*

Zutaten für 6 Personen

- 2 kg Hummer (möglichst 3 Hummer, jeweils 600 bis 700 g schwer)
- 1 mittelgroße Karotte
- 1 Zweig Staudensellerie
- 3 El gehackte Schalotten
- 30 g Butter

Eine Hommage an meinen Freund Jacques Maximin, den Koch des »Chantecler« in Nizza.

1 Eigelb
25 g geriebener Gruyère
5 El Cognac und 8 El Portwein
200 g Makkaroni
oder kleine Muschelnudeln
1 *bouquet garni*, bestehend aus einigen Zweigen Petersilie, Thymian und 1 Lorbeerblatt, alles zusammengebunden
700 ml süße Sahne
Salz, Pfeffer

Küchengeräte

1 Topf von 3 l Inhalt
1 Gemüsesieb
1 großes Messer
1 mittelgroßes Messer
1 flacher Topf von 30 cm Durchmesser, mit Deckel
1 Schneebesen
2 mittelgroße Rührschüsseln
1 Holzlöffel
1 Schaumlöffel
1 große Auflaufform

Es heißt, man erkenne einen Koch an seinen Saucen. In diesem Rezept verbindet mein Freund Jacques feinste Nuancen in einer Weise, wie ein Maler die verschiedensten Farben auf seiner Palette miteinander verbindet.

Die Kochkunst ist eine so edle Kunst wie die Malerei. Jeder Künstler ist anders, und die Saucen sind die Signatur der großen Köche. Mein Freund Jacques ist ein Künstler der feinen und ausgewogenen Verbindungen.

Zubereitung

*** Mit der Zubereitung dieses Rezepts sollte ungefähr 1 1/2 Stunden vor dem Essen begonnen werden.

Die Karotte schälen und den Sellerie putzen. Beide Gemüse in 1 1/2 cm große Würfel schneiden. Die Karotte sollte ungefähr 4 Eßlöffel voll und der Sellerie 2 Eßlöffel voll ergeben.

Alle Zutaten sollten Sie auf der Arbeitsfläche bereitstellen.

Nun machen Sie sich an die Hummer: Sie werfen sie in einen großen Topf mit kochendem Wasser und lassen sie 2 Minuten lang kochen. Dann schneiden Sie die Hummer in 4 cm große Stücke, beginnen Sie mit dem Schwanz. Anschließend die Beine und die Zangen abtrennen und die Körper der Länge nach in zwei Hälften teilen. Die Sandtaschen, die sich in den Köpfen befinden, herausnehmen und wegwerfen. Ebenfalls den blaßgrünen Teil und eventuell den dunkelgrünen Rogen herausnehmen und in einer Schüssel aufbewahren.

30 g Butter in einen flachen Topf geben und stark erhitzen. Wenn die Butter schaumig zu werden beginnt, die Hummerstückchen zusammen mit den Panzern, den Beinen und den Zangen hineingeben.

Gut mit einem Holzlöffel umrühren, bis sich alle Seiten der Hummer rot gefärbt haben. Den Cognac hinzufügen, anzünden und die Hummerstücke flambieren. Dann die Karotte, den Sellerie und die Schalotten dazugeben. Gut umrühren. Den Portwein, das *bouquet garni* und 650 ml süße Sahne hineingeben. Den Topf schließen, die Hitze stark reduzieren und 15 Minuten lang köcheln lassen.

Inzwischen die restliche Sahne in eine Schüssel geben und in den Kühlschrank stellen.

Nach der vorgeschriebenen Kochzeit die Hummerstücke herausnehmen und auf eine große Platte legen. Den Topf vom Herd nehmen und die Gemüse und die Sauce darin lassen.

Das Fleisch aus den Zangen und den Schwanzstücken herausholen. Die halben Panzer und die Beine für die Garnierung zur Seite legen. Das Hummerfleisch in ungefähr 1/2 cm dicke Scheiben schneiden.

2 Liter Salzwasser in einem Topf zum Kochen bringen und die Makkaroni hineinschütten. So lange kochen lassen, bis sie weich sind, aber noch etwas Biß haben *(al dente)*. Abgießen und abtropfen lassen. Inzwischen die Hummersauce wieder erhitzen. Den zur Seite gestellten Rogen mit dem Schneebesen schlagen und unter fortwährendem Schlagen unter die Sauce mischen. Die Sauce passieren. Die Hummerstücke und die Makkaroni hineingeben. Zum Kochen bringen und mit Salz und Pfeffer abschmecken. Wenn nicht sofort serviert wird, im Wasserbad zugedeckt warmstellen.

** 10 Minuten vor dem Servieren den Ofen auf Grillstufe einschalten. Den Inhalt des Topfes auf die 6 vorgewärmten Teller oder Gratinformen verteilen.

Die kaltgestellte süße Sahne mit dem Schneebesen schlagen. Wenn sie dick wird, 1 Eigelb und 25 g geriebenen Gruyère dazufügen. Diese Mischung auf die 6 Teller verteilen und diese 2 bis 3 Minuten lang unter den Grill schieben.

Vor dem Servieren 1/2 Panzer und einige Zangen auf den Rand eines jeden Tellers legen. Damit man sich nicht verbrennt, Papierdeckchen oder zusammengefaltete Servietten auf 6 flache Teller legen und die heißen Teller oder Gratinformen daraufstellen.

Le sirop de tomate au citron vert

Tomatensaft mit Limetten

Zeitaufwand:
*** *Vorbereitung: 20 Minuten*
Schwierigkeit: *gering*
Kosten: *mäßig*

Zutaten für 6 Personen

600 g Tomaten
2 Limetten
1 Tl Worcestershiresauce
1 El Ketchup, wenn Sie Wintertomaten verwenden
Salz, Tabasco
1 El Wodka (nach Wunsch)

Küchengeräte

1 Mixer oder 1 Fleischwolf mit Gemüsevorsatz
1 feines Sieb
1 Schneebesen
1 Rührschüssel

Dieser Tomatensaft, der leicht herzustellen ist, stellt eine angenehme Unterbrechung zwischen zwei Gerichten dar und erlaubt den Gaumen ihrer Gäste, sich ›wieder frisch zu machen‹.

Zubereitung

*** Dieses Rezept kann einige Stunden im voraus zubereitet werden.

Die Gläser in die Tiefkühltruhe stellen.

Die Tomaten waschen, halbieren und aus jeder Hälfte den Saft und die Kerne herausdrücken. Die Tomaten im Mixer oder im Fleischwolf mit Gemüsevorsatz pürieren, salzen, die Worcestershiresauce dazugeben und vermischen. Anschließend das kaltgepreßte Olivenöl, den Saft einer Limette, eine Spur Tabasco, den Ketchup (wenn notwendig) und eventuell den Wodka dazufügen.

Alles gut umrühren. Abschmecken, salzen und gegebenenfalls den Saft einer zweiten Limette hineingeben. Den fertigen Saft durch ein feines Sieb pressen und in den Kühlschrank stellen. Sehr, sehr kalt servieren.

** Den Tomatensaft in die gekühlten Gläser verteilen, mit einer Zitronenscheibe garnieren und jede Untertasse mit einer kleinen Blume oder frischen Minzeblättern dekorieren.

Wachteln im Teigmantel können Sie das ganze Jahr über servieren, da diese Vö auch gezüchtet werden.

Le pâté chaud de cailles aux truffes, sauce fois gras

Wachteln im Teigmantel mit Trüffeln und Gänselebersauce

Zeitaufwand:
**** 10 Stunden Marinade*
Vorbereitung: 2 Stunden
*** Vor dem Servieren: 10 Minuten*
Backzeit: 30 Minuten
Schwierigkeit: *ziemlich hoch*
Kosten: *hoch*

Zutaten für 6 Personen

WACHTELN
150 g weißes Hähnchenfleisch
100 g frischer, fetter Speck
5 El Cognac
1 Messerspitze Thymianblüten
1 Messerspitze feiner Zucker
1 Tl gehackte Schalotten
100 g Trüffeln mit dem Saft aus der Dose
200 g Zuchtchampignons
60 g Butter
3 große Wachteln
2 Eier
Salz, schwarzer Pfeffer

TEIG
600 g Mehl
175 g Butter
15 g Salz

SAUCE
2 große Schalotten
100 ml guter Rotwein
5 El roter Portwein
1 Thymianzweig
1 Lorbeerblatt
2 Wacholderbeeren
1 Mokkalöffel zerdrückter Pfeffer
75 g Gänseleber oder 6 El Butter

Küchengeräte

1 Mixer oder 1 elektrisches Handrührgerät
1 Fleischwolf
1 große Rührschüssel
1 mittelgroßes Messer
1 großes Küchenmesser
1 Nudelholz
1 Rührschüssel
1 Küchenpinsel
1 geriffelter Teigausstecher von 5 cm Durchmesser (oder eine Kaffeetasse)
1 kleiner gußeiserner Schmortopf von 20 bis 25 cm Durchmesser
1 kleiner Topf
1 feines Sieb
1 Holzlöffel
1 Kuchenblech
1 Pfanne

Zubereitung

*** Der größte Teil dieses Rezepts kann mehrere Stunden im voraus oder schon am Vortag zubereitet werden.

Mindestens 10 Stunden vor dem Servieren Hähnchenfleisch und frischen Speck in eine Marinade aus folgenden Zutaten geben: 1 Teelöffel Salz, etwas frisch gemahlener schwarzer Pfeffer aus der Mühle, 5 Eßlöffel Cognac, 1 Messerspitze Thymianblüten, 1 Messerspitze Zucker, die gehackte Schalotte und der Saft von den Trüffeln aus der Dose.

Die Schüssel zugedeckt an einen kühlen Ort, aber nicht in den Kühlschrank stellen.

Mehrere Stunden im voraus 600 g Mehl in eine große Rührschüssel geben. In einem kleinen Topf 150 ml Wasser, 15 g Salz und 175 g Butter zum Kochen bringen. Die kochende Flüssigkeit über das Mehl gießen und so lange mit einem Mixer (elektrisches Rührgerät) durchschlagen, bis eine homogene Teigkugel entsteht. In ein leicht feuchtes Tuch einschlagen und in den Kühlschrank stellen (mindestens 1 Stunde).

Inzwischen die Champignons nur kurz waschen, damit sie sich nicht mit Wasser vollsaugen können und eine braune Farbe annehmen. In dünne Scheiben schneiden.

30 g Butter in einer Pfanne bei starker Hitze zergehen lassen. Wenn sie eine goldbraune Farbe angenommen hat, die Champignons hineingeben. Salzen und in der Butter schmoren, bis die ganze Flüssigkeit der Pilze verdampft ist.

Die Trüffeln in feine Scheiben schneiden und zu den Champignons geben.

Die Mischung auf einen Teller geben, mit Klarsichtfolie bedecken und in den Kühlschrank stellen.

Die Wachteln ausnehmen. Die Hälse dicht am Körper abschneiden. Ebenso die kleinen Flügelspitzen (die Sie aufbewahren) und die Füße (die Sie wegwerfen). Die Augen mit der Spitze eines Messers entfernen. Ebenfalls den unteren Teil des Schnabels, den Sie nach unten ziehen, um die Speiseröhre zu entfernen. Die Haut von den Köpfen und Hälsen ganz abziehen (kann weggeworfen werden).

Die Hälse in 3 cm lange Stücke schneiden. 30 g Butter in einem kleinen gußeisernen Schmortopf bei starker Hitze zum Schmelzen bringen.

Die 3 Wachteln, die Halsstücke und die 3 Köpfe hineingeben. Auf allen Seiten gut anbraten, den Topf schließen und 5 Minuten lang bei schwacher Hitze braten lassen.

Anschließend die Wachteln aus dem Topf nehmen und kaltstellen und den Schmortopf mit dem Bratfett zur Seite stellen und aufbewahren.

Nach dem 10stündigen Marinieren das Hähnchenfleisch und den fetten Speck abtropfen lassen und die Marinade aufbewahren.

Das Hähnchenfleisch und den Speck zweimal durch den Fleischwolf drehen. Die Fleischmasse muß ganz fein sein. Diese Farce zu der Marinade geben und gut miteinander vermischen. In den Kühlschrank stellen.

Inzwischen den Teig ungefähr 2 mm dick ausrollen. 6 Kreise in der Größe eines Dessertellers, d. h. mit einem Durchmesserer von ungefähr 16 cm, ausschneiden.

In einer Schüssel 2 Eigelb mit 1 Eßlöffel kaltem Wasser schlagen, um daraus eine Eigelbglasur herzustellen.

Die Schenkel und die Filets von den Wachteln abschneiden, indem man mit dem Messer am Brustbein entlangfährt (siehe Zeichnung S. 313). Die Haut abziehen. Die Gerippe mit den Flügelspitzen aufheben.

1/3 der Trüffel-Champignons-Mischung auf 3 der ausgeschnittenen Teigplatten geben, plattdrücken und herzförmig verteilen. Dabei jeweils ringsherum einen Rand von 2 cm Teig freilassen.

Mit Hilfe von 2 Eßlöffeln Klößchen aus der Farce in der Größe eines Hühnereies formen. Dabei folgendermaßen vorgehen: Einen der beiden Löffel mit Farce füllen. Den anderen Löffel daraufsetzen und umdrehen (siehe Zeichnung S. 313). Den

Vorgang mehrmals wiederholen. Von den auf diese Weise entstandenen Klößchen jeweils 2 nebeneinander auf die Champignons-Trüffel-Mischung legen. Auf jedes Klößchen 1 Wachtelfilet und 1 Schenkel legen.

Mit einem Pinsel die Ränder der einzelnen Teigplatten mit der Eigelb-Wasser-Mischung bestreichen. Jede Teigplatte mit einer zweiten Teigplatte bedecken. Die Ränder gut zusammendrücken; dabei die Herzform der Füllung beibehalten. Mit einem kleinen Messer die überschüssigen Teigreste abschneiden.

Mit der flachen Seite eines Messers leicht auf die Mitte der Teigherzen drükken, um eine Trennungslinie zwischen den beiden Wachtelfilets zu markieren. Mit der Spitze eines Messers kleine Zickzackmuster auf den Teigherzen einritzen. An den Rändern der Teigherzen mehrmals 2 bis 3 mm tief einstechen, damit der Backdampf entweichen kann.

Den Rest des Teiges auf eine Dicke von 1 mm ausrollen. 6 Kreise von 5 cm Durchmesser mit einem geriffelten Teigausstecher oder einer umgekehrten Kaffeetasse ausstechen. In die Mitte eines jeden Kreises ein Loch von 2 bis 3 cm machen.

Jeden kleinen Teigring mit Eigelb bestreichen und jeweils 2 aufeinandersetzen.

Die Teigherzen und die kleinen Teigringe auf einem Blech im Kühlschrank kaltstellen.

2 große Schalotten fein hacken.

Den Topf, in dem die Wachteln gebraten wurden, wieder auf den Herd stellen und das darin verbliebene Bratfett wieder erhitzen. Mit einem großen Messer die Flügelspitzen und die Gerippe der Wachteln (aber nicht die Köpfe) zerkleinern und mit den Köpfen und Hälsen in den Schmortopf geben. Die Knochen braun werden lassen und die 2 gehackten Schalotten, 100 ml Rotwein, 5 Eßlöffel Portwein, 1 Thymianzweig, 1 Lorbeerblatt, 1 Mokkalöffel zerstampften Pfeffer, 2 Wacholderbeeren und 1 Messerspitze Salz hinzufügen. So lange einkochen lassen, bis nur noch etwa 10 Eßlöffel Flüssigkeit übrig sind. Durch ein feines Sieb passieren und zur Seite stellen. Die Köpfe aufbewahren, die Knochen aber wegwerfen.

** 50 Minuten vor dem Servieren den Backofen auf 220° vorheizen.

Die Teigherzen mit dem restlichen Eigelb bestreichen und jeweils mit einem der kleinen Teigringe dekorieren. In den heißen Ofen schieben und 30 Minuten lang backen lassen.

Kurz vor dem Servieren die Sauce noch einmal aufkochen, anschließend in eine Rührschüssel gießen und 75 g in kleine Stücke geschnittene Gänseleber (oder Butter) hinzufügen.

Mit dem Mixer 2 bis 3 Minuten lang bei großer Geschwindigkeit durchmischen, mit Salz abschmecken und in eine gewärmte Sauciere geben.

Die Teigherzen auf eine Platte legen, die Sie mit Blättern oder Zweigen ausgelegt haben. Mitten in jeden Teigring auf den Teigherzen einen gebratenen Wachtelkopf legen. Die Teigherzen an der vorher markierten Trennungslinie auseinanderschneiden.

Dazu reichen Sie am besten einen Feldsalat oder einen Eichblattsalat, den Sie einfach mit kaltgepreßtem Olivenöl beträufeln und mit einer Messerspitze Salz würzen.

Und wenn sich Ihre Freunde daran nicht gütlich tun... dann suchen Sie sich andere!

Le soufflé vanillé en confiture de fruits frais à L'Armagnac

Vanillesoufflés mit einer Konfitüre aus frischen Früchten mit Armagnac

Zeitaufwand:
*** *Vorbereitung: 40 Minuten*
** *Vor dem Servieren: 25 Minuten*
Backzeit: 20 Minuten
Schwierigkeit: *durchschnittlich*
Kosten: *durchschnittlich*

Zutaten für 6 Personen

SOUFFLÉS
50 g Butter
180 g feiner Zucker
10 Eigelb
1 Beutel Vanillezucker[1])
8 Eiweiß
100 g Mehl
200 ml kalte Milch

KONFITÜRE
100 g Erdbeeren
100 g Himbeeren
100 g Aprikosen
100 g Pfirsiche oder andere frische Früchte
120 g feiner Zucker
1 Zitrone
3 El Armagnac oder Cognac

Sie können die oben angegebenen Früchte, der Saison entsprechend, durch andere ersetzen oder aber auch nur eine Sorte Früchte verwenden. Achten Sie aber darauf, daß Sie immer das Gewichtsverhältnis von 400 g Früchten auf 120 g Zucker beibehalten.

Küchengeräte

2 große Rührschüsseln von 3 l Inhalt
2 Schneebesen
6 Souffléförmchen von 7 bis 8 cm Durchmesser
1 Spatel
1 großer Löffel
1 Küchenpinsel
1 flacher Topf von 2 l Inhalt
1 Holzlöffel
1 Topf (kein Aluminum)
1 flache Auflaufform, in der die 6 Souffléformen im Wasserbad Platz haben

Zubereitung

Die Konfitüre kann einige Stunden im voraus zubereitet werden.

50 g Butter an einem warmen Ort weich werden lassen.

Die Früchte putzen und die Stiele entfernen. Die Erdbeeren vor dem Entfernen der Stiele waschen, damit kein Sand in die kleinen Löcher der Stielansätze eindringen kann. Früchte, die an hohen Zweigen wachsen (Aprikosen, Pfirsiche), aber vor allem Himbeeren und Walderdbeeren niemals waschen, sondern einfach nur abwischen.

Die Pfirsiche schälen (um sich diese Arbeit zu erleichtern, die Pfirsiche einige Sekunden lang in kochendes Wasser tauchen) und wie die Aprikosen in 3 cm große Würfel schneiden.

Mit einem Pinsel das Innere eines jeden Soufflèförmchens mit der weichgewordenen Butter ausstreichen. 100 g feinen Zukker in das erste Soufflèförmchen schütten, hin- und herdrehen, bis es ganz mit Zukker ausgekleidet ist, und anschließend den überschüssigen Zucker in das nächste Förmchen schütten und so fortfahren, bis alle Förmchen ausgezuckert sind. Die Förmchen in den Kühlschrank stellen.

In einen flachen Topf den Zucker, den Saft einer Zitrone, die Erdbeeren und die Himbeeren geben und stark erhitzen. Die beiden Fruchtsorten geben genügend Flüssigkeit ab, daß sich der Zucker darin auflösen kann. Anschließend die Aprikosen- und Pfirsichwürfel dazugeben. Schnell mit einem Holzlöffel umrühren. Nach 10 Minuten vom Herd nehmen. Zur Seite stellen.

Soufflés

In einem Topf (kein Aluminium) 50 g Butter goldbraun werden lassen. Mit einem Schneebesen 100 g durchgesiebtes Mehl hineinschlagen. Vom Herd nehmen und 200 ml kalte Milch hineinrühren. Wieder auf den Herd stellen und unter fortwährendem Schlagen 2 bis 3 Minuten lang kochen lassen. In eine große Schüssel geben und 180 g Zucker und 2 Eßlöffel Vanillezucker unterziehen. Zur Seite stellen (nicht in den Kühlschrank).

** 45 Minuten vor dem Servieren den Backofen auf 150° vorheizen. In eine Rührschüssel die 10 Eigelb schlagen und in die Creme rühren. In einer anderen Schüssel die 8 Eiweiß steif schlagen und vorsichtig mit einem Spatel unter die Creme ziehen. Sie dürfen nicht zusammenfallen.

Diese Creme auf die 6 Soufflèförmchen verteilen und in eine Auflaufform stellen, die man so hoch mit Wasser füllt, daß die Förmchen zur Hälfte im Wasser stehen. In den vorgeheizten Ofen schieben und 20 Minuten lang backen lassen.

5 Minuten vor dem Servieren die Konfitüre bei mittlerer Temperatur wieder erhitzen. 3 Eßlöffel Cognac oder Armagnac hinzufügen. Die Konfitüre auf die 6 Dessertteller verteilen. Die Soufflèförmchen aus dem Ofen nehmen, auf die einzelnen Dessertteller stürzen und sofort servieren.

1) Statt Vanillezucker zu kaufen, sollten Sie sich selbst welchen zubereiten. Das machen Sie folgendermaßen: Einige Vanillestangen in ein großes Einweckglas legen und mit feinem Zucker füllen. Hermetisch verschließen, an einen trockenen Ort stellen und hin und wieder Zucker nachfüllen, wenn er auszugehen droht.

Als ich ein Kind war, machte ich eine erstaunliche Entdeckung. Wenn ich eine Vanillestange gewissenhaft abgeleckt hatte und sie dann, vom Speichel durchtränkt, in feinen Zucker steckte und trocknen ließ, entstand eine neue, ganz köstliche Süßigkeit.

Ich weiß, das sollte man Kindern nicht unbedingt erzählen. Aber (und das bleibt unter uns), wenn Sie das nächste Mal allein in Ihrer Küche sind, dann versuchen Sie doch mal mein kleines Rezept.

Für 6 Personen

Ein Essen im Familienkreis

Zeitaufwand:
*** *Vorbereitung: 4 Stunden*
** *Vor dem Servieren: 30 Minuten*
Schwierigkeit: *durchschnittlich*
Kosten: *durchschnittlich*

Dieses Menu stammt zum großen Teil aus der Gegend um Lyon. Die Idee zu meinem Makkaroni-Gratin bekam ich von Léa (einer berühmten Köchin aus der Gegend), und das Hähnchenrezept verdanke ich Jean Vignard, dem großen Koch aus Lyon.

Er verstand es wie wenige von uns, die Einfachheit zu einer hohen Kunst zu machen. Und in der Küche ist nichts so schwierig wie die Einfachheit.

Das ganze Geheimnis seiner erlesenen Gerichte beruht auf einem unerschütterlichen Prinzip: sich Zeit nehmen, in nichts hereinreden lassen und sich nur um seine Küche kümmern.

Außerdem gibt es für ihn nichts Besseres als Steinguttöpfe, mit Knoblauch eingerieben, in denen seine Gerichte stundenlang bei niedriger Temperatur vor sich hin kochen können.

Aber wer von uns – bis auf einige Ausnahmen – könnte von seinen Gästen erwarten, daß sie soviel Geduld aufbringen, um stundenlang auf ihre Bestellung zu warten?

Le petit flan d'asperges, sauce crème aux petits pois

L'escalope de saumon en brouillade de ciboulette

L'étuvée de volaille mijotée à la façon de Jean Vignard

Le gratin de macaroni compotés au lait

Le soufflé glacé aux fraises

Zu Hause hat man dagegen viel Zeit und kann die Gerichte so lange kochen lassen, wie man es gerne möchte. Machen Sie sich diesen Vorteil zunutze!

Einkäufe

Den frischen Lachs im voraus vorbestellen (der tiefgefrorene Lachs ist weniger gut und läßt sich sehr schlecht in dünne Scheiben schneiden).

Auch die Hähnchen sollten im voraus bestellt werden, um ganz sicher eine gute Qualität zu bekommen.

Der rohe Lachs läßt sich wie geräucherter Lachs schneiden.

Getränke

Als Aperitif eignet sich zu diesem Familienessen gut ein trockener Sherry oder ein süßer Wein wie ein Banyuls. Weder Sherry noch Banyuls werden übrigens sehr kalt serviert.

Als Weißwein empfehle ich einen Loire-Wein oder einen Côtes-du-Rhône. Zum Geflügel eignet sich am besten ein guter Burgunder wie ein Mercurey oder ein Volnay, eventuell leicht gekühlt (12°–13°).

Geschirr und Gläser

Um dem familären Abendessen einen gutbürgerlichen Anstrich zu geben, sollten Sie ein Geschirr mit einem Gold- oder Silberrand verwenden.

12 vorgewärmte Dessertteller für die Spargel-Mousse und die Makkaroni
12 vorgewärmte große Teller für die Lachsscheiben und das Geflügel
6 gekühlte Teller für das Dessert
1 tiefe Platte zum Anrichten des Geflügels
18 Gläser für Wasser, Weiß- und Rotwein
1 Kristallkaraffe für den Wein

Bestecke

12 mittelgroße Löffel oder Saucenlöffel (6 für die Mousse und 6 zum Kosten der Geflügelsauce)
6 Fischgabeln und 6 Fischmesser für den Lachs
6 Gabeln und 6 Messer für das Geflügel
6 Dessertlöffel für die Soufflés
2 Servierlöffel und 2 Serviergabeln

Tischdekoration

Dieses Menu gibt Ihnen die Gelegenheit, die weißen Spitzendecken oder bestickten Tischtücher Ihrer Großmutter, das Kristall, die kostbaren Kerzenleuchter und die alten Vasen aus Ihrem Schrank zu holen.

Um den altmodischen, gediegenen Rahmen dieses Essens zu unterstreichen, schreiben Sie die Namen Ihrer Gäste auf kleine, weiße Visitenkarten (in altmodischer Schrift), die Sie neben die einzelnen Teller legen, und Ihr Menu ebenfalls auf weiße, etwas größere Karten, die Sie in die dafür vorgesehenen silbernen Ständer für Menukarten stecken.

Bereiten Sie Ihre Gäste auf den Stil dieses Abendessens vor; und warum sollten Sie das Spiel nicht bis zu Ende spielen und Ihre Gäste bitten, sich für dieses Abendessen im Stil unserer Großeltern zu kleiden?

Organisation und Zeiteinteilung

*** Die Erdbeersoufflés können schon am Vortag, die anderen Gerichte einige Stunden im voraus zubereitet werden. Den Weißwein einige Stunden vor dem Essen in den unteren Teil des Kühlschranks legen.

1 Stunde vor Beginn des Essens die Soufflés aus der Gefriertruhe nehmen und in den Kühlschrank stellen.

** 30 Minuten vor dem Servieren den Backofen auf 230° vorheizen.

12 große, flache Teller und 12 mittelgroße Teller warmstellen. Die Förmchen

Saucenlöffel, wie sie in Restaurants verwendet werden.

mit der Spargel-Mousse im Wasserbad wieder erhitzen und die Sauce zubereiten. Vor dem Servieren die Eier und den Schnittlauch für das Rührei zubereiten und dann die Makkaroni in den Ofen schieben.

Nach dem 1. Gang für 15 Minuten in die Küche zurückkehren. Die Makkaroni mit Aluminiumfolie bedecken und in den unteren Teil des Backofens schieben und den ›Grill‹ einstellen. Die Lachsscheiben und das Rührei zubereiten, anschließend die Lachsscheiben unter den Grill schieben. Sofort danach den Ofen wieder auf 230° stellen, die Aluminiumfolie von den Makkaroni entfernen und wieder oben in den Ofen schieben, um sie zu gratinieren.

Das Geflügel bei kleiner Hitze kochen lassen.

Nach dem Lachs die Makkaroni aus dem Ofen nehmen und das Geflügel fertig zubereiten (3 Minuten).

Was das Dessert anbetrifft, so brauchen Sie die Soufflés nur noch mit Kakao zu bestreuen, was höchstens etwa 2 Minuten dauert.

Le petit flan d'asperges sauce crème aux petits pois

Heiße Spargel-Mousse mit Erbsencreme

Zeitaufwand:
*** *Vorbereitung: 30 Minuten*
Garzeit: 30 Minuten
** *Vor dem Servieren: 20 Minuten*
Schwierigkeit: *gering*
Kosten: *gering*

Zutaten für 6 Personen

18 mittelgroße violette oder grüne Spargel (man kann tiefgefrorenen Spargel oder Dosenspargel verwenden, vorausgesetzt, man läßt ihn gut abtropfen)
3 Eier
1/2 l süße Sahne
60 g Butter
100 g kleine Erbsen
30 g Zwiebeln
1 Messerspitze Curry
3 Scheiben Weißbrot, zerkrümelt
Salz, Pfeffer

Küchengeräte

1 Mixer
6 kleine Auflaufformen
1 Pinsel
1 Kartoffelschälmesser
1 großes Küchenmesser
1 Topf von 3 l Inhalt
1 Topf von 1 l Inhalt
1 Auflaufform für das Wasserbad
1 Rührschüssel
1 Gemüsesieb

Der gedeckte Tisch für das Abendessen im Familienkreis. ▷

Hier stimmen Einfachheit des Gerichts und schlichte Eleganz des Tellers perfekt überein.

*** Die Spargel können schon einige Stunden vor dem Servieren geschält werden. Zu einem Bündel zusammenbinden und auf eine Länge schneiden.

2 Liter Salzwasser zum Kochen bringen. Das Spargelbündel hineingeben und darauf achtgeben, daß die Spargelspitzen gerade aus dem Wasser herausschauen. Ungefähr 20 Minuten kochen lassen. Die Kochzeit kann je nach Größe oder Sorte des Spargels variieren. Nach 15 Minuten Kochzeit mit den Spitzen einer Gabel in einen Spargel stechen. Wenn sich die Gabel leicht einstechen läßt, ist der Spargel gar.

Nach dem Kochen die Spargel unter kaltem Wasser abschrecken. Die Spargelspitzen abschneiden (auf 3 cm Länge), in einer Schüssel zur Seite stellen und die Spargelenden in einem Gemüsesieb abtropfen lassen.

Den Backofen auf 110° vorheizen. Die gut abgetropften Spargelenden in die Rührschüssel des Mixers geben. Die ganzen Eier und 1/4 Liter süße Sahne hinzufügen. Salzen und pfeffern. Alle Zutaten mit dem Mixer zu einer Creme schlagen und anschließend durch ein Sieb passieren.

Die Förmchen mit Hilfe eines Pinsels ausbuttern und bis zum Rand mit der Spargelcreme füllen. Die Förmchen in eine Auflaufform stellen. Diese mit soviel Wasser füllen, daß die Förmchen halb im Wasser stehen. Im vorgeheizten Backofen 30 Minuten lang pochieren.

Inzwischen die kleinen enthülsten Erbsen in Salzwasser garen lassen. Die Erbsen nach ungefähr 3minütiger Kochzeit unter kaltem Wasser abschrecken und abtropfen lassen. Spargel und Erbsen in den Kühlschrank stellen, wenn sie im voraus zubereitet werden.

** 20 Minuten vor dem Servieren die in dünne Scheiben geschnittenen Zwiebeln in 25 g Butter bei kleiner Hitze schmoren lassen. Mit 1 Messerspitze Curry bestäuben. 1/4 Liter süße Sahne hineinschütten, salzen, pfeffern und noch einige Minuten lang ziehen lassen.

Diese Creme mit den Erbsen in die Rührschüssel des Mixers geben und solange passieren, bis eine leicht gebundene Sauce entstanden ist. 35 g Butter hinzufügen. Eventuell salzen und pfeffern.

Die Spargelspitzen wieder in ein wenig heißem Salzwasser erwärmen und abtropfen lassen. Die Erbsencreme auf die Teller verteilen. Die heiße Mousse auf die Teller stürzen und mit 3 Spargelspitzen garnieren. Auf jeden Tellerrand eine dreieckige getoastete Weißbrotscheibe legen und sofort servieren.

L'escalope de saumon en brouillade de ciboulette

Frische Lachsscheiben auf Rührei mit Schnittlauch

Zeitaufwand:
*** *Vorbereitung: 15 Minuten*
** *Vor dem Servieren: 20 Minuten*
Schwierigkeit: *gering*
Kosten: *hoch*

Zutaten für 6 Personen

900 g bis 1 kg sehr frischer Lachs (möglichst ein Stück aus der Nähe des Schwanzes; es läßt sich viel leichter in dünne Scheiben schneiden)
9 Eier
75 g Butter
1 Bund Schnittlauch, den sie auch durch 50 g Trüffel ersetzen können
Salz, Pfeffer

Küchengeräte

1 Messer mit einer langen, dünnen und scharfen Klinge
1 Küchenbrett
1 Rührschüssel
1 Schneebesen
1 Topf von 2 l Inhalt
1 Holzspatel
1 Backblech aus emailliertem Stahl
1 großer Spatel aus nichtrostendem Stahl oder 1 Tortenheber

Zubereitung

*** Bitten Sie Ihren Fischhändler, Ihnen den Lachs zu schuppen, zu filetieren und in dünne Scheiben zu schneiden. Andernfalls machen Sie es selbst. Sie können schon einige Stunden im voraus den Lachs folgendermaßen vorbereiten: den Schwanz des Lachses abschuppen, mit einem Messer die Haut entlang dem Rückgrat und auf der Bauchseite einschneiden (siehe Zeichnung S. 313) und die Filets herauslösen. Alle Gräten entfernen, die sich am Ansatz der Rücken- und Bauchflossen befinden.

Mit einem sehr dünnen, scharfen Messer jedes Filet horizontal bis zur Haut in dünne Scheiben schneiden, wie man das auch mit einem geräucherten Lachs zu tun pflegt.

Die Lachsscheiben auf einem Teller in den Kühlschrank stellen. Zwischen die einzelnen Scheiben ein Stück Klarsichtfolie legen, damit sie nicht zusammenkleben.

** Ungefähr 20 Minuten vor dem Servieren das Backblech mit etwas Wasser anfeuchten, damit die Lachsscheiben nicht anhaften. Die Scheiben nebeneinander darauflegen, ohne daß sie sich dabei überlappen.

Den Fisch salzen und pfeffern.

Die Eier in eine Rührschüssel geben, gut durchschlagen und salzen und pfeffern. 30 g Butter in einem Topf von 2 Litern Inhalt bei kleiner Hitze zergehen lassen. Die geschlagenen Eier hineingeben und mit einem Holzspatel fortwährend umrühren. Wenn die Eier zu stocken beginnen, solange weiterrühren, bis sie fest, aber trotzdem noch cremig sind. Den Topf vom Herd nehmen und mit Salz und Pfeffer abschmecken.

45 g Butter in kleinen Stücken und 1 großen Eßlöffel gehackte Petersilie hinzufügen. Gut umrühren.

Den Grill im Backofen anstellen. Die Rühreier auf die 6 Teller verteilen und warmstellen. Das Blech mit den Lachs-

scheiben so lange unter den Grill schieben, bis ihre Oberfläche weißlich wird, sie also nur ganz leicht gebacken sind. Mit einem großen Spatel oder einem Tortenheber die Lachsscheiben vorsichtig auf die Rühreier legen und jeden Teller mit einem kleinen Bund Schnittlauch garnieren.

L'étuvée de volaille mijotée à la façon de Jean Vignard

Gedämpftes Geflügel nach Art von Jean Vignard

Zeitaufwand:
*** *Vorbereitung: 35 Minuten*
Kochzeit: 55 Minuten
** *Vor dem Servieren: 20 Minuten*
Schwierigkeit: *durchschnittlich*
Kosten: *mäßig*

Zutaten für 6 Personen

600 g Zwiebeln
6 El Butter
3 Tomaten, jede 100 g schwer und sehr reif
2 Hähnchen, je 1,5 kg schwer. Bitten Sie Ihren Geflügelhändler, sie Ihnen auszunehmen und in vier Teile, d. h. zwei Bruststücke mit Flügeln und zwei Keulen zu zerteilen.
3 Knoblauchzehen
1 *bouquet garni*, bestehend aus einem Zweig Staudensellerie, einem Thymianzweig, einem kleinen Lorbeerblatt und der Hälfte eines Bundes Petersilie, alles zusammengebunden
400 ml Weinessig
400 ml Rotwein, vorzugsweise der gleiche Wein, den Sie auch zu diesem Geflügel trinken werden
Salz, Pfeffer

Küchengeräte

2 gußeiserne Schmortöpfe oder 2 Steinguttöpfe mit Deckeln (Jean Vignard würde Steinguttöpfe benutzen)
1 Mixer oder 1 Fleischwolf mit Gemüsevorsatz
1 feines Sieb
1 Holzlöffel
1 mittelgroßes Messer
1 Küchenbrett
1 Teller
1 Gabel

Zubereitung

*** Ein großer Teil dieses Rezepts kann einige Stunden im voraus zubereitet werden.

600 g Zwiebeln schälen und in dünne Scheiben schneiden. Mit 2 Eßlöffeln Butter und 3 Eßlöffeln Wasser in einen Schmortopf geben. Zudecken und bei schwacher Hitze schmoren lassen. Dabei gelegentlich umrühren, damit die Zwiebeln nicht anbrennen. Wenn sie Farbe annehmen, noch einmal 2 Eßlöffel Wasser dazugeben, die Temperatur reduzieren und etwa 30 Minuten lang kochen.

Inzwischen die Tomaten horizontal halbieren. Aus den Tomatenhälften die Kerne und den Saft herausdrücken. In große Würfel schneiden. Die Knoblauchzehen schälen und zerdrücken.

Wenn die Zwiebeln 30 Minuten lang gekocht haben, die Tomatenstücke dazugeben und nochmals 5 Minuten kochen lassen. Anschließend vom Herd nehmen, in die Mitte der Tomaten und Zwiebeln das *bouquet garni* und die zerdrückten Knoblauchzehen legen und ohne Deckel zur Seite stellen.

Die Hähnchen in vier Teile zerschneiden, falls es Ihr Geflügelhändler nicht schon vorher besorgt hat.

2 Eßlöffel Butter in dem anderen Schmortopf erhitzen. Die 8 Hähnchenstücke auf allen Seiten salzen und pfeffern und in den Schmortopf geben.

Die Hähnchenteile auf allen Seiten kurz anbraten. Die Stücke auf dem Bett von Tomaten und Zwiebeln in dem anderen Schmortopf verteilen. Den Topf schließen. Wieder auf schwache Hitze stellen und gewissenhaft das Verdampfen der Kochflüssigkeit überwachen. Das Geflügel muß auf den Gemüsen liegenbleiben, damit es nur über Dampf gart.

Ungefähr 25 Minuten kochen lassen; dann das Geflügel auf einen Teller legen und kaltstellen. Die im zweiten Schmortopf übriggebliebene Butter abschütten, aber den Topf nicht auswaschen. Den Essig hineinschütten, wieder auf den Herd stellen und so lange einkochen lassen, bis nur noch ein glänzender Film übrig ist.

Den Rotwein dazuschütten und ungefähr auf eine Menge von 8 Eßlöffeln Flüssigkeit einkochen lassen. Vom Herd nehmen. Jetzt haben Sie also:

– die Hähnchenstücke auf einem Teller;
– einen Schmortopf mit den Tomaten- und Knoblauchzwiebeln;
– einen Schmortopf mit dem eingekochten Rotwein.

In einem Mixer oder in einem Fleischwolf mit Gemüsevorsatz das Gemüse passieren, nachdem vorher das *bouquet garni* entfernt wurde. In den zweiten Schmortopf schütten, in dem sich der eingekochte Rotwein befindet, und zum Kochen bringen. Die auf diese Weise entstandene Sauce über dem ersten Schmortopf noch einmal durch ein feines Sieb passieren.

Die Hähnchenstücke und den Bratensaft, der sich eventuell auf dem Teller gesammelt hat, hinzufügen.

Wenn dieses Gericht im voraus zubereitet wurde, den Schmortopf schließen und kaltstellen.

** Vor dem Servieren 15 bis 20 Minuten lang bei geringer Temperatur erhitzen. Vom Herd nehmen und 2 Eßlöffel Butter hinzufügen. Dabei den Topf kreisförmig bewegen, damit sich die Butter gut verteilt. Mit Salz und Pfeffer abschmecken. Direkt im Schmortopf auf einer mit einer zusammengefalteten Serviette bedeckten großen Platte servieren.

Das Gericht kann auch auf einer großen tiefen Platte aus Silber oder Porzellan serviert werden. Das ist dann viel eleganter.

Le gratin de macaroni compotés au lait

Makkaroni-Gratin

Zeitaufwand:
*** *Vorbereitung: 5 Minuten*
Backzeit: 15 Minuten
Schwierigkeit: *gering*
Kosten: *sehr gering*

Zutaten für 6 Personen

150 g Makkaroni
3/4 l Milch
6 El süße Sahne
2 El Butter
2 Eigelb
3 El geriebener Gruyère
Muskatnuß, Salz

Küchengeräte

1 Topf von 2 l Inhalt
1 Gemüsesieb
1 Schaumlöffel
1 mittelgroße Rührschüssel
1 Schneebesen
1 Auflaufform, 24 bis 25 cm lang

Zubereitung

*** Die Makkaroni können schon einige Stunden im voraus gekocht werden, und zwar 3 Minuten lang in kochendem Salzwasser. Anschließend abtropfen lassen.

Die Milch zum Kochen bringen. Die Makkaroni hineinschütten und bei sehr schwacher Hitze noch einmal 12 Minuten lang kochen lassen. Am Ende der Kochzeit 3 Eßlöffel süße Sahne und 2 Eßlöffel Butter dazugeben. Salzen und mit etwas Muskat (2 Umdrehungen der Muskatmühle) würzen. Die Makkaroni in die Auflaufform geben.

In einer mittelgroßen Rührschüssel 3 Eßlöffel leicht gesalzene Sahne schlagen. Wenn sie schaumig wird, die Eigelb und dann den geriebenen Käse hinzufügen. Sorgfältig umrühren.

Die Makkaroni mit dieser Mischung bedecken und kühlstellen.

** Ungefähr 30 Minuten vor dem Servieren den Backofen auf 230° vorheizen. Nach 15 Minuten die Makkaroni 10 Minuten lang in den Ofen schieben. Dann den Ofen auf Grillstufe einstellen und die Makkaroni so lange überbacken, bis sie goldbraun sind.

Le soufflé glacé aux fraises

Geeiste Erdbeersoufflés

Zeitaufwand:
*** *Vorbereitung (5 Stunden im voraus): 60 Minuten*
** *Vor dem Servieren: 5 Minuten*
Schwierigkeit: *ziemlich hoch*
Kosten: *durchschnittlich*

Zutaten für 6 Personen

1/4 l süße Sahne
350 g Erdbeeren oder Himbeeren (auch tiefgefroren)
4 Eiweiß
250 g feiner Zucker
2 El Kakaopulver

Küchengeräte

1 Topf aus rostfreiem Stahl oder Emaille
1 elektrisches Rührgerät
1 Mixer oder ein Fleischwolf mit Gemüsevorsatz
1 feines Sieb
2 Rührschüsseln
6 Souffléförmchen von 8 bis 9 cm Durchmesser und 4 cm Höhe
1 Blatt Pergamentpapier
6 Gummibänder
1 Schneebesen
1 Spatel
1 Zuckerstreuer oder 1 kleines engmaschiges Sieb

Zubereitung

*** Diese Soufflés können schon am Vortag oder einige Stunden im voraus zubereitet werden.

Mindestens 1 Stunde vor Beginn der Zubereitung des Rezepts die Sahne in eine Schüssel geben und gut kühlen, ehe sie verwendet wird.

Die Erdbeeren waschen, abtropfen lassen und dann entstielen. 6 schöne große Erdbeeren in den Kühlschrank legen und die anderen mit dem Mixer oder dem Fleischwolf mit Gemüsevorsatz pürieren. Durch ein feines Sieb in eine Schüssel passieren und in den Kühlschrank stellen.

Eiweiß mit 1 Messerspitze Salz in eine Rührschüssel geben. Den feinen Zucker und 10 Eßlöffel Wasser in einen sehr sauberen und vor allem fettfreien Topf geben (sicherheitshalber den Topf mit einem Zitronenviertel ausreiben und trocken wischen) und stark erhitzen.

Das Eiweiß schlagen; zunächst langsam, dann schneller.

Inzwischen den Zuckersirup überwachen. Er sollte die gewünschte Temperatur von 120° ungefähr dann erreicht haben, wenn das Eiweiß sehr steif geschlagen ist. Wie können Sie aber wissen, wann der Sirup diese gewünschte Temperatur hat? Am einfachsten ist es natürlich, ein Zuckerthermometer zu benutzen. Wenn Sie aber kein Thermometer besitzen, dann nehmen Sie eine Schüssel mit Eiswasser. Wenn der Sirup Blasen zu werfen beginnt, halten Sie Daumen und Zeigefinger in das Eiswasser und anschließend schnell in den Zuckersirup. Wenn Sie Ihre Finger gegeneinander reiben und dabei eine kleine Kugel entsteht (haben Sie keine Angst, mit dem Eiswasser können Sie sich Ihre Finger nicht verbrennen!), ist der Sirup fertig.

Nun stellen Sie Ihr Handrührgerät auf die geringste Geschwindigkeit und lassen den Zuckersirup in einem dünnen Strahl in das Eiweiß laufen. Das Gerät so lange bei kleiner Geschwindigkeit laufen lassen, bis sich die Mischung wieder abgekühlt hat. Anschließend in den Kühlschrank stellen. Zur weiteren Verarbeitung muß diese Mischung die gleiche Temperatur wie die kaltgestellte Sahne haben. Die Sahne aus dem Kühlschrank nehmen und mit dem elektrischen Rührgerät ganz steif schlagen. Wieder in den Kühlschrank stellen.

6 Papierbänder von 7 cm Breite und 30 cm Länge zurechtschneiden. Die Papierbänder um die einzelnen Förmchen wickeln und in der Weise mit einem Gummiband oder Klebestreifen befestigen, daß jeweils ein überstehender Kragen entsteht (siehe Zeichnung S. 312).

Die 6 Förmchen kaltstellen. Wenn das geschlagene Eiweiß ganz kalt ist, die Hälfte des Erdbeersaftes unterziehen. Gut vermischen. Die andere Hälfte des Erdbeersaftes unter die geschlagene Sahne rühren. Anschließend wiederum beide Mischungen mit einem Spatel oder einem Holzlöffel miteinander vermischen. In die 6 Förmchen füllen und 5 bis 6 Stunden lang in die Tiefkühltruhe stellen.

*** 1 Stunde vor dem Servieren die Soufflés aus der Tiefkühltruhe nehmen und in den Kühlschrank stellen.

Vor dem Servieren die Papierbänder abziehen und die Soufflés mit Hilfe einer Streudose oder eines kleinen feinen Siebs mit Kakaopulver bestreuen.

Die im Kühlschrank aufbewahrten Erdbeeren mit Puderzucker bestreuen, mitten auf jedes Soufflé legen und servieren.

MENU 18

Für 2 Personen

Ein Menu für Verliebte

Zeitaufwand:
*** *Vorbereitung: 1 Stunde und 50 Minuten*
Vor dem Servieren: 20 Minuten
Schwierigkeit: *durchschnittlich*
Kosten: *hoch*

La coquille de brouillade d'œufs au caviar

La frisassée de homard à la crème d'estragon

Le pigeon aux petits pois en cocotte lutée

Les profiteroles à la glace à la vanille et au coulis de fraises

Mein Gott, was war mit mir passiert? Ich hatte den deutlichen Eindruck, daß ich auf dem Wege war, mich wirklich zu verlieben. Ich hatte eine hübsche, junge Frau kennengelernt, die mir sehr gefiel. Aber wie fand sie mich? Wie sollte ich ihr gegenüber meine Gefühle ausdrücken? Und wo sollte ich das tun?

Wo? Natürlich bei einem Essen. Dort fühle ich mich nämlich am wohlsten. Ob sie es auch tat, wußte ich nicht so genau. Ihre Linie sprach nicht unbedingt dafür, daß sie Feinschmeckerin war. Sie hat mir einmal erzählt, daß sie mittags nur einige Oliven und ein Paket Erdnüsse äße. Sie seien ausreichend und darüber hinaus eine gute Diät, behauptete sie. Wie sollte ich ihr unter diesen Bedingungen gestehen, daß die Feinschmeckerei meine Schwäche und noch dazu mein Beruf war, zumal zu einer Zeit, in der die Kochkunst noch nicht zum Starruhm führte?

Ich lud Denise also in ein bescheidenes Restaurant ein, um sie nicht einzuschüchtern und um mich nicht von allzu appetitanregenden Gerichten in Versuchung bringen zu lassen. Ganz stoisch bestellte ich Spargel in einer Vinaigrette und danach eine gegrillte Seezunge. Und Denise folgte meinem Beispiel. Ich brauche Ihnen wohl nicht zusagen, daß ich mit glücklichem Herzen, aber unbefriedigtem Magen vom Tisch aufstand. So verliebt wie ich war, fühlte ich doch ganz deutlich, daß ich mit ihr nicht nur von Liebe und Spargel in Vinaigrette leben konnte.

Denise entdeckte sehr schnell, welchen Beruf ich hatte und welcher Feinschmekker ich war. Verliebte, glaubt mir! Folgt Eurem Herzen, aber vergeßt darüber nie Euren Magen! Beide sind unerläßlich für das wahre Glück.

Einkäufe

Einige Tage im voraus Taube und Hummer bestellen. Sie können notfalls auch tiefgefrorene Hummer verwenden, aber sie sind natürlich nicht so gut wie frische. Die Eier für die Vorspeise sollten besonders groß sein.

Getränke

Als Aperitif und zum ersten Gang dieses Menus für Verliebte paßt eigentlich nur Champagner. Zu den Tauben wählen Sie am besten einen guten Bordeaux (Saint-Emilion, Saint-Estèphe ...). Denken Sie an einen Eiskübel für den Champagner und einen Korb für den Bordeaux.

Geschirr und Gläser

2 Eierbecher und 2 kleine Teller für die Rühreier mit Kaviar
4 vorgewärmte, große flache Teller für Hummer und Taube
2 gekühlte Teller für die Windbeutel
1 große Platte mit einer zusammengefalteten Serviette für den ›versiegelten‹ Schmortopf
2 Champagnergläser
2 Bordeauxgläser
2 Wassergläser

Bestecke

2 Teelöffel für die Rühreier
4 Gabeln und 4 Messer (mit Fischbestekken, da sich das Hummerfleisch schwer durchschneiden läßt)
4 mittelgroße Löffel (oder Saucenlöffel) für die Hummer- und die Taubensauce
2 Dessertlöffel für die Windbeutel
1 Servierlöffel und 1 Serviergabel

Tischdekoration

Beschränken Sie sich bei diesem Menu auf elegante Pastellfarben. Dekorieren Sie den Tisch mit schönen Kerzenhaltern und Blumen, die mit dem Tischtuch harmonieren. Schreiben Sie das Menu auf Liebespostkarten, die Sie zusammenrollen und mit einem schönen Band umwickeln. Unter das Band stecken Sie eine Rose oder die Lieblingsblume ihres Gastes.

Servieren Sie das Menu möglichst auf einem nicht zu großen Tisch, unter dem sich die Knie treffen. Vergessen Sie nicht die Musik und den Mond, der durch die Vorhänge scheint. Falls er sich hinter den Wolken versteckt haben sollte, machen Sie ein Feuer im Kamin. Und das Wichtigste von allem: Schalten Sie das Telefon ab.

Organisation und Zeiteinteilung

*** Einige Stunden im voraus den Champagner kaltstellen und mit der Zubereitung eines großen Teils der Rezepte beginnen.

** 20 Minuten, bevor Sie zu Tisch gehen, heizen Sie den Backofen auf 200° vor.

4 flache Teller warmstellen. Die mit Vanilleeis gefüllten Windbeutel garnieren und in den Tiefkühlschrank stellen. 2 Teller mit dem Erdbeerpüree bedecken und in den Kühlschrank stellen. Die Rühreier mit Kaviar zubereiten und kurz vor dem Servieren den Topf mit der Taube in den Ofen schieben. Anschließend das Hummerfrikassee im Wasserbad erhitzen. Das Frikasse kurz vor dem Servieren mit einigen grob gehackten Estragonblättern bestreuen und mit etwas frisch gemahlenem Pfeffer würzen.

La coquille de brouillade d'œufs au caviar

Rührei mit Kaviar in der Eierschale

Zeitaufwand:
**** Vorbereitung: 10 Minuten*
*** Vor dem Servieren: 15 Minuten*
Schwierigkeit: *gering*
Kosten: *hoch*

Zutaten für 2 Personen

2 Eier
10 g Butter
2 Tl Crème fraîche
8 Stiele Schnittlauch
20 g Belugakaviar oder Sewrugakaviar
1 große Scheibe Weißbrot
Salz, Pfeffer

Küchengeräte

2 Eierbecher
1 Schneebesen
1 mittelgroßes Messer
1 kleiner Topf mit schwerem Boden
1 kleines scharfes Messer
1 kleine Rührschüssel
1 feines Sieb
1 Holzlöffel

Zubereitung

*** Sie können schon einige Stunden im voraus mit der Zubereitung dieses Rezepts beginnen.

Mit einem kleinen, sehr scharfen Messer oder einem Eierköpfer jedes Ei an der dicksten Seite aufschneiden. In eine kleine Rührschüssel ausleeren. Die Eierschalen sorgfältig auswaschen und umgedreht auf einem Küchentuch trocknen lassen.

Die Eier mit einem Schneebesen schlagen. Salzen und pfeffern. Durch ein feines Sieb passieren, um zu vermeiden, daß noch Schalenreste im Ei sind. Im Kühlschrank aufbewahren.

** 10 Minuten vor dem Servieren 10 g Butter in einem kleinen Topf vorsichtig erhitzen. Die geschlagenen Eier hineinschütten. Mit einem Holzlöffel so lange umrühren, bis die geschlagenen Eier eine cremige Konsistenz haben. Vom Herd nehmen und die Crème fraîche dazugeben. Mit Salz und Pfeffer abschmecken.

Die beiden leeren Eierschalen in Eierbecher stellen und mit dem Rührei füllen.

4 bis 5 Stiele Schnittlauch hineinstecken und jeweils 10 g Kaviar (2 Eßlöffel) darauf verteilen. Zur gleichen Zeit 1 große Scheibe Weißbrot toasten und in *mouillettes* (fingerbreite Streifen) schneiden.

Sie können diese *mouillettes* auch durch kleine wilde Spargel ersetzen, die Sie vorher 1 Minute lang in Salzwasser gekocht haben.

La fricassée de homard à la crème d'estragon

Hummerfrikassee in Estragoncreme

Zeitaufwand:
*** *Vorbereitung: 30 Minuten*
Kochzeit: 10 Minuten
** *Vor dem Servieren: 20 Minuten*
Schwierigkeit: *gering*
Kosten: *hoch*

Zutaten für 2 Personen

2 Hummer à 400 g (oder Langusten gleichen Gewichts)
15 g Butter
1 Schalotte
300 ml süße Sahne
2 Zweige Estragon
Salz, Pfeffer

Küchengeräte

1 flacher Topf mit Deckel, passend für 4 Hummerhälften
1 Topf von 2 l Inhalt
1 feines Sieb
1 großes Messer
1 Holzlöffel
1 Topf für das Wasserbad

Zubereitung

*** Dieses Rezept kann einige Stunden im voraus zubereitet werden.

Den Backofen auf 250° vorheizen. Wenn der Ofen heiß ist (nach 20 Minuten), die Hummer hineinschieben, 4 Minuten lang im Ofen lassen, herausnehmen und der Länge nach halbieren. Das geschieht folgendermaßen: Mit der Spitze eines großen Messers in die Verbindungsstelle zwischen Panzer und Schwanz hineinstoßen und mit einem schnellen sauberen Schnitt in der Mitte durchtrennen.

Mit dem Rücken des großen Messers die Zangen leicht eindrücken, ohne dabei das Fleisch zu beschädigen. In den flachen Topf, der gerade groß genug ist, um die 4 Hummerhälften dicht nebeneinander aufzunehmen, 2 Eßlöffel Butter mit 1 Eßlöffel gehackten Schalotten geben. Leicht bräunen und dann die 4 Hummerhälften, mit dem Panzer nach unten, in den Topf legen. Mit der Sahne begießen.

Die Estragonzweige von ihren Blättern befreien (legen Sie diese beiseite) und hin-

zufügen. Den Topf fest verschließen. Bei geringer Temperatur zum Kochen bringen und 10 Minuten lang kochen lassen.

Nach Ablauf dieser 10 Minuten die Hummerhälften herausnehmen. Dabei darauf achten, daß Sie die Hummerhälften gut über dem Topf abtropfen lassen, damit alle Sahne herauslaufen kann. Das Fleisch in ganzen Stücken (unbeschädigt) aus den Schwänzen ziehen. Auch das Fleisch aus den Zangen entfernen, die Sie vorher schon leicht zerdrückt haben. Diese Fleischstücke in einem Topf von 2 Litern Inhalt auf die Seite stellen.

Auf einem Teller 2 Beine pro Hummerhälfte und die halben Panzer aufbewahren, nachdem Sie deren Inhalt in den Topf geleert haben, in dem vorher die Hummer gekocht wurden. Den Rest der Beine, die Sie zerkleinern, den Rest der Zangen ..., kurz, alles, was sich nicht essen läßt, hinzufügen. Zum Kochen bringen und durch ein feines Sieb über dem zweiten Topf passieren, der das Hummerfleisch enthält. Mit Salz abschmecken.

Wenn alles im voraus zubereitet wird, im Kühlschrank aufbewahren.

** Vor dem Servieren das Hummerfrikassee 20 Minuten lang im Wasserbad oder auf dem Herd bei geringer Temperatur 10 Minuten lang wieder heiß werden lassen.

Im letzten Moment die grob gehackten Estragonblätter hinzufügen und mit frischem Pfeffer aus der Mühle würzen. Auf jeden vorgewärmten Teller 2 Hummerhälften und das Fleisch aus den 2 Zangen legen. Reichlich mit Estragoncreme begießen.

Jeden Teller mit einem halben Panzer und 2 Beinen garnieren.

Wenn Sie keinen frischen (oder in Weißwein eingelegten) Estragon haben, dann geben Sie kurz vor dem Servieren einen Mokkalöffel Anisschnaps an das Hummerfrikassee.

Le pigeon aux petits pois en cocotte lutée

Geschmorte Taube auf kleinen Erbsen im ›versiegelten‹ Schmortopf

Zeitaufwand:
*** *Vorbereitung: 45 Minuten*
** *Vor dem Servieren: 30 Minuten*
Schwierigkeit: *durchschnittlich*
Kosten: *durchschnittlich*

Zutaten für 2 Personen

1 Taube à 500 g
40 g Butter
1/2 Schalotte
5 El Weißwein
1/2 Würfel Geflügelbouillon
1 Zweig frischer Thymian
1/2 Lorbeerblatt
1/2 Tl Tomatenmark
10 frische weiße Perlzwiebeln
3 gehäufte El kleine Erbsen (außerhalb der Saison können tiefgefrorene Erbsen oder aus der Dose verwendet werden)
8 Scheiben frisch geräucherter durchwachsener Speck
4 Blätter Kopfsalat
1 Messerspitze Zucker
100 g Mehl
Salz, Pfeffer

Küchengeräte

1 kleiner gußeiserner Schmortopf oder
1 ovale Terrine mit Deckel
1 Küchenbrett
1 mittelgroßes Messer
3 Töpfe von 1 l Inhalt
2 Rührschüsseln
1 feines Sieb
1 feuerfester flacher Topf
1 großer Teller

Zubereitung

Die Taube kann schon einige Stunden im voraus ausgenommen und zusammengebunden werden. (Sie können aber auch Ihren Geflügelhändler bitten, es für Sie zu tun).

Mit den Hälsen und Flügelspitzen der Taube einen Taubenjus zubereiten. Das geschieht folgendermaßen: Die Schalotte kleinhacken, ein nußgroßes Stück Butter in einem Topf erhitzen, Hals und Flügelspitzen darin anbraten, die gehackte Schalotte dazufügen und ebenfalls leicht bräunen. Den trockenen Weißwein dazuschütten und auf die Hälfte einkochen lassen. Bis auf die Höhe der Knochen mit Wasser bedecken. 1/2 Würfel Geflügelbouillon, Thymian, Lorbeerblatt und To-

matenmark dazugeben. Bei schwacher Hitze köcheln lassen. Wenn die Flüssigkeit bis auf 2 Eßlöffel eingekocht ist, das Ganze über einer Rührschüssel durch ein feines Sieb schütten.

Den Backofen auf 240° vorheizen.

20 g Butter in dem flachen Topf erhitzen. Die Taube innen und außen salzen und in der heißen Butter drehen, bis sie auf allen Seiten etwas Farbe angenommen hat.

Anschließend den Bratentopf für 12 Minuten in den Ofen schieben. Während des Bratens die Taube mindestens zweimal mit ihrem Bratensaft begießen.

Inzwischen die kleinen Erbsen in Salzwasser 3 Minuten lang kochen lassen.

Den Speck in Streifen schneiden und blanchieren, d. h. in einen Topf mit kaltem Wasser geben, zum Kochen bringen und 3 Minuten darin kochen lassen. Anschließend abspülen und gut abtropfen lassen.

In einen Topf die kleinen Zwiebeln mit einem Stück Butter, Salz, Pfeffer, 1 Messerspitze Zucker und 3 Eßlöffeln Wasser geben.

Bei starker Hitze bis zum vollständigen Verdampfen des Wassers (ungefähr 10 Minuten) kochen lassen. Nach dem Kochen alle Beilagen getrennt auf einem großen Teller zur Seite stellen.

Die Salatblätter in kleine Stücke schneiden und in einem Topf mit einem Würfel Butter ›zusammenfallen‹ lassen. Danach die blanchierten Speckstücke, die kleinen Zwiebeln und die kleinen Erbsen hinzufügen. Mit Salz und Pfeffer würzen und den Boden des Schmortopfes damit belegen.

Die Taube aus dem Ofen holen, auf das Gemüsebett legen, den beiseitegestellten Taubenjus darüberlöffeln und den Topf zudecken.

100 g Mehl in eine Rührschüssel geben und ein wenig kaltes Wasser dazufügen. Gut durchkneten, bis ein geschmeidiger Teig entsteht. Mit diesem Teig den Deckel des Schmortopfes abdichten, damit kein Dampf entweichen kann (siehe Foto). Auf diese Weise haben Sie den Topf ›versiegelt‹.

Alle oben beschriebenen Arbeitsgänge können am Vortag erledigt werden.

** 35 bis 40 Minuten vor dem Servieren der Taube den Backofen auf 200° vorheizen.

Wenn der Ofen heiß ist (nach ungefähr 15 bis 20 Minuten), den Schmortopf für 20 Minuten hineinschieben und anschließend sofort auftragen. Bei Tisch den ›Siegelteig‹, der eine schöne goldbraune Kruste gebildet hat, entfernen, den Deckel vorsichtig hochnehmen und tief den Duft einsaugen . . .

Die Taube halbieren, auf die vorgewärmten Teller legen, mit den kleinen Gemüsen umlegen und dem Bratensaft übergießen.

Sofort servieren.

Der goldbraune Teigkranz ›versiegelt‹ einen Schmortopf.

Les profiteroles à la glace à la vanille et au coulis de fraises

Windbeutel mit Vanilleeis und Erdbeerpüree

Zeitaufwand:
*** *Vorbereitung (3 Stunden im voraus): 55 Minuten*
Schwierigkeit: *durchschnittlich*
Kosten: *ziemlich hoch*

Zutaten für 2 Personen

BRANDTEIG
5 El Milch
1 Messerspitze Salz
100 g Butter
150 g Mehl
4 oder 5 Eier, je nach Größe

VANILLEEIS
150 g Zucker
1/4 l Milch
1/4 l süße Sahne
2 Beutel Vanillezucker (oder 2 El)
8 Eigelb

ERDBEERPREE
125 g frische oder tiefgefrorene Erdbeeren (oder Himbeeren), 1 El Zucker

Küchengeräte

1 Topf von 2 l Inhalt
1 Holzlöffel
3 große Rührschüsseln
1 Kuchenblech
1 Spritztüte
1 Eismaschine
1 Mixer
1 Pinsel

Zubereitung

*** Dieses Rezept kann am Vortag oder am Morgen des gleichen Tages vollständig zubereitet werden.

WINDBEUTEL. In einen Topf von 2 Litern Inhalt 200 ml Wasser, die Milch, 1 Messerspitze Salz und die Butter geben. Zum Kochen bringen.

Beim ersten Kochen vom Herd nehmen und langsam das Mehl mit einem Holzlöffel einrühren und gut durcharbeiten, bis das Mehl vom Wasser vollständig aufgenommen ist. Den Topf wieder auf den Herd stellen und weiterrühren, bis sich der Teig von den Seiten des Topfes löst (ungefähr 1 Minute).

Diesen Brandteig in eine Rührschüssel geben und mit dem Holzlöffel 3 Eier nacheinander hineinrühren, bis ein geschmeidiger glatter Teig entstanden ist.

Ein Backblech leicht einfetten. Den Backofen auf 180° vorheizen.

Die Spritztüte mit Teig füllen und in regelmäßigen Abständen kleine runde Haufen auf das Backblech spritzen (6 bis 8 reichen für zwei Verliebte).

Mit dem restlichen Teig (weniger Teig läßt sich schwer zubereiten) können Sie noch zusätzliche Windbeutel herstellen, die Sie mit grobem Zucker bestreuen und mit den anderen in den Ofen schieben. Sie ergeben ausgezeichnete petits fours.

Sie können den Teig aber auch 2 oder 3 Tage lang in einer Schüssel aufbewahren, die Sie mit Klarsichtfolie bedecken und in den Kühlschrank stellen.

In einer Schale 1 Eigelb mit einem Tropfen Wasser vermischen. Die kleinen Teighäufchen, aus denen Windbeutel gemacht werden sollen, damit bepinseln.

Für 20 bis 25 Minuten in den vorgeheizten Ofen schieben. Den Ofen die ersten 10 Minuten geschlossen halten und dann etwas öffnen, damit die Teighäufchen während des Backens trocknen können. Wenn sie fertig gebacken sind, aus dem Ofen nehmen und abkühlen lassen.

VANILLEEIS. Während des Backvorgangs den Zucker in der Milch auflösen. Die Eigelb mit der Sahne und dem Vanillezukker vermischen. Die Zuckermilch dazuschütten und alles in die Eismaschine geben. Die Mischung so lange in der Eismaschine schlagen, bis sie die gewünschte Konsistenz hat.

Sie können das Eis, das Sie nicht gleich verwenden, im Tiefkühlschrank aufbewahren. Bedecken Sie es mit einer Klarsichtfolie, damit sich keine Eiskristalle bilden können.

Ein so zubereitetes Eis finden Sie niemals in den Restaurants, und Sie können es auch nicht im Eiscafé bekommen, und zwar aufgrund von (natürlich völlig berechtigten) strengen Vorschriften. Aber Sie werden sehen, daß dieses Eis nichts mit dem zu tun hat, was Sie jemals vorher gegessen haben.

ERDBEERPÜREE. Im Mixer den Zucker und die entstielten, gewaschenen Erdbeeren pürieren. Das ist alles.

ANRICHTEN DER WINDBEUTEL. Bevor zu Tisch gegangen wird, die abgekühlten Windbeutel horizontal durchschneiden. Die unteren Hälften großzügig mit Vanilleeis füllen. Mit ihren Hütchen bedecken und in den Tiefkühlschrank stellen.

Unmittelbar vor dem Servieren reichlich Erdbeerpüree auf die Dessertteller geben, 3 oder 4 Windbeutel auf jeden Teller legen und auftragen.

Das Erdbeerpüree kann durch ein Himbeerpüree ersetzt werden.

ihre Sorgen vergessen. Ein kleines Glas Wein oder Champagner vor dem Eintreffen Ihrer Gäste macht schon viel aus, und Sie werden sie mit einem strahlenden Lächeln begrüßen.

Einkäufe

Das Kalbfleisch im voraus bestellen. Sie können die Seezungenfilets schon vorher fertigmachen lassen und eventuell die Zutaten für die Charlotte am Vortag kaufen. Die restlichen Zutaten können am gleichen Tag besorgt werden.

Getränke

Als Aperitif können Sie einen Champagnercocktail mit Pfirsichen servieren. Sie bereiten ihn folgendermaßen zu: 2 weiße Pfirsiche pürieren, 2 Eßlöffel feinen Zucker und 1 Eßlöffel Zitronensaft hinzufügen. Gut vermischen, durch ein Sieb passieren und in den Kühlschrank stellen. Wenn der Cocktail serviert werden soll, den Pfirsichpüree mit einer gut gekühlten Flasche Champagner in einer Karaffe aufgießen und in geeisten Gläsern servieren. Zu den *goujonettes* (einem Salat aus in Streifen geschnittenem Fischfilet und Jakobsmuscheln) und der Seebarsch-Terrine servieren Sie einen trockenen, fruchtigen Weißwein wie einen Jurawein oder einen Condrieu. Zu dem Kalbsrücken servieren Sie einen kräftigen Rotwein, z. B. einen Bourgueil, einen Madiran oder einen Cahors.

Geschirr und Gläser

Wählen Sie ein Fayencegeschirr aus Gien oder Moustiers.

6 vorgewärmte mittelgroße Teller für den warmen Fischsalat
6 vorgewärmte große Teller für die Fischterrine
6 vorgewärmte große Teller für den Kalbsrücken
6 Dessertteller für die Charlotte
1 vorgewärmte Sauciere für die Kräuterbutter zur Fischterrine
1 Silberplatte, bedeckt mit einer Serviette, für die Fischförmchen
1 große Platte für den Kalbsrücken
1 tiefe Platte für die Champignons
1 gekühlte große runde Platte für die Charlotte
1 gekühlte Sauciere für das Aprikosenkompott
18 Ballongläser für Wasser, Weiß- und Rotwein
6 Gläser in Tulpenform für den Aperitif

Bestecke

6 Fischgabeln und 6 Fischmesser für den Fischsalat
6 Fischgabeln und 6 Fischlöffel für die Terrine
6 Gabeln und 6 Messer für den Kalbsrücken
6 Dessertlöffel und 6 Dessertgabeln für die Charlotte
2 Servierlöffel und 2 Serviergabeln
2 Löffel für die 2 Saucieren
1 Tortenheber und 1 Messer für die Charlotte

Tischdekoration

Meine Tante Célestine hätte Tischwäsche aus weißem Damast herausgeholt. Sie hätte mitten auf den Tisch einen großen Strauß aus Garten- oder Feldblumen gestellt, arrangiert in einer schönen Suppenschüssel.

Außerdem hätte sie den Tisch mit Kerzenhaltern aus Kupfer geschmückt und die Servietten zusammengerollt und in Silberringe gesteckt. Das Menu hätte sie in ihrer schönen geneigten Handschrift auf weiße Kärtchen geschrieben.

Organisation und Zeiteinteilung

*** Schon am Vortag kann die Charlotte zubereitet und mit der Zubereitung des Fischsalats begonnen werden. Einige Stunden im voraus können Sie mit der Zubereitung der Fischterrine beginnen.

2 Stunden vor dem Servieren den Weißwein, eine große runde Platte und eine der beiden Saucieren kaltstellen.

Den Backofen auf 200° vorheizen. Nach 20 Minuten den Kalbsrücken in den Ofen schieben, die Gemüse und die Cremechampignons zubereiten. Wenn sie fertig sind, im Wasserbad warmhalten.

12 mittelgroße Teller, 12 große Teller, 1 große Platte, 1 tiefe Platte und 1 Sauciere warmstellen.

** 30 Minuten vor dem Essen den Backofen auf 170° einstellen. Den Fischsalat fertig zubereiten. Die Kräuterbutter zubereiten und im Wasserbad warmhalten.

Vor dem Servieren des Fischsalats die Fischterrine in den Ofen schieben (nach 10 Minuten Backen abdecken!).

Den Fischsalat servieren. Anschließend die Fischterrine.

Den Kalbsrücken brauchen Sie nur noch auf einer warmen Platte oder auf den Tellern anzurichten.

Für die Charlotte benötigen Sie nur noch wenige Minuten, um sie vor dem Servieren zu garnieren.

Les goujonettes de soles et de Saint-Jacques à l'huile de citron

Warmer Fischsalat aus Seezunge und Jakobsmuscheln

Zeitaufwand:
*** *Vorbereitung: 10 Minuten*
Kochzeit: 20 Minuten
** *Vor dem Servieren: 30 Minuten*
Schwierigkeit: *durchschnittlich*
Kosten: *ziemlich hoch*

Zutaten für 6 Personen

6 violette Artischocken
3 Zitronen
3 Stangen Staudensellerie
1 kleines Bund Kerbel
400 g Seezungenfilets
6 Jakobsmuscheln (jedes Stück Muschelfleisch ca. 35 g schwer)
75 g Feldsalat
150 ml Olivenöl
Salz, weißer Pfeffer

Küchengeräte

1 Küchenbrett
1 scharfes mittelgroßes Messer
1 kleine Rührschüssel
1 Schneebesen
1 Couscoustopf (oder 1 großes Sieb und 1 großer Topf)
1 Küchenmesser

Zubereitung

*** Die Artischocken können schon am Vortag gekocht werden.

Die Stiele direkt am Ansatz abschneiden. Zwei Reihen der äußeren großen Blätter ausreißen. Mit einem Küchenmesser die Artischockenherzen so herausschälen, daß das Fruchtfleisch sichtbar wird. Die Blätter am Heuansatz abschneiden und das Heu abziehen. Die Artischockenherzen mit dem Saft einer halben Zitrone beträufeln und in mit Zitronensaft versehenes Wasser legen, damit sie sich nicht dunkel färben. Das Zitronenwasser salzen und die Artischockenherzen darin ungefähr 15 bis 20 Minuten, je nach Größe, kochen. Um sich zu versichern, ob sie gar sind, die Herzen mit einer Messerspitze einstechen. Wenn die Spitze leicht eindringen kann, sind sie fertig. In ihrem Kochwasser zur Seite stellen.

Am Morgen vor dem Abendessen haben Sie von Ihrem Fischhändler die Seezungen filetieren und die Jakobsmuscheln kochfertig machen lassen.

** 30 Minuten vor dem Abendessen 5 Liter Wasser mit dem Staudensellerie und den Kerbelstielen, deren Blätter Sie zur Seite legen, in einem Couscoustopf (oder einem anderen großen Topf) zum Kochen bringen.

Den Feldsalat waschen und abtropfen lassen und auf die einzelnen Teller verteilen. Die Artischockenherzen in dünne Scheiben schneiden und sternförmig auf dem Salat anordnen.

Das Fleisch der Jakobsmuscheln jeweils in 3 Scheiben schneiden und die Seezungenfilets in 4 schmale, fingerdicke Streifen pro Person aufschneiden, schräg der Länge nach aus dem Filet geschnitten. Salzen und mit weißem Pfeffer würzen.

Einige Minuten vor dem Servieren die Seezungenstreifen und die Muschelscheiben in den oberen Teil des Couscoustopfes über das kochende Wasser legen (oder in ein großes Sieb über dem im Topf kochenden Wasser) und ungefähr 1 Minute lang über dem nach Sellerie und Kerbel duftenden Wasserdampf kochen lassen. 150 ml Olivenöl und 3 El Zitronensaft mit einem Schneebesen schlagen und eine Salatsauce daraus zubereiten.

Die Jakobsmuscheln und die Seezungenfilets hübsch auf den Tellern anordnen. Mit der Sauce überziehen.

Salzen und pfeffern. Jeden Salat mit einigen Kerbelblättern bestreuen und lauwarm servieren.

Ein frischer Seebarsch für die terrine de loup.

La terrine de loup à l'estragon

Seebarsch-Terrine mit Estragon

Zeitaufwand:
**** Vorbereitung: 25 Minuten*
*** Vor dem Servieren: 20 Minuten*
Schwierigkeit: *durchschnittlich*
Kosten: *ziemlich hoch*

Zutaten für 6 Personen

375 g Seebarsch
7 Eigelb
400 g Butter
170 ml süße Sahne
25 Estragonblätter
3 El Weißweinessig
100 ml trockener Weißwein
30 g feingehackte Schalotten
1 Tl zerstoßener Pfeffer
Salz, Pfeffer

Küchengeräte

1 elektrisches Rührgerät
1 Mixer
1 mittelgroße Terrine
1 Metallspatel
1 Küchenbrett
1 mittelgroßes Messer
1 Küchenmesser
1 Pinsel
1 kleiner Topf
1 mittelgroßer Topf aus rostfreiem Stahl oder emailliert
1 feines Sieb
1 mittelgroßer, elastischer Schneebesen
6 kleine Auflaufformen aus Steingut
1 große Auflaufform, in der die 6 kleinen Förmchen Platz haben

Zubereitung

*** Mit der Zubereitung dieses Rezepts kann einige Stunden im voraus begonnen werden.

225 g Seebarsch im Mixer pürieren. Salzen und pfeffern. Die Eigelb dazugeben und noch einmal einige Sekunden lang durchschlagen. 150 g inzwischen weichgewordene Butter und 150 ml Sahne schnell dazugeben und noch einmal kurz durchschlagen, bis ein ganz glatter Teig entstanden ist. Den Rest des Seebarschs in 6 fingerdicke Streifen schneiden. Das Innere der 6 kleinen Auflaufformen mit Butter auspinseln und mit der Farce ausstreichen. 50 g Butter in einem kleinen Topf zergehen lassen. Mitten in jedes Förmchen einen zusammengerollten Streifen Seebarsch legen. Salzen, pfeffern und 4 oder 5 Estragonblätter hinzufügen. Mit einer kuppelförmigen Schicht Fischfarce bedecken. Die geschmolzene Butter darüberträufeln, damit die Farce beim Backen nicht austrocknet.

Die Formen in den Kühlschrank stellen.

** 40 Minuten vor dem Servieren den Backofen auf 170° vorheizen.

Nach 20 Minuten Vorheizen die Auflaufförmchen in eine große Form stellen und diese bis auf die halbe Höhe der kleinen Formen mit Wasser füllen, bei starker Hitze zum Kochen bringen und anschließend für 20 Minuten in den Ofen schieben.

ACHTUNG! Nach 8 bis 10 Minuten Backen die kleinen Auflaufformen mit ihren Dekkeln verschließen oder mit Aluminiumfolie abdecken.

Inzwischen die Kräuterbutter Nantaiser Art zubereiten. In einem Topf aus rostfreiem Stahl oder Emaille den Weißweinessig, den trockenen Weißwein, die gehackten Schalotten und den zerstoßenen Pfeffer bis auf eine Menge von 1 Eßlöffel Flüssigkeit einkochen lassen. Danach 1 1/2 Eßlöffel Sahne dazugeben. Kochen lassen und mit dem Schneebesen 180 g in kleine Würfel geschnittene Butter hineinschlagen. Mit Salz abschmecken.

Durch ein feines Sieb passieren und warmhalten. Das geschieht folgendermaßen: den Boden und die Wände eines großen Topfes mit zerknülltem Zeitungspapier auskleiden, den kleinen Topf mit der Kräuterbutter mitten hineinstellen, den Topf zudecken und in die Nähe der Kochstelle schieben. Um die Butter schaumiger zu machen, kann man sie vor dem Servieren einige Sekunden lang mit einem elektrischen Rührgerät aufschlagen. Eine zusammengefaltete Serviette auf eine Silberplatte legen und die Fischterrinen darauf anrichten. Die Kräuterbutter in eine vorgewärmte Sauciere gießen und zusammen mit den Fischterrinen servieren.

Am Tisch vor den Gästen die Terrinen auf die einzelnen Teller stürzen.

Le carré de veau rôti au Sherry avec la fondue de Champignons à la crème

Gebratener Kalbsrücken in Sherry mit Cremechampignons

Zeitaufwand:
*** *Vorbereitung: 1 1/2 Stunden*
** *Vor dem Servieren: 2 Minuten*
Schwierigkeit: *durchschnittlich*
Kosten: *ziemlich hoch*

Zutaten für 6 Personen

2,5 kg Kalbsrücken
150 ml Öl
225 g Butter
3 kleine Karotten
2 Stangen Staudensellerie
1 große Zwiebel
1 reife Tomate
200 ml Sherry
2 El Stärkemehl
1 *bouquet garni*, bestehend aus 3 Thymianzweigen, 2 Lorbeerblättern, 4 oder 5 Zweigen Petersilie
1,2 kg Zuchtchampignons
60 g gehackte Schalotten
1 Tl Paprika
5 El süße Sahne
2 El grob gehackte Petersilie
Salz, Pfeffer

Das fertige Menu, arrangiert vor einem Gemälde des Hafens von Toulon von 1870. ▷

Küchengeräte

1 großer gußeiserner Schmortopf mit Deckel
1 mittelgroßes Messer
1 Küchenbrett
1 Küchenmesser
1 großer Topf
1 Holzlöffel
1 feines Sieb

Zubereitung

*** Der größte Teil dieses Rezepts kann 2 Stunden im voraus zubereitet werden.

Sie haben sich von Ihrem Metzger den Kalbsrücken bratfertig machen und sich die Knochen und alle Haut- und Fettabfälle aushändigen lassen.

Den Backofen auf 200° erhitzen. Das Fleisch salzen und pfeffern. In dem gußeisernen Schmortopf 150 ml Öl und 75 g Butter erhitzen. Den Kalbsrücken auf allen Seiten anbraten und herausnehmen. Die Haut- und Fettabfälle und die Knochen in den Topf geben und ebenfalls anbraten. Den Kalbsrücken auf die Knochen und Haut- und Fettabfälle legen, den Topf schließen und in den Ofen schieben. 35 Minuten braten lassen und ab und zu kleine Mengen Sherry darübergießen, damit das Fleisch nicht trocken wird.

Inzwischen die Karotten, den Sellerie und die Zwiebeln in kleine Würfel schneiden. Nach 35minütiger Bratzeit des Fleisches diese Gemüse, das *bouquet garni* und die in Würfel geschnittene Tomate zu dem Fleisch geben. Nochmal 20 bis 30 Minuten lang mit geschlossenem Deckel braten lassen.

Inzwischen die Cremechampignons zubereiten. Den erdigen Teil der Champignons entfernen. Zwei- oder dreimal unter fließendem Wasser waschen. Nicht im Wasser liegen lassen, damit sie sich nicht vollsaugen. Die Champignons so schnell wie möglich in dünne Scheiben schneiden, um zu vermeiden, daß sie sich dunkel färben.

In dem großen Topf 75 g Butter zergehen lassen, die gehackten Schalotten hineingeben und darin dünsten. Den Paprika hinzufügen und mit den Schalotten vermischen. Anschließend die Champignons dazugeben. So lange kochen lassen, bis die Flüssigkeit vollständig verdampft ist. Salzen und pfeffern.

Die Sahne hinzufügen und einige Minuten kochen lassen, bis sie dick geworden ist. Nachwürzen und den Topf im Wasserbad warmstellen.

Nach Beendigung der vorgeschriebenen Bratzeit den Kalbsrücken aus dem Schmortopf nehmen und mit Aluminiumfolie abgedeckt warmhalten.

Den Schmortopf über den Ausguß halten, um das Fett ablaufen zu lassen. 1/4 l Wasser zu dem Bratensatz in den Schmortopf geben und um 2/3 einkochen lassen. Das Ganze durch ein feines Sieb in einen Topf passieren.

Wenn die Sauce zu flüssig ist, kann man sie mit 2 Eßlöffeln Stärkemehl, das man in ein wenig Wasser auflöst und in sehr kleinen Mengen in die kochende Sauce gießt, andicken.

Wenn die Sauce die gewünschte Konsistenz hat, 50 g Butter zufügen und nach Wunsch im letzten Moment noch ein wenig Sherry hineingießen. Den Topf im Wasserbad stehen lassen.

** Kurz vor dem Servieren das Fleisch auf eine vorgewärmte Platte legen und mit der Sauce umgießen. Die Champignons getrennt auf einer tiefen Platte servieren. Sie können auch das Fleisch auf den einzelnen Tellern anrichten. Dann belegen Sie jeden Teller mit einem Bett von Cremechampignons, legen das Fleisch in Scheiben darauf, gießen etwas Sauce ringsherum und streuen zum Schluß etwas gehackte Petersilie darüber. Sofort servieren.

La charlotte légère d'abricots

Leichte Aprikosencharlotte

Zeitaufwand:
**** Vorbereitung (einige Stunden im voraus): 1 1/2 Stunden*
*** Vor dem Servieren: 10 Minuten*
Schwierigkeit: *ziemlich hoch*
Kosten: *mäßig*

Zutaten für 6 Personen

1 kg frische reife Aprikosen
oder 2 Dosen Aprikosen (jeweils 500 g Einwaage)
400 g feiner Zucker (300 g, falls Aprikosen aus der Dose verwendet werden)
1 Vanilleschote (nach Wunsch)
3 El Milchpulver
4 Blatt Gelatine oder 2 El Gelatinepulver
6 Eigelb
1/4l süße Sahne
3 Eiweiß
10 El Aprikosenlikör
20 Löffelbisquits

Küchengeräte

1 Topf von 3 l Inhalt mit Deckel
1 Topf von 2 l Inhalt
1 kleiner Topf
1 Mixer oder 1 Fleischwolf mit Gemüsevorsatz
3 große Rührschüsseln
2 mittelgroße Schalen
1 Schneebesen
1 Holzlöffel
1 elektrisches Rührgerät
1 Zuckerthermometer
1 Kuchenform von 20 bis 25 cm Durchmesser und 5 cm Höhe
Pergamentpapier
1 Metallspatel
1 runde Platte
1 orangefarbenes Band, 5 cm breit und 90 cm lang

Zubereitung

*** Dieses Rezept muß mindestens mehrere Stunden im voraus oder sogar am Vortag zubereitet werden.

Die Sahne in eine große Rührschüssel geben und kaltstellen.

Die frischen Aprikosen waschen und entstielen, aber nicht entsteinen. Mit 100 g Zucker in einen großen Topf geben und mit kaltem Wasser bedecken. Nach Wunsch eine Vanilleschote hinzufügen. Die Früchte müssen vollständig vom Wasser bedeckt sein, damit sie nicht braun werden. Einen umgekehrten Teller auf die Aprikosen legen, um sie zu beschweren und auf diese Weise unter Wasser zu halten.

Zum Kochen bringen, Kochplatte abstellen und den Topf schließen. Die Aprikosen dann noch etwa 15 Minuten lang ›pochieren‹ lassen.

Wenn die Zeit abgelaufen ist, die Aprikosen entsteinen und die Vanilleschote herausnehmen. Die Früchte und 1/4 des Sirups in den Mixer geben.

Wenn Sie Aprikosen aus der Dose verwenden, beginnen Sie erst an dieser Stelle mit dem Rezept. Die Früchte aus der Dose mit einem Viertel des Sirups passieren.

In beiden Fällen noch Sirup hinzufügen, wenn das Kompott zu dickflüssig erscheint. Die Hälfte des Kompotts in eine Schale geben und im Kühlschrank aufbewahren.

Die andere Hälfte mit 3 Eßlöffeln Milchpulver in einen Topf geben. Gut vermischen.

Die Gelatineblätter in ein wenig Wasser 5 Minuten lang einweichen. Danach gut abtropfen lassen und in das Kompott geben. Mit einem Schneebesen durchschlagen. Wenn Gelatinepulver verwendet wird, das Pulver direkt in das Kompott geben.

In eine große Schüssel die Eigelb und 80 g feinen Zucker geben. Gut mit dem Schneebesen durchschlagen.

Das Aprikosenkompott, die Gelatine und das Milchpulver zum Kochen bringen und mit dem Schneebesen in das Eigelb schlagen.

Alles zusammen wieder zurück in den Topf geben und bei schwacher Hitze unter ständigem Rühren mit einem Holzlöffel dick werden lassen. Wenn diese Mischung dick zu werden beginnt, vor allem aber bevor sie anfängt zu kochen, das Ganze wieder zurück in die Rührschüssel geben, die Sie vorher mit Wasser ausgespült haben.

Die Aprikosencreme – eine *Crème anglaise* – abkühlen lassen. Hin und wieder umrühren.

Die Rührschüssel mit der Sahne aus dem Kühlschrank nehmen und zu Schlagsahne schlagen. Nicht zuckern. Wieder in den Kühlschrank stellen.

In eine sorgfältig gereinigte Rührschüssel 3 Eiweiß ohne Spuren von Eigelb und 1 Teelöffel feinen Zucker geben.

In einen kleinen Topf 50 g Wasser und 200 g feinen Zucker schütten. Den Topf auf niedrige Hitze stellen und inzwischen die Eiweiß zunächst langsam und dann in schneller Geschwindigkeit zu Schnee schlagen.

Während des Schlagens den Zuckersirup überwachen. Er soll nicht heißer als 120° werden. Wie weiß man nun, wann der Sirup diese gewünschte Temperatur erreicht hat? Am einfachsten läßt es sich natürlich an einem Zuckerthermometer ablesen.

Wenn Sie aber kein Zuckerthermometer besitzen, machen Sie sich eine Schale mit Eiswasser zurecht. Wenn der Zuckersirup zittert und Blasen wirft, tauchen Sie Daumen und Zeigefinger in das Eiswasser und dann sofort in den Zuckersirup. Wenn Sie Ihre Finger dann aneinanderreiben und sich dabei eine kleine Kugel bildet, ist der Sirup fertig. (Sie brauchen keine Angst zu haben, daß Sie sich dabei die Finger verbrennen!)

Wenn dieser Zeitpunkt erreicht ist, die Geschwindigkeit des elektrischen Rührgeräts reduzieren und einen feinen Strahl Zuckersirup in das Eiweiß laufen lassen. Bei kleiner Geschwindigkeit weiterrühren, bis die Mischung kalt geworden ist. In den Kühlschrank stellen.

Die Löffelbiskuits in 5 cm lange Stücke schneiden. Leicht mit dem Aprikosenlikör (insgesamt 100 ml) beträufeln. Auf den Boden der Kuchenform ein rundes Stück Pergamentpapier legen. Die Wände der Kuchenform mit den mit Likör beträufelten Löffelbiskuits auskleiden. Sie haben jetzt also folgende Dinge vor sich:

– die mit Löffelbiskuits ausgekleidete Kuchenform
– die *Crème anglaise* in einer großen Schüssel
– die nicht gezuckerte Schlagsahne
– die Eiweiß-Zuckersirup-Masse
– die Hälfte des Aprikosenkompotts im Kühlschrank.

Mit einem Holzlöffel die Crème anglaise, die Schlagsahne und die Eiweiß-Masse vermischen. Aber Vorsicht! Alle Zutaten müssen gut gekühlt sein, denn wenn eine davon warm wäre, würde die Schlagsahne zusammenfallen.

Wenn alles gut vermischt ist, die Creme in die Kuchenform geben, ohne dabei die

Dieses Rezept wird besonders gut, wenn Sie dazu kleine Muskat-Aprikosen verwenden, die zwar nicht so schön aussehen, aber noch viel besser schmecken als die gewöhnlichen.

Biskuits zu verschieben. Bis zum oberen Rand füllen, mit einem Metallspatel egalisieren und für mehrere Stunden in den Kühlschrank stellen.

Falls Creme übrigbleibt, in eine Schüssel füllen. Es finden sich sicherlich einige Leckermäuler, die sie später gerne verzehren werden. Die Creme hält sich 3 bis 4 Tage im Kühlschrank.

** Vor dem Servieren die Kuchenform auf eine gekühlte und ganz flache Platte stürzen. Die Oberseite der Charlotte mit einer dünnen Schicht Aprikosenkompott überziehen, dann die Charlotte ringsherum mit einem orangefarbenen Band umwickeln und mit einer Schleife zusammenbinden.

2 Eßlöffel Aprikosenlikör in das restliche Kompott geben und in einer gut gekühlten Sauciere servieren.

Die Charlotte und die Sauce auftragen, und wenn Sie die Sache nicht völlig verkehrt gemacht haben, dann ist Ihnen ein großer Erfolg sicher!

Für 6 Personen

Ein Frühlings-Menu

Zeitaufwand:
*** *Vorbereitung: 3 Stunden 15 Minuten*
** *Vor dem Servieren: 1 Stunde*
Schwierigkeit: *durchschnittlich*
Kosten: *ziemlich hoch*

Paris, Anfang Juni. Der Frühling mit seinen zarten, jungen und frischen Gemüsen zeigt sich überall auf den Märkten und in den Auslagen der Gemüsehändler.

An einem dieser schönen Frühlingstage habe ich mit einigen befreundeten Köchen beschlossen, bei René Lasserre in seinem wunderbaren Eßzimmer unter freiem Himmel – fast wie am Mittelmeer – zu Mittag zu essen. Nach einem Glas Champagner verrät uns René das Menu: einige Dutzend schöne Belon-Austern und zur Feier des Frühlings natürlich ein Lammragout mit Frühlingsgemüsen.

Ich habe mir an dieses Essen eine in zwei Punkten glückliche Erinnerung bewahrt: Einmal war ich mit guten Freunden zusammen, was schon ein großes Glück ist, und zum anderen haben wir an diesem Tag das gute klassische Rezept aus dem Repertoire der französischen Küche miteinander verzehrt, das wir alle schon oft zubereitet hatten, aber das wir – so waren wir uns einig – selten so perfekt zubereitet genossen hatten.

Da ich nicht unbedingt egoistisch bin, gebe ich Ihnen hier meine Version dieses Rezepts.

Sicher, dieses Gericht ist ein Klassiker. Aber mit den Rezepten ist es nicht anders als mit der Musik. Die neuesten Stücke überleben oft nur einen Frühling. Die gute Küche kann sich – wie die »Carmen« von Bizet – zwar die verschiedensten mehr oder weniger gelungenen Interpretationen gefallen lassen, aber wichtig bleiben letztendlich immer die Qualität der Zutaten, erstklassige Kochkenntnisse und Einfühlungsvermögen für eine adäquate Zubereitung bestimmter Speisen.

Les frisures d'œufs en salade mouginoise

Le filet de poisson doré au Vermouth, avec le beurre de champignons

Le navarin d'agneau printanier

Le gratin d'abricots aux amandes avec le sirop de Kirsch

Einkäufe

Wenn Sie selbst keinen Gemüsegarten haben, dann versuchen Sie, für das Hammelragout ganz junge und frische Gemüse aufzutreiben. Sie eignen sich natürlich am besten. Bestellen Sie Fisch und Lamm im voraus.

Um die Speisekarte wieder wegzuwischen, reiben Sie den Teller mit Brennspiritus ab.

Menu
Friture d'oeufs en salade mougimoise.
Filet de poisson doré au vermouth.
Navarin d'agneau printanier.
Gratin d'abricots.
Café

Getränke

Als Aperitif empfehle ich Ihnen einen Sherry, der ungefähr 15° haben sollte. Zum Salat und zum Fisch servieren Sie einen weißen Cassis oder einen weißen Arbois. Zum Lamm reichen Sie einen jungen Saint-Estèphe in Kellertemperatur.

Geschirr und Gläser

Decken Sie Ihren Tisch mit einem schweren, rustikalen Fayencegeschirr, z. B. mit Blumenmuster oder ganz weiß.

6 gekühlte große flache Teller für den Salat
6 vorgewärmte große Teller für die Fischfilets
6 vorgewärmte große Teller für das Lammragout
6 Dessertteller für das Aprikosen-Gratin
1 Schüssel für den Salat
1 Sauciere oder 1 Schale für das Aprikosenkompott
18 Ballongläser für Wasser, Weiß- und Rotwein

Bestecke

6 Gabeln für den Salat
6 Fischgabeln und 6 Fischmesser für die Filets
6 Gabeln und 6 Messer für das Lammragout
6 mittelgroße Gabeln für das Aprikosen-Gratin
2 Salatbestecke
1 Servierlöffel und 1 Serviergabel für das Lammragout

Tischdekoration

Verwenden Sie ganz einfache Tischwäsche und große Servietten. Zu diesem Menu passen keine Papierservietten, sondern nur schöne große Stoffservietten, deren Ecken unsere Großeltern unter die Achselhöhlen steckten, um ihre Hemdbrust oder ihr Dekolleté vor Flecken zu schützen.

Schmücken Sie Ihren Tisch mit einem Strauß Feldblumen.

Schreiben Sie das Menu mit einem Filzstift direkt auf die Teller. Ich meine natürlich die sogenannten Setzteller, die den jeweiligen Platz Ihrer Gäste am Tisch anzeigen, und auf die die Teller mit den einzelnen Gerichten gestellt werden.

Organisation und Zeiteinteilung

*** Die Crêpes für den Salat, das Aprikosenkompott und das Lammragout können mehrere Stunden im voraus zubereitet werden. Nicht vergessen, den Weißwein kaltzustellen.

** 1 Stunde vor Beginn des Essens 12 flache Teller warmstellen. Die Fischfilets zubereiten und auf eine feuerfeste Platte legen. Die Champignons kochen.

30 Minuten vor dem Servieren den Salat zubereiten und den Backofen auf 230° anheizen. Das Lammragout auf kleiner Flamme köcheln lassen.

20 Minuten später die Fischfilets in den Ofen schieben.

Nach dem Verzehr des Salats für 10 Minuten in die Küche zurückkehren, den Grill einschalten und die Champignonbutter zubereiten. Die Fischfilets kurz überbacken, dann den Ofen wieder auf 230° einstellen.

Das Aprikosen-Gratin 20 Minuten vor dem Servieren in den Ofen schieben.

Les frisures d'œufs en salade mouginoise

Salat nach Art von Mougins

Zeitaufwand:
*** *Vorbereitung: 50 Minuten*
** *Vor dem Servieren: 25 Minuten*
Schwierigkeit: *gering*
Kosten: *mäßig*

Zutaten für 6 Personen

1 rote Paprikaschote
2 große Tomaten
1 Gurke
5 Eier
7 El kaltgepreßtes Olivenöl
1 El gehackte Petersilie
1 Kopfsalat
50 g kleine schwarze Oliven
1 Bund Schnittlauch
1 Dutzend Basilikumblätter
2 Anchovisfilets
1 Tl scharfer Senf
2 El Weinessig
Salz, Pfeffer

Küchengeräte

2 Crêpe-Pfannen, möglichst beschichtet
1 Schüssel von 2 l Inhalt
2 große Rührschüsseln
1 biegsames mittelgroßes Messer
1 Küchenbrett
1 tiefer Teller
1 flacher Teller
1 Topf von 3 l Inhalt
1 mittelgroßes Sieb
1 kleiner Schöpflöffel
1 kleiner Schneebesen

Zubereitung

*** Der größte Teil dieses Rezepts kann mehrere Stunden im voraus zubereitet werden.

Den Grill des Ofens anheizen und die rote Paprikaschote darunterlegen, um die Haut zu grillen. Die Schote von Zeit zu Zeit umdrehen.

Inzwischen 2 l Wasser in einem Topf zum Kochen bringen.

Die Tomaten für einige Sekunden in das kochende Wasser legen. Kurz unter kaltes Wasser halten und die Haut abziehen.

Jede Tomate in vier Teile teilen und das Gehäuse und die Kerne herauslösen, so daß von jeder Tomate nur noch 4 ›Blütenblätter‹ übrig sind. Die Gehäuse und die Kerne für die Zubereitung des Lammragouts aufbewahren.

Diese ›Blütenblätter‹ in lange Streifen schneiden und in ein Sieb geben. Mit 1 Eßlöffel feinem Salz bestreuen.

Die inzwischen schwarz gewordene Paprikaschote unter kaltes Wasser halten, damit sich die Haut leicht abziehen läßt. Halbieren, Kerne und Stiel entfernen.

Die Paprikaschote ebenfalls in lange Streifen schneiden und zu den Tomaten geben.

Die Gurke schälen und der Länge nach in lange, dünne Scheiben schneiden. Mit dem Schneiden aufhören, sobald Sie zu den Kernen kommen. Diese Scheiben in breite Streifen schneiden und zu den Tomaten und der Paprikaschote geben. Noch einmal mit 1 großen Messerspitze Salz bestreuen, um sie zu entwässern.

Sparen Sie vor allem nicht an Kräutern!

5 Eier in eine Rührschüssel geben. 2 Eßlöffel kaltgepreßtes Olivenöl und die gehackte Petersilie hinzufügen. Salzen, pfeffern und mit einer Gabel durchschlagen.

Die 2 Pfannen leicht mit Olivenöl ausstreichen und bei mittlerer Temperatur erhitzen. Wenn sie heiß sind, jeweils 1 kleine Schöpfkelle voll Omelettenteig hineingeben. Den Omelettenteig gleichmäßig verteilen. Die Teigschicht muß hauchdünn wie für Crêpes sein. Auf beiden Seiten backen und anschließend auf einen flachen Teller legen. So fortfahren, bis der ganze Eierteig verbraucht ist. Zwischen dem Backen der einzelnen Omelettes die Pfannen mit einem in Öl getränkten Tuch auswischen. Die Crêpes 3 oder 4mal zusammenrollen und dann in feine Streifen schneiden. Kühlstellen.

** Vor dem Essen den Salat gut waschen, putzen und abtrocknen. Wie die Omelettes in dünne Streifen schneiden.

In einem tiefen Teller eine geschälte große Knoblauchzehe mit den Zinken einer Gabel schaben (siehe Zeichnung S. 313). Mit der gleichen Gabel 2 Anchovisfilets zerdrücken und zusammen mit dem Knoblauch in eine große Salatschüssel geben.

Den scharfen Senf, 1 Messerspitze Salz und den Weinessig dazugeben und alles mit der Gabel gut vermischen.

5 Eßlöffel Olivenöl langsam hineingießen. Abschmecken und eventuell nachsalzen (aber nicht zu stark!). Die Tomate, die Paprikaschote, die Gurke und die Omelettestreifen dazugeben.

Gut umrühren.

Den Boden der anderen Salatschüssel mit den Salatstreifen auslegen. Die zubereitete Salatmischung dazugeben und kuppelförmig auf den Salatblättern anrichten. 50 g schwarze Oliven, die Basilikumblätter und den in kleine Stücke geschnittenen Schnittlauch darüberstreuen.

Bei Zimmertemperatur servieren.

Le filet de poisson doré au Vermouth avec le beurre de Champignons

In Wermut geschmortes Fischfilet mit Champignonbutter

Zeitaufwand:
*** Vor dem Servieren: 50 Minuten*
Schwierigkeit: *gering*
Kosten: *durchschnittlich oder hoch, je nach Fischsorte*

Zutaten für 6 Personen

- 900 g Filet von einem Fisch mit weißem Fleisch (Seebarsch, Steinbutt, Seelachs, Kabeljau, Hecht . .)
- 6 El Wermut
- 2 Scheiben trockenes Weißbrot ohne die Krusten
- 250 g Butter
- 2 El gehackte Petersilie
- 300 g Zuchtchampignons
- 1 Zitrone
- Salz, Pfeffer

Küchengeräte

- 1 Küchenbrett
- 1 sehr scharfes mittelgroßes Messer
- 1 Mixer
- 2 Rührschüsseln
- 1 mittelgroße Auflaufform
- 1 Schneebesen
- 1 Teigspatel
- 1 Topf von 1 l Inhalt
- 1 Schaumlöffel

Zubereitung

*** Dieses Gericht sollte höchstens 1 Stunde vor dem Essen zubereitet werden.

Bitten Sie Ihren Fischhändler, Ihnen 6 Fischfilets, jeweils 150 g schwer, zurechtzumachen.

Salzen und pfeffern und in eine ausgebutterte feuerfeste Form legen. Mit Wermut begießen.

Die Weißbrotscheiben ohne Kruste im Mixer zerkleinern, bis frisches, feines und weißes Paniermehl entstanden ist (im Gegensatz zu dem Paniermehl, das im Ofen getrocknet worden ist und eine goldbraune Farbe hat).

In einer Rührschüssel 100 g Butter weich werden lassen. Dann das Paniermehl und die gehackte Petersilie dazugeben. Gut vermischen.

Den Backofen auf 230° vorheizen.

Die Champignons waschen, abtropfen lassen, abtrocknen und in dünne Scheiben schneiden. Mit 1 Eßlöffel Wasser, 1 Tropfen Zitronensaft, 1 nußgroßen Stück Butter, Salz und Pfeffer in einen Topf geben. Zum Kochen bringen und 1 Minute lang kochen lassen. Die Champignons mit dem Schaumlöffel herausnehmen und die Kochflüssigkeit bis auf 3 Eßlöffel einkochen lassen. Zur Seite stellen.

Nach 15 bis 20minütigem Vorheizen des Ofens die Fischfilets für 5 bis 7 Minuten hineinschieben. Inzwischen 120 g Butter bei niedriger Temperatur mit dem Schneebesen in die Kochflüssigkeit der Champignons schlagen. Auf diese Weise entsteht ›Champignonbutter‹.

Die fertig gebratenen Filets aus dem Ofen nehmen und warmstellen. Den übriggebliebenen Bratensaft zu der Champignonbutter geben. Sowohl die Champignons als auch die Champignonbutter im Wasserbad warmhalten.

Kurz vor dem Servieren eine dünne Schicht des mit Butter und Petersilie vermischten Paniermehls auf jedes Filet geben und mit der Hand etwas festklopfen. Die Form mit den Fischfilets 2 Minuten lang unter den Grill schieben, bis sie eine gleichmäßige, schöne hellbraune Farbe angenommen haben.

Auf die vorgewärmten Teller etwas Champignonbutter geben und jeweils einige Champignons darauf häufen. Mit einem Metallspatel vorsichtig die Fischfilets aus der Auflaufform lösen und auf die Champignons legen. Sofort servieren.

Le navarin d'agneau printanier

Lammragout mit Frühlingsgemüsen

Zeitaufwand:
*** *Vorbereitung: 1 Stunde 45 Minuten*
Schwierigkeit: *durchschnittlich*
Kosten: *ziemlich hoch*

Zutaten für 6 Personen

LAMMRAGOUT

3 Lammschultern ohne Knochen, 1,2 kg bis 1,5 kg schwer
200 g Karotten
200 g Zwiebeln
1 Bund Petersilie
1 großes Bund Thymian
1 Lorbeerblatt
1 ganze Knoblauchzwiebel
1 El Butter, 1 El Öl und 1 El Mehl
500 g reife Tomaten

Ein bodenständiges Gericht – Beispiel für die traditionelle Küche.

Gemüse
Die Gemüse sollten möglichst klein, frisch und zart sein.
2 Bund kleine Karotten
2 Bund weiße Rübchen
200 g kleine weiße Zwiebeln oder kleine grüne Zwiebeln
500 g kleine Erbsen
300 g sehr dünne grüne Bohnen
500 g kleine Kartoffeln

Küchengeräte

1 gußeiserner Schmortopf mit Deckel
1 Schaumlöffel
1 feines Sieb
1 Holzlöffel
1 Topf von 2 l Inhalt
1 Gemüsesieb
1 Küchenbrett
1 mittelgroßes Messer
1 Schälmesser
1 großes Küchenmesser

Zubereitung

*** Das ganze Rezept kann einige Stunden im voraus zubereitet werden.

Die fetten Teile und die dünnen Häutchen von den Lammschultern entfernen. Das Fleisch in ungefähr 5 cm große Würfel schneiden. Die Karotten und die Zwiebeln, die für die Sauce verwendet werden, schälen und in etwa 1 cm große Würfel schneiden.

Ein *bouquet garni* aus den Petersilienstengeln (die Blätter aufbewahren), einem halben Bund Thymian und dem Lorbeerblatt zusammenstellen und mit Küchengarn zusammenbinden.

Die Tomaten halbieren und aus jeder Hälfte den Saft und die Kerne herausdrükken. In große Würfel schneiden und mit den Tomatenresten, die vorher bei der Zubereitung des Salats übriggeblieben sind, zur Seite stellen.

Die Knoblauchzehen schälen und mit der Klinge eines Küchenmessers zerdrücken.

Den Backofen auf 110° vorheizen.

Den Schmortopf mit 1 Eßlöffel Butter erhitzen. Die Fleischwürfel salzen, und sobald das Öl und die Butter zu zischen beginnen, die Fleischwürfel hineingeben. Mit einem Holzlöffel die Fleischstücke gut umrühren, so daß sie auf allen Seiten gleichmäßig angebraten werden, aber nicht austrocknen.

Wenn das Fleisch gut gebräunt ist, die Stücke mit einem Schaumlöffel herausnehmen und zum Abtropfen in ein Gemüsesieb geben, das man vorher auf einen Teller gestellt hat.

Danach die in Würfel geschnittenen Karotten und Zwiebeln in den Schmortopf geben. Die Gemüse bräunen lassen und dabei immer wieder mit einem Holzlöffel umrühren. Wenn sie eine goldbraune Farbe angenommen haben, zu dem Fleisch in das Gemüsesieb schütten. Das Bratfett abgießen und das Fleisch und die Gemüse wieder zurück in den Topf geben.

Den Topf auf mittelgroße Temperatur stellen. Die Knoblauchzehen und 1 Eßlöffel Mehl hinzufügen. So lange umrühren, bis das Mehl nicht mehr sichtbar ist.

Jetzt das *bouquet garni* hinzufügen. Soviel Wasser hineinschütten, daß das Fleisch gerade bedeckt ist. Zum Kochen bringen, den Deckel aufsetzen und den Schmortopf in den vorgeheizten Ofen schieben.

40 Minuten lang kochen lassen, ohne den Ofen zu öffnen. Dieses langsame Kochen bei niedriger Temperatur ist notwendig, damit das Fleisch nicht austrocknet.

Inzwischen von den Bohnen die Fäden abziehen, die Karotten schaben und die Kartoffeln, die Zwiebeln und die weißen Rübchen schälen. Alle Gemüse waschen und nur die Kartoffeln in kaltem Wasser aufbewahren. In einem Topf von 2 Litern Inhalt die Karotten mit 1 Liter Salzwasser geben. Ungefähr 4 Minuten lang kochen lassen, dann in einem Sieb abtropfen lassen, ohne sie unter kaltem Wasser abzuschrecken. Desgleichen mit den Rübchen verfahren; sie sollten aber 1 Minute länger als die Karotten kochen. Die kleinen Zwiebeln mit Wasser bedecken, 1 Messerspitze Salz, 1 Messerspitze feinen Zukker und 1 Teelöffel Butter hinzufügen und so lange bei mittlerer Hitze kochen lassen, bis das ganze Wasser verdampft ist. Auf einem Teller zur Seite stellen.

Nach ungefähr 40minütiger Kochzeit den Schmortopf aus dem Ofen nehmen. Den Ofen aber bei gleicher Temperatur angeheizt lassen.

Mit einem Schaumlöffel oder einer Gabel die Fleischstücke aus dem Topf nehmen, auf einen Teller legen und mit Aluminiumfolie bedecken.

Die Sauce durch ein feines Sieb in einen Topf passieren und bei mittlerer Hitze 5 Minuten lang einkochen lassen. Während des Einkochens das Fett, das das Fleisch abgegeben hat, mit einem Löffel abheben. Die Gemüse, die im Sieb zurückgeblieben sind, wegwerfen.

2 Liter Salzwasser zum Kochen bringen und die kleinen Kartoffeln 2 Minuten lang darin kochen lassen.

Die Sauce in den Schmortopf gießen, das Fleisch, die Karotten, die weißen Rübchen, die kleinen Zwiebeln, die kleinen rohen Erbsen und die gut abgetropften Kartoffeln dazugeben. Mit Salz und frischem Pfeffer (mehrere Umdrehungen aus der Pfeffermühle) abschmecken und den restlichen Thymian darüberstreuen. Den Deckel schließen, zum Kochen bringen und nochmals 20 Minuten lang in den Ofen schieben.

Inzwischen 1 1/2 Liter Salzwasser zum Kochen bringen und die grünen Bohnen hineingeben. Sobald sie gar sind (aber noch Biß haben), gut abtropfen lassen. Die Petersilienblätter grob hacken. Den Schmortopf aus dem Ofen nehmen, die Thymianzweige entfernen, die gehackte Petersilie und die grünen Bohnen auf dem Fleisch und den Gemüsen verteilen, den Topf schließen und zur Seite stellen.

** Bevor zu Tisch gegangen wird, während das Entrée und der Fisch verzehrt werden, das Lammragout bei schwacher Hitze köcheln lassen.

Direkt im Schmortopf servieren.

Wenn Sie dieses Lammragout essen, dann wird Ihnen die viele Zeit nicht leid tun, die Sie für seine Zubereitung benötigt haben.

Le gratin d'abricots aux amandes avec le sirop de Kirsch

Aprikosen-Gratins mit Mandelcreme

Zeitaufwand:
*** *Vorbreitung: 15 Minuten*
** *Vor dem Servieren: 20 Minuten*
Schwierigkeit: *gering*
Kosten: *mäßig*

Zutaten für 6 Personen

FRÜCHTE
1 kg frische Aprikosen oder 2 große Dosen Aprikosen in Sirup
200 g Honig
200 g Zucker
1 Vanilleschote
3 El Kirsch- oder Aprikosenschnaps

MANDELCREME
150 g feiner Zucker
150 g fein gemahlene Mandeln
25 g blättrig geschnittene Mandeln
150 g Butter
2 Eigelb
1 Ei
2 El Puderzucker

Küchengeräte

1 Topf von 3 bis 4 l Inhalt aus rostfreiem Stahl oder Emaille
1 Topf von 2 l Inhalt
1 mittelgroße Rührschüssel
1 Schneebesen
1 Schaumlöffel
1 Mixer
1 Schale oder 1 Sauciere
6 kleine Auflaufformen von 10 bis 12 cm Durchmesser

Zubereitung

*** Der größte Teil dieses Rezepts kann mehrere Stunden im voraus zubereitet werden.

Wenn Sie frische Aprikosen verwenden, am besten schon am Vortag mit der Zubereitung beginnen.

Die nicht entsteinten Aprikosen in einen Topf aus rostfreiem Stahl oder Emaille legen. In einem anderen Topf 600 ml Wasser mit 1 Vanilleschote, dem Honig und dem Zucker zum Kochen bringen. Diesen kochenden Sirup über die

Die Aprikosen können durch Pfirsiche, Birnen, Pflaumen und andere Früchte Ihrer Wahl ersetzt werden.

Aprikosen gießen, noch einmal kurz aufkochen lassen und vom Feuer nehmen.

Den Topf schließen und die Aprikosen 24 Stunden lang ziehen lassen. Darauf achten, daß die Aprikosen ganz von der Flüssigkeit bedeckt sind, weil sie sonst braun werden. Zur Sicherheit einen kleinen Teller auf die Früchte legen, um sie zu beschweren und auf diese Weise unter dem Sirup zu halten. Nach 24 Stunden haben die Kerne den Aprikosen einen Mandel- und Kirschgeschmack verliehen. Die Aprikosen abtropfen lassen, ohne sie zu zerdrücken. Die Kerne entfernen.

Von den gedünsteten Dosenaprikosen legen Sie jeweils 4 Stück (oder mehr, wenn sie klein sind) in jede Auflaufform. Der Boden muß ganz bedeckt sein. Die restlichen Früchte mit ein wenig Sirup im Mixer zu einem dicken Kompott pürieren.

In einer Schüssel die fein gemahlenen Mandeln, den feinen Zucker, die weichgewordene Butter, 2 Eigelb und 1 ganzes Ei mit dem Schneebesen vermischen. Gut durchschlagen, damit ein homogener Teig entsteht. Die Aprikosen in den Auflaufförmchen mit diesem Teig bedecken (den Teig eventuell leicht erwärmen, falls er zu fest ist).

Die blättrig geschnittenen Mandeln darüberstreuen (ungefähr 1 Teelöffel pro Förmchen) und anschließend mit einem Zuckerstreuer oder durch ein feines Sieb die Aprikosen-Gratins jeweils mit einer dünnen Schicht Puderzucker überziehen.

** 45 Minuten vor dem Servieren den Backofen auf 220° vorheizen. Nach 20 Minuten die Auflaufförmchen in den Ofen schieben und ungefähr 15 bis 20 Minuten backen lassen, bis sie eine schöne hellbraune Farbe angenommen haben.

Während des Backens das Aprikosenkompott leicht erhitzen, 3 El Kirsch- oder Aprikosenschnaps hinzufügen und in eine Sauciere füllen. Auf 6 Teller jeweils eine gefaltete Serviette oder ein Papierdeckchen legen, die Gratins daraufstellen und zusammen mit dem Aprikosenkompott servieren.

Praktische Hinweise

Zeichnungen von Vincent Massoteau

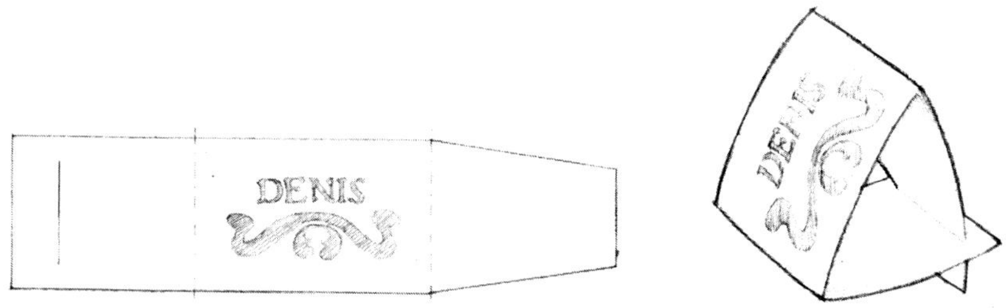

Wie man Serviettenringe aus Karton herstellt

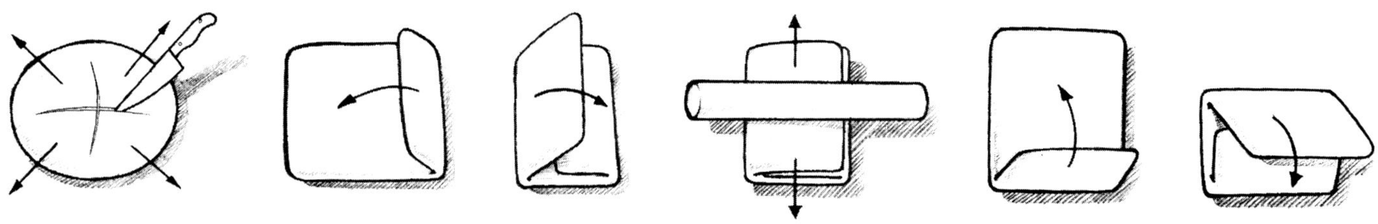

Wie man Blätterteig zubereitet

Schälmesser

Teigausstecher

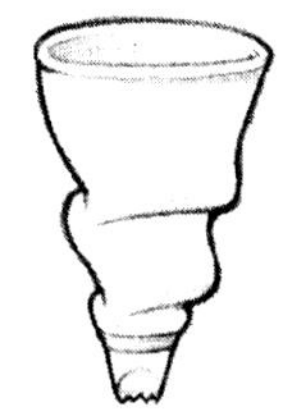
Spritztüte

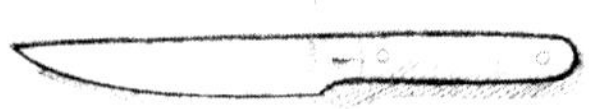
mittelgroßes Messer

kleines Messer

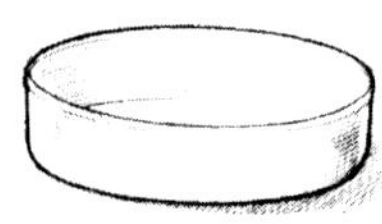
Kuchenform

Törtchenform

Souffléform

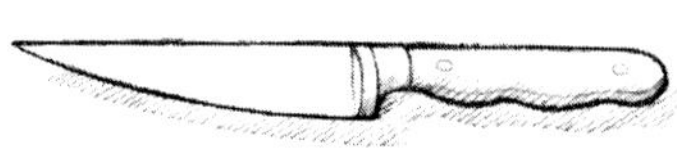
dünnes mittelgroßes Messer

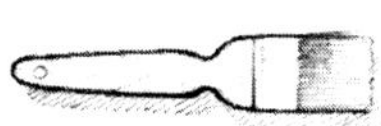
Küchenpinsel

Flacher Stieltopf mit Deckel

Schaumlöffel

Schneebesen

Holzlöffel

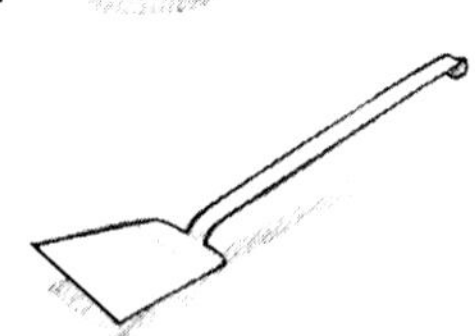
Spatel

Streudose für Puderzucker

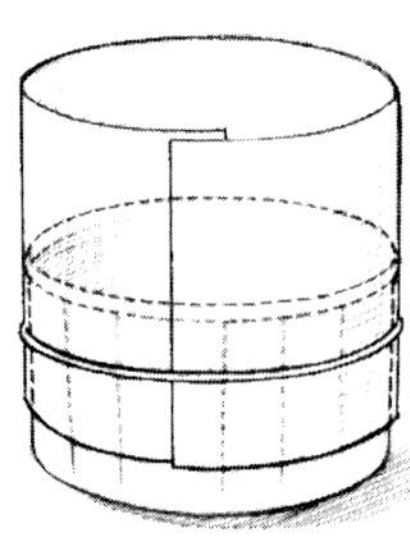
Eissouffléform mit ›Kragen‹

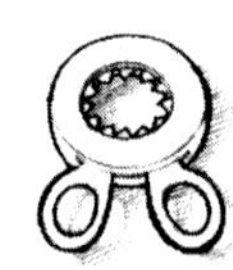
Eierköpfer

Feines Sieb

Wie man entlang dem Brustbein schneidend die Keulen des Geflügels abtrennt und die Filets herauslöst

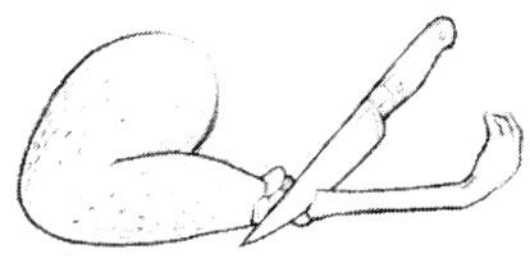

Wie man den Unterschenkelknochen eines Geflügels abschneidet und den Knochen sichtbar herausstehen läßt

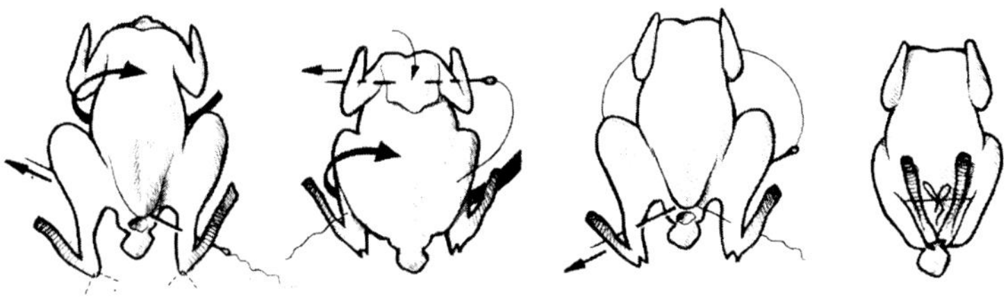

Wie ein Geflügel zusammengebunden wird

Wie man einen Lammrücken bratfertig macht, indem man die Knochen freilegt und herausstehen läßt (faire les manchons)

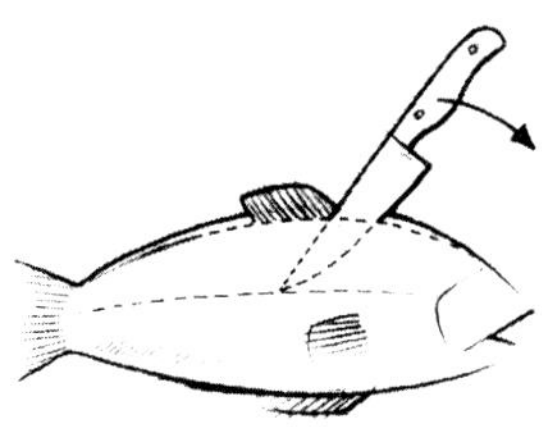

Wie man die Filets einer Forelle herauslöst, indem man sie entlang der Hauptgräte einschneidet

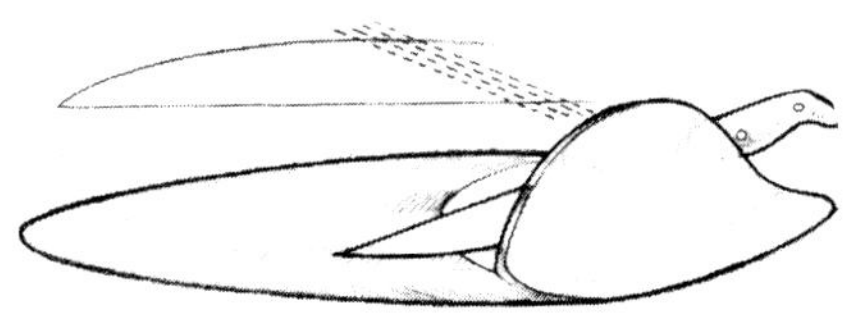

Wie man eine Lachsseite filetiert und in feine Scheiben schneidet

Wie man eine Knoblauchzehe mit den Zinken einer Gabel schabt

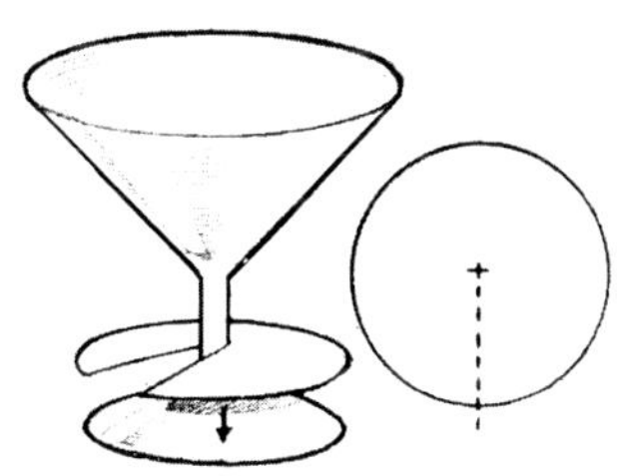

Wie man eine Papiermanschette für ein Champagnerglas zurechtschneidet

Wie man die Äpfel auf dem Tortenboden für die Apfeltörtchen mit Nüssen anordnet

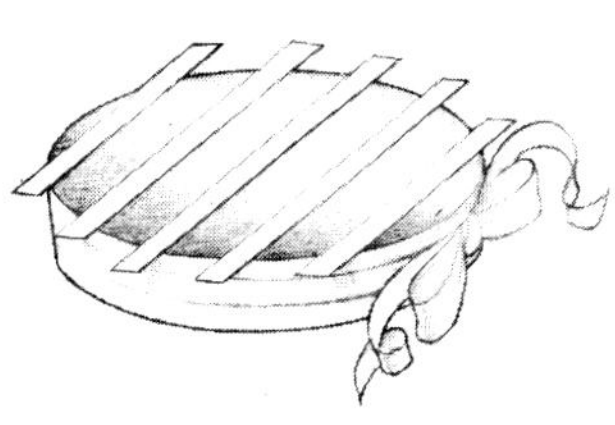

Wie man die Pappstreifen zur Dekoration von Kuchen anordnet

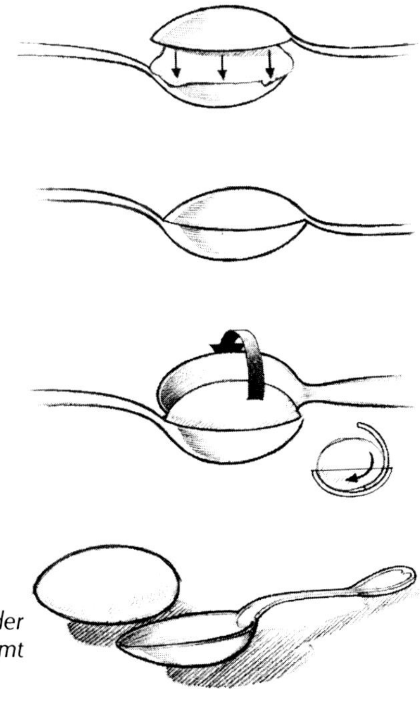

Wie man Eisbällchen oder Kaviarklößchen formt

Küchengeräte

Hier sind die Küchengeräte aufgeführt, die Sie möglichst besitzen sollten, um die Rezepte in diesem Buch problemlos zubereiten zu können.

Töpfe

4 hohe Töpfe von 12 bis 20 cm Durchmesser, mit Deckeln
2 flache Töpfe von 12 und 30 cm Durchmesser
2 gußeiserne Schmortöpfe von 4 und 5 Litern, mit Deckeln
2 oder 3 Stahlpfannen
2 beschichtete Pfannen
4 Bratpfannen von 15 bis 30 cm Länge
1 hoher Kessel von 10 bis 15 l Inhalt, mit Deckel
1 Suppentopf von 30 bis 35 cm Durchmesser, mit Deckel
1 Couscoustopf oder 1 Topf mit Sieb zum Dampfkochen
1 Bräter zum Braten im Backofen
1 Friteuse
1 Rost
3 oder 4 Back- und Kuchenbleche

Bestecke

1 großes, breites und schweres Messer aus rostfreiem Stahl
1 mittelgroßes Messer von 25 bis 30 cm Länge, nicht rostfrei
1 langes und biegsames Messer
2 große Küchenmesser aus rostfreiem Stahl
2 Schälmesser
1 mittelgroßes Hackmesser
1 Wetzstein

Kleine Geräte

1 große Fleischgabel
1 großer und 1 kleiner Schöpflöffel
1 Schaumlöffel mit Drahtkelle
1 mittelgroßer normaler Schaumlöffel
4 Holzlöffel
2 Spatel
1 Fischwender
1 biegsamer Teigspatel
1 Gemüsehobel
1 Küchenreibe
1 solide Küchenschere
1 Olivenentsteiner
1 Zitronenpresse
2 Schneebesen
1 elektrisches Rührgerät
1 gute Pfeffermühle
1 Eierköpfer
1 Trichter
1 Eisportionierer
1 große Nadel und Küchengarn
1 Dosenöffner
1 Küchenpinsel
1 Zuckerthermometer (das auch zur Temperaturmessung des Fritieröls verwendet werden kann und das man in Läden für Küchenzubehör für Berufsköche kaufen kann)

Für Pasteten

Die Pastetenformen sollten möglichst aus schwerem Steingut gefertigt sein, damit sie nicht vom Tisch tanzen, wenn man eine Mischung darin schlägt. Sie können aber auch aus rostfreiem Stahl gemacht sein.
3 oder 4 runde Pastetenformen von 1 bis 4 l Inhalt
2 ovale Pastetenformen
1 Dutzend kleine, runde Pastetenformen von 10 bis 12 cm Durchmesser oder Souffléformen
1 Dutzend Törtchenformen

Für die Bäckerei

2 Kuchenformen von 15 bis 20 cm Länge
3 Kuchenformen von 15 bis 30 cm Durchmesser
2 Tortenringe von 20 bis 30 cm Durchmesser
2 Tortenformen von 25 bis 30 cm Durchmesser
1 Dutzend kleine Tortenförmchen von 10 cm Durchmesser
1 runde Form aus feuerfestem Porzellan oder Jenaer Glas von 20 cm Durchmesser und 4 bis 5 cm Höhe
1 Souffléform von 20 cm Durchmesser
1 Dutzend kleine Souffléformen von 8 bis 10 cm Durchmesser
1 Spritztüte mit 1 Satz Düsen
1 Kuchengitter zum Ausdampfen
1 Rost zum Ausdampfen
1 Nudelholz

Verschiedenes

1 großes Küchenbrett aus Buchenholz
2 oder 3 kleine Hackbretter
1 genaue Waage (bis 5 kg)
1 Fleischwolf mit Gemüsevorsatz
1 Salatkorb
1 großes feines Sieb
1 kleines feines Sieb
1 Mehlsieb
1 Gemüsesieb
1 Mixer
1 Küchenmaschine
1 Eismaschine
1 Küchenwecker
Klarsichtfolie
Pergamentpapier
Halten Sie sich immer einige Gabeln und Löffel aus rostfreiem Stahl in Reichweite.

Vorräte

Teilen Sie die Dinge, die immer in der Küche vorrätig sein müssen, in folgende Abteilungen ein:
salzige Produkte
süße Produkte
Reinigungsmittel und anderes Zubehör
Zu der letzten Abteilung will ich nichts weiter sagen, als daß Sie diese Dinge unbedingt getrennt von anderen aufbewahren müssen. Für mich gehören zur Grundausstattung: Kernseife, Streichhölzer, Kerzen und ein paar Schwämme. Was die übrigen Dinge anbetrifft, so wählen Sie selbst unter den reichen Angeboten.
Zu den anderen beiden Abteilungen gebe ich Ihnen hier eine Liste von Dingen, die Sie unbedingt immer vorrätig haben sollten.

Salzige Produkte

feines und grobes Salz
geschmacksneutrales Öl (Maisöl, Erdnußöl ...)
Olivenöl
scharfer Dijonsenf
weißer und roter Weinessig
Tabasco
Worcestershiresauce

Gewürze

Koriander
schwarzer Pfeffer in Körnern und Cayennepfeffer
ganze Nelken
Curry
Wacholderbeeren
Muskatnuß
Zimtstangen

Gewürzkräuter

(möglichst frisch; im Notfall getrocknet)
Bohnenkraut
Estragon
Fenchel
Lorbeer
Oregano
Petersilie
Schnittlauch
Thymian
sowie:
Zwiebeln
Knoblauch
Schalotten

Grundnahrungsmittel

(in gut verschlossenen Dosen!)
Mehl
Nudeln (verschiedene Sorten)
Reis
Stärkemehl (aus Mais oder Kartoffeln)
2 oder 3 Dosen Tomatenmark
Geflügelbrühe in Würfeln

Süsse Produkte

(in gut verschlossenen Dosen!)
feiner Zucker
Puderzucker
Würfelzucker
Honig
Konfitüren
bittere Schokolade in Tafeln
ungezuckerter Kakao
Kaffee
Tee
in Sirup eingelegte Früchte (Aprikosen, Pfirsiche, Birnen, Kirschen, usw.)
Blatt-Gelatine (oder Gelatinepulver)
Vanilleschoten
fein gemahlene Mandeln
blättrig geschnittene Mandeln
Rosinen
getrocknete Pflaumen

Register

Fleischgerichte

Käsegerichte

Teig-Rezepte

Süßspeisen

Kaffee-Rezepte

Alphabetisches Rezeptregister

a) französisch

b) deutsch

Dank

Dieses Buch wäre niemals entstanden ohne die Mitarbeit eines Teams, das geholfen hat, alle wesentlichen Elemente zusammenzutragen. Ich möchte allen für ihr Engagement danken; als erstes geht mein Dank an Charles-Henri Flammarion, der dieses aufwendige Projekt angenommen und mir die Gelegenheit gegeben hat, mit Pierre Hussenot zu arbeiten. Ich habe seine Ruhe und Umsicht während der langen Wochen, in denen wir die Aufnahmen machten, schätzen gelernt.

Ich möchte mich auch bei meiner Lektorin Gisou Bavoillot und ihrem Team bedanken, die mich Schritt für Schritt bei der Realisierung dieses Buches unterstützt haben.

Weiterhin möchte ich mich bei denen bedanken, die die Rezepte mit ausprobiert haben: Jean-Jacques Trilhe, Serge Chollet und Denis Mornet. Dank auch an Danièle Schnapp, die uns zu Beginn der Aufnahmen geholfen hat.

Dieses Buch ist den Festen gewidmet, die man bei sich zu Hause feiert. Deshalb haben wir auch keine Aufnahmen im »Moulin de Mougins« gemacht. Wir haben bei mir zu Hause und auch bei meinen Freunden fotografiert, die unser höchst lästiges Aufnahmeteam so freundlich empfangen haben. So geht mein Dank an Roger Mühl, César, Bernard Chevry, Madame Costa, Mesdames Polverino, Monsieur Chemit. Einige dieser Namen kehren auch in der Tischgesellschaft der Kumpane wieder, die die schwierige Aufgabe hatten, am Essen unter der Linde teilzunehmen: César, Roger Mühl, Bernard Chevry, José Albertini und Patrick d'Humières.

Ich danke auch denjenigen, die die Zutaten für die Rezepte und das Zubehör für ihre Darbietung im Bild geliefert haben: Robert und Eduard Cénérie von »La Ferme Savoyarde«, einem großem Käsehandelsbetrieb, und Georges Bruger, dem ›Rindfleischkönig‹; und den folgenden Boutiquen: Au bain marie (20 rue Hérold, 75001 Paris), Ateliers de Segriès (Moustiers Ste-Marie), Diners en ville (27 rue de Varenne, 75007 Paris), Christian Dior (30 av. Montaigne, 75008 Paris), Pierre Frey (47 rue de Petits-Champs, 75002 Paris), Primrose Bordier (57 av. d'Iéna, 75016 Paris), Descamps (88 rue de Rivoli, 75004 Paris), La Tuile à loup (35 rue Daubenton, 75005 Paris), Geneviève Lethu (95 rue de Rennes, 75006 Paris) Pier Import (122 rue de Rivoli, 75004 Paris), Au Pérou (Cannes), Soleïado (1 rue Lobineau, 75006 Paris), Verreries de Biot (Biot).